KB212234

하나님의 시선

하나님의 시선

저자 김병태

초판 1쇄 발행 2022. 5. 4.

발행처 도서출판 브니엘
발행인 권혁선

책임편집 김지연
책임교정 조은경

등록번호 서울 제2006-50호
등록일자 2006. 9. 11.

서울특별시 송파구 백제고분로28길 25 B101호 (05590)
마케팅부 02)421-3436
편집부 02)421-3487
팩시밀리 02)421-3438

ISBN 979-11-90308-73-1 03230

독자의견 02)421-3487
이메일 editorkhs@empal.com

북카페 주소 cafe.naver.com/penielpub.cafe
인스타그램 @peniel_books

도서출판 브니엘은 독자들의 원고를 설레는 마음으로 기다리고 있습니다.
위의 이메일로 간단한 기획 내용 및 원고, 연락처 등을 보내주십시오.

도서출판 브니엘은 갓구운 빵처럼 항상 신선한 책만을 고집합니다.

하나님의 관점으로 세상을 바라보기

하나님의 시선

김병태 지음

브니엘

생각의 문을 잘 통제하면 관계가 달라지고 세상이 다르게 보이며 성공과 행복의 문이 열리는 경험을 하게 된다. 사울 왕은 자기 생각을 악한 영이 이끌어가도록 방치했다. 그 결과 자기 사위이자 충신이었던 다윗을 죽이려고 광기를 부리느라 삶을 허비했다. 생각의 코드를 점검하여 지혜롭게 산다는 게 쉬운 일은 아니다. 날마다 살아가는 순간순간 생각의 사이클을 하나님의 마음, 성경의 관점으로 조정하며 살아가야 한다. 그렇지 않으면 사탄의 일을 꾸미면서도 하나님의 일을 하고 있다고 착각할 수 있다.

예수님의 수제자인 베드로가 예수님의 죽음을 하나님의 시선으로 보지 못하고 인간의 시선으로 바라볼 때 책망을 피할 수 없었다. 스승을 위한 제자의 더할 수 없는 아름다운 고백이었지만 사탄의 농락에 놀아나는 불행을 초래했다. 그래서 예수님은 사랑하는 베드로

에게 사람의 시선이 아닌 하나님의 시선을 보여주셨다. 그것은 성경
에 예언된 대로 죽음을 향해 예루살렘으로, 골고다로 가는 것이다.

나는 'Top 10' 프로그램을 즐겨본다. 집안에서 실내 자전거를 타
면서 뉴스를 보는 일석이조를 누린다. 패널들이 나와서 정치적, 사회
적인 논쟁거리를 해석하는데 깜짝깜짝 놀라곤 한다. '어떻게 동일한
사건을 정반대 상황으로 만들어놓는 거지?' 무엇이 진실이고 어느
것이 맞는지 헷갈리는 경우가 많다. 그래서 분별하지 않으면 거짓 뉴
스와 정보에 속고 살 수밖에 없는 세상임을 새삼 느낀다. 세상에는
동일한 사실(fact)에 대해 너무나 다른 해석이 난무하기 때문이다.

나를 바로 바라보고 세상을 바로 바라보기 위해서는 하나님의
시선을 잘 파악해야 한다. 그러기 위해 하나님 말씀에 능숙해야 한
다. 하나님의 마음에 푹 잠기어 살아야 한다. 성령의 인도하심에 능
숙하지 않으면 어둠의 영에게 속기 십상이다. 하나님 말씀과 성령의
조명으로 하나님의 시선을 선명하게 만들어야 영적인 그리스도인으
로 살아갈 수 있다.

사도 요한은 예수 이름을 증언하다가 밧모섬에 갇혔다. 언제 사
형 선고가 떨어질지 모르는 불안한 현실이다. 어제도 오늘도 중노동
에 시달리고 있다. 지친 몸을 이끌고 고독한 밤을 보내야만 한다. 사
도 요한의 편지를 받을 수신자들인 소아시아에 있는 일곱 교회도 현
실은 다를 바 없다. 황제 숭배에 동참하라는 로마 제국의 독촉장은
매일 발부된다. 그 대열에 참여하지 않으면 경제적인 불이익뿐만 아

니라 끔찍하게 죽을 수도 있다. 그래서 산에 있는 토굴로 들어가거나 지하 카타콤에 숨어서 신앙생활을 하고 예배를 드려야만 했다.

그러나 하나님은 요한이 지금 당면한 이 땅의 현실에만 시선을 집중하길 원치 않으신다. 고달프게 살아가는 성도들이지만 적어도 그들의 눈을 들어 하늘 전망대를 바라보아야 한다. 앞으로 그들에게 다가올 세계가 어떻게 펼쳐질지 바라볼 수 있어야 한다.

"또 내가 보좌들을 보니 거기에 앉은 자들이 있어 심판하는 권세를 받았더라. 또 내가 보니 예수를 증언함과 하나님의 말씀 때문에 목 베임을 당한 자들의 영혼들과 또 짐승과 그의 우상에게 경배하지 아니하고 그들의 이마와 손에 그의 표를 받지 아니한 자들이 살아서 그리스도와 더불어 천 년 동안 왕 노릇 하니"(계 20:4).

예수의 증거와 하나님 말씀 때문에 목 베임을 받은 자의 영혼들, 짐승과 그의 우상에게 경배하지 않고 이마와 손에 그의 표를 받지도 않은 자들이 하늘 보좌에 앉아 심판하는 권세를 갖고 천 년 동안 그리스도의 왕적 통치에 참여하게 된다. 할렐루야!

하나님은 요한에게 놀라운 환상을 보여주신다. 교회와 성도를 핍박하고 악한 일을 꾸미던 악의 삼위일체인 용, 바다에서 올라온 짐승, 땅에서 올라온 짐승은 모두 비참한 최후를 맞게 된다. 그동안 갖은 수단과 방법을 다 동원하여 교회를 핍박하던 용을 천 년 동안

무저갱에 결박시키신다(계 20:1-3). 환상은 거기서 멈추지 않는다. 이어서 하늘의 영광스러운 보좌에 앉은 자들을 보여주신다. 한때 그들은 어린 양 예수를 따르다가 목 베임을 당해 순교했다. 이들은 하나님의 말씀과 그들이 가진 증거로 말미암아 죽임을 당한 영혼들이다(계 6:9). 짐승의 우상에게 경배하지 않아 죽임을 당한 자들(계 13:15)로, 믿음을 지키며 복음을 증거하다 죽임을 당한 '이긴 자들'이다. 하지만 이제 하늘 보좌에 앉아 그리스도와 함께 하늘에서 온 세상을 다스림에 동참한다.

성도는 이 땅을 살아가는 동안 땅에서 하늘을 향해 시선을 들 수 있어야 한다. 하나님이 펼쳐주시는 새로운 세계가 기다리고 있기에, 어떤 현실 속에서도 소망과 위로의 여지는 남겨져 있기에 그 세계를 바라보는 시선을 가진 자와 그렇지 않은 자는 이 세상을 다르게 살 수밖에 없다.

사람들은 어떻게 해서라도 자신을 PR하려 든다. 그래서 과장하고 포장하고 위선도 주저하지 않는다. 내가 잘되기 위해서, 내가 높아지기 위해서, 내가 돋보이기 위해서 남을 깎아내리고 뒷담화하기도 하고 심지어 악한 일을 꾸미기도 한다. 그러나 하나님의 시선을 가진 세례 요한은 달랐다. 그는 요한 신드롬이 일 정도로 당시 최고의 인기를 누렸다. 그러나 그가 하는 고백은 달랐다.

"그는 흥하여야 하겠고 나는 쇠하여야 하리라 하니라"(요 3:30).

어느 날, 솔로몬에게 두 여인이 찾아왔다(왕상 3:16). 그들은 창기였다. 이들은 한집에서 살고 있었고, 사흘 차이로 아들을 낳았다. 집에 두 여인과 두 아이만 있을 때였다. 밤에 잠을 자다가 한 여자가 아이를 깔고 자서 죽이고 말았다. 그러자 죽은 아이와 산 아이를 바꿔치기했단다. 아침에 일어나 보니 아이가 죽어 있었다는 것이다. 그래서 두 여인이 서로 살아 있는 아이가 자기 아들이라는 것이다.

기가 막힌 상황이 아닌가? 본 사람도 없고 CCTV도 없는 시대다. 이때 솔로몬은 하나님이 주신 분별하는 지혜를 작동시켰다. 그래서 신하들에게 명령했다.

"산 아이를 둘로 나누어 반은 이 여자에게 주고 반은 저 여자에게 주라."

이쯤 되자 두 여인의 길이 갈린다. 가짜 엄마는 매정했다. "내 것도 되게 말고 네 것도 되게 말고 나누게 하라." 그러나 친엄마는 마음이 불붙는 것 같아서 견딜 수 없었다. "내 주여 산 아이를 그에게 주시고 아무쪼록 죽이지 마옵소서." 친엄마는 간단하게 가려진 셈이다. 결국 솔로몬의 명 재판은 이렇게 평가된다.

"온 이스라엘이 왕이 심리하여 판결함을 듣고 왕을 두려워하였으니 이는 하나님의 지혜가 그의 속에 있어 판결함을 봄이더라"(왕상 3:28).

가짜가 판치는 세상, 가짜가 더 진짜 같은 세상을 살아가는 우리는 눈이 밝아야 한다. 더 선명하고 성경적인 생각을 가져야 한다. 세상적인 시선이 아니라 하나님의 시선으로 세상을 바라봐야 한다. 그렇지 않으면 속고 살게 된다.

이 책을 읽는 분들과 함께 하나님의 시선을 가지고 세상을 해석하고, 하나님의 생각으로 세상을 이기는 비결을 고민하려 한다. 이 책은 반드시 그런 갈망을 충족시켜줄 것이다.

시선 디자이너
김병태

C·O·N·T·E·N·T·S
차 례

프롤로그   · 004

PART 1
시선을 바꾸면 새로운 인생이 보인다

01. 바라보는 시선이 운명을 결정한다   · 017
   안경 색깔을 점검하면 다른 현실이 다가온다
   문제의 핵심은 비뚤어진 시선이다
   시선의 차이는 심각한 충돌을 일으킨다
   왜곡된 시선이 관계를 깨뜨린다

02. 유능한 시선 관리사가 되라   · 038
   탄식하기보다 재창조의 문을 열어가라
   나쁜 것 속에도 좋은 게 있다
   시어머니보다 친정엄마의 시선이 더 아름답다
   일인자도 좋지만 이인자도 귀하다

03. 하나님의 시선으로 세상을 바라보라   · 060
   세상을 변화시켜야 할 사명지로 바라보라
   자신을 하나님의 시선으로 그리라
   섬김으로 권위를 세워가라
   한층 더 고상한 가치를 바라보라

04. 십자가를 더 선명하게 드러내라 · 083

   미신의 십자가가 아닌 능력의 십자가가 되게 하라
   벗었던 옷을 다시 입지 말라
   십자가의 흔적이 남게 하라
   십자가의 감격으로 사랑의 헌신을 자극하라

PART 2

그리스도인은 하나님의 시선으로 세상을 바라본다

05. 인생을 바라보는 시선이 다르다 · 109

   내 꿈을 버리고 하나님의 꿈을 가지고 산다
   내면 콤플렉스와 영혼 콤플렉스를 고민한다
   추구하는 양식이 다르다
   이 땅에서의 보상보다 하늘 상급을 기다린다

06. 다른 가치를 추구하며 산다 · 132

   행복한 삶을 넘어 더 나은 삶을 추구한다
   유일한 청중인 예수님께 집중한다
   얄팍한 은혜 체험이 아닌 깊게 잠기는 은혜를 체험한다
   하나님의 말씀에 잠기는 즐거움을 누린다

07. 다른 반응양식과 태도를 가지고 산다 · 155
어두운 밤에도 하나님을 바라며 노래하라
지금 남은 것을 찾아 다시 시작하라
맏형의 시선을 버리고 아버지의 시선을 가지라
보복으로 자신을 포박하지 않는다

08. 다른 성품으로 인생을 경영한다 · 177
다른 사람 안에 숨겨진 내 모습을 발견하라
깨어지고 부서짐은 더할 수 없는 하나님의 은혜다
성령의 채우심과 다스리심이 다른 성품을 만든다
하나님의 감시카메라를 벗어날 수 없다

PART 3
더 나은 인생을 위해 시선을 디자인하라

09. 미시적 시선을 버리고 거시적 시선을 가지라 · 201
보이지 않는 세계를 미리 내다보라
편함을 반납하고 불편함을 감수하라
죽음은 더 좋은 집을 향한 여행이다
나룻배 철학을 갖고 살아가라

10. 불신앙적 시선을 버리고 신앙적 시선을 가지라 · 222
    갈등보다 갈등을 풀어가는 게 관건이다
    일이 잘 안되고 막혀도 형통일 수 있다
    고통의 담금질에는 영적인 의미가 담겨 있다
    염려 모드를 맡김 모드로 전환하라

11. 관성적 시선을 버리고 소통의 시선을 가지라 · 243
    바른 시선을 갖기 위해 고정관념을 탈피하라
    작은 것부터 하나님의 시선에 올인하라
    의식적이고 지속적인 시선 집중을 훈련하라
    시선의 튜닝을 위해 기준선을 명확히 하라

12. 아름다운 피날레를 위해 감사와 긍정의 눈을 디자인하라 · 264
    고통 속에서 회복 탄력성을 끌어내라
    절대 절망 속에서도 절대 감사를 길어내라
    밑 빠진 독과 같은 욕심에서 벗어나라
    인생 최고의 행복, 블리스를 누리라

시선을 바꾸면
새로운 인생이 보인다

막내딸 세린이가 말레이시아에서 생활하고 있다. 현대무용을 전공하던 대학교 1학년 때 싱가포르에서 K-POP 공연팀으로 활동하게 되었다. 자기가 하는 일에 만족하고 수입도 적은 편이 아니었던 것 같다. 지금은 말레이시아로 옮겨서 활동하고 있으니 벌써 8~9년의 세월이 훌쩍 흘렀다. 초기에 우리 가족에게 고민거리가 생겼다. 어느 날, 세린이가 우리 부부에게 고민거리를 던져준 것이다.

"엄마, 아빠. 나 학교 그만두고 여기서 계속 활동할까 봐."

"무슨 소리야? 대학 공부를 해야지. 돈이 중요한 게 아니잖아."

그랬더니 세린이가 자기 생각을 피력했다.

"사실 대학을 졸업한다고 해서 앞으로 진로가 보이는 것도 아니잖아."

학력주의자는 아닐지라도 대학 공부가 보편화된 시대에 대학을 마무리했으면 하는 바람이 있어서 덧붙였다.

"그래도 세월이 지나면 공부하지 않은 걸 후회할 수도 있을 거야."

어떤 시선으로 바라보고 어떤 결정을 하느냐에 따라 딸의 인생은 달라질 것이다. 그런데 사실 우리는 알 수 없다. 대학 졸업장을 취득하는 게 좋을지, 그렇지 않으면 공부를 포기하고 자신이 하고 싶고 좋아하는 일을 찾아 일찌감치 걸어가는 게 좋을지. 생각의 한계가 있고 판단의 부족함이 있기에 딸에게 말했다.

"좀 더 깊이 생각해보고, 하나님께 기도하고 결정하자."

서로 기도하고 생각해볼 시간을 갖고, 어느 날 나는 막내딸에게 페이스톡을 했다.

"어느 길이 옳은지는 아빠도 자신이 없어. 미래는 우리가 장담할 수 있는 영역이 아니고 주님 손에 있으니까. 단지 아빠는 네가 하고 싶은 일이고, 네가 기꺼이 결정하는 일이라면, 그리고 세월이 흘러서 후회하지 않을 것 같으면 어느 쪽이든 네 결정을 존중할게."

결국 대학 공부보다 자신이 하는 일을 선택했다. 몇 년이 흐른 지금은 말레이시아 필라테스 학원에서 일하다가 최근에는 자기 사업을 하려고 준비하고 있다. 사실 앞으로도 어떻게 될지 알 순 없다. 다만 신실하신 하나님을 신뢰하고 함께하겠다고 하신 주님의 약속을 붙잡고 기도할 뿐이다.

안경 색깔을 점검하면
다른 현실이 다가온다

천재 물리학자 아인슈타인이 말했다.

"세상을 보는 데는 두 가지 방법이 있다. 하나는 기적이 없다고 생각하며 사는 것이고, 다른 하나는 모든 것이 기적이라고 생각하며 사는 것이다."

아인슈타인의 지적처럼 어떤 생각, 어떤 눈을 가지고 세상을 바라보고 대하느냐에 따라 세상은 전혀 다르게 느껴진다. 그러므로 "시선이 운명을 결정한다"고 단언할 수 있다. 어떤 생각으로 바라보고 어떤 시선으로 판단하느냐에 따라 우리에게 다가오는 세상은 달라지고, 그 결과도 엄청난 차이가 생긴다. 그렇기에 바라보는 눈이 건강해야 한다.

우리가 잘 아는 이솝 우화 하나를 생각해보자.

베짱이가 여름 내내 일할 생각은 하지 않고 노래만 부르며 놀고 있었다. 그 광경을 바라보던 개미가 생각했다.

'저렇게 살다가 어쩌려고? 머지않아 후회하는 날이 오지.'

개미는 베짱이가 걱정되었다. 그래서 자신은 땀을 뻘뻘 흘리면서 더 열심히 일했다. 정말 열심히. 어느덧 가을이 지나가고 겨울이 다가왔다. 그동안 베짱이는 잘 놀았다. 하지만 추운 겨울이 다가오면서 걱정이 생기기 시작했다. 먹을 것이 없었기 때문이다. 결국 베짱이는 개미에게 찾아가서 몇 차례 부탁했다.

"친구야~ 나에게 먹을 것을 좀 주렴. 배고파 죽겠어."

그러나 개미는 냉정하게 거절했다. 오히려 베짱이를 비웃었다.

"내가 그렇게 말할 때는 일도 안 하고 빈둥빈둥 놀기만 하더니 고소하다!"

결국 베짱이는 추운 겨울에 먹을 것이 없어서 굶어 죽고 말았다.

이 우화가 주는 교훈은 분명하다. 한순간의 편안함과 즐거움을 위해 사는 인생의 결국을 보라는 것이다. 열심히 일해야 할 시기에 일하지 않고 사는 게으름뱅이의 운명은 불행하다. 그러므로 우리는 일해야 할 시기를 놓쳐서는 안 된다. 땀 흘리며 수고하는 성실한 삶을 사는 사람은 훗날 웃게 된다. 준비하는 인생, 바로 그것이다.

그런데 시선을 바꾸어 보자. 개미형 인간은 정말 열심히 살았다. 박수를 받아야 한다. 그의 성실함은 칭찬받아 마땅하다. 필요한 순간을 위해 준비하는 저축성을 본받아야 한다. 그러나 그는 몰인정한 사람이다. 사마리아인의 비유를 생각한다면 어쩌면 제사장이나 레위인의 범주를 벗어나지 못한다. 사람이 죽어가는 지경이다. 이런저런 이유야 있겠지만 그냥 보고 지나쳐서는 안 되지 않는가?

또 하나의 우화를 생각해보자. 우리가 너무 잘 알고 있는 토끼와 거북이의 경주이다. 물론 새로운 버전으로 각색된 이야기다.

옛날에 토끼와 거북이가 살았다. 토끼는 거북이를 너무나 사랑했다. 그런데 토끼는 마음으로만 짝사랑하고 있었기에 거북이는 아무것도 몰랐다. 어느 날, 토끼는 거북이의 모습에 가슴이 아팠다. 거북이가 느린 자신에 대해서 자책하고 있었기 때문이다.

"나란 존재는 왜 이럴까? 남들은 재빠르게 움직이는데, 나는 왜 이렇게 살아야만 하는 것일까?"

너무 느리고 굼뜬 자신이 싫었다. 자학하고 있는 거북이를 바라보는 토끼의 마음은 너무 아팠다. 토끼는 거북이를 사랑했기 때문에 거북이에게 자신감을 심어주고 싶었다. 그래서 제안했다.

"어이~ 느림보 거북아! 나랑 경주해보지 않을래? 너 따위는 내 상대가 절대 될 수 없지만 말이야. 어때?"

"내가 비록 느리기는 하지만 한번 해보자. 빠른 것만이 최고가 아니라는 것을 내가 보여주고 말겠어!"

토끼는 매우 기뻤다. 드디어 경주가 시작되었다.

"저 높은 언덕 꼭대기에 먼저 도착하는 자가 이기는 거다!"

토끼는 금세 저 앞쪽까지 달려갔다. 거북이는 도저히 따라잡을 수 없었다. 어느새 간격이 너무 벌어지고 말았다. 그래서 토끼는 거북이를 기다려주기로 했다. 그러나 무작정 기다릴 수는 없었다. 그래서 잠시 길가에 누워 자는 척을 했다. 토끼는 생각했다.

'거북이가 다가와서 날 깨워줄 거야. 그러면 둘이 함께 나란히 들어가야지.'

토끼는 거북이가 다가와서 자신을 깨워주길 바랐다. 그러면 다정하게 함께 달려서 공동 우승을 하려고 했다.

그런데 얼마 후 상황은 반전되었다. 느림보 거북이가 길가에서 잠든 토끼를 보았다.

"이야, 잘 됐다! 때는 이때야! 부지런히 달려서 토끼를 제쳐야지!"

결국 거북이는 잠자고 있는 토끼를 추월해서 경주에서 이겼다. 잠든 척 누워 있던 토끼의 눈에는 어느덧 눈물이 고였다. 이제 경주는 끝났다. 거북이는 근면과 성실의 아이콘이 되었다. 그러나 토끼는 자만과 방심의 상징이 되었다. 하지만 토끼는 기뻤다. 자신이 당하는 비난을 얼마든지 감수할 수 있었다. 자신은 자만과 방심의 상징이 되어 비난받을지라도 자신이 사랑하는 거북이가 기뻐하는 모습을 보는 게 너무나 행복했기 때문이다.

어떤 안경을 쓰고 세상을 바라보느냐에 따라 세상은 달라진다. 어떤 목사님이 집회에 갔다. 예배당에 들어서는데, 이게 웬일인가? 실내가 너무 캄캄했다. 그래서 "왜 불도 안 켜고 있느냐?"고 물었다. 그랬더니 누군가 웃으면서 말했다. "목사님이 선글라스를 끼고 계시니까 캄캄하게 보이는 거죠." 그렇다. 운전하느라 선글라스를 낀 걸 잊어버리고 예배당에 들어선 것이다.

어떤 사람은 검은 안경을 끼고 세상을 본다. 그러면 세상은 온통 어둡게 느껴진다. 어떤 사람은 붉은색 안경을 끼고 본다. 그러면 세상이 온통 붉게 보인다. 늘 세상을 한탄하며 사는 사람이 있다. 주변 환경이 자신을 따라주지 않는다고 원망한다. 어느덧 탓하는 게 일상이 되어버렸다. 그의 인생은 먹구름으로 덮여 있다. 어떻게 보면 세상이 문제가 아니다. 내가 바라보는 시선의 문제이고, 내가 쓰고 있는 안경의 문제일 수 있다. 내가 어떤 시선으로, 어떤 안경을 쓰고 보느냐에 따라 세상은 달리 느껴지니까. 동일한 현실과 환경도 바라보는 시선을 달리하고 쓰고 있는 안경 색깔을 바꾸면 다른 현실과 환경으로 다가올 수 있다.

문제의 핵심은
비뚤어진 시선이다

일상에서 3초를 어떻게 활용할 것인지에 대한 좋은 글이 있다. 3초를 기다리지 못해서 조바심 내는 사람이 많은 세상에서 한 번쯤 곱씹어보고 싶은 내용이다.

엘리베이터를 탔다. 문을 닫기 위해 이내 손이 간다. 그러나 닫힘 버튼을 누르기 전에 3초만 기다려주자. 어쩌면 누군가 급하게 오고 있을지도 모른다.

누군가 내 차 앞으로 다급히 끼어든다. 이내 가속 페달로 발이가 있다. 끼워주지 않기 위해서. 그러나 3초만 서행으로 기다려보라. 그 사람의 아내가 정말 아플지도 모른다.

오랜만에 친구와 차 한잔하며 대화를 나누다가 아쉬운 작별을 해야 한다. 대부분의 사람은 헤어질 때 쏜살같이 그 자리를 떠나고 만다. 그러나 그의 뒷모습을 3초만 더 바라봐주자. 혹시 그가 가다가 뒤돌아봤을 때 허전하지 않도록.

정말로 화가 치밀어서 참기 힘들 때가 있다. 그럴지라도 고개를 들어 3초만 하늘을 바라보자. 화는 순간을 지나고 나면 아무것도 아니기 때문이다.

차창으로 고개를 내밀다가 한 아이와 눈이 마주칠 때가 있다. 그때 3초만 손을 흔들어주자. 그 아이가 크면 분명 다른 아이에게도 그렇게 손을 흔들어주게 될 것이다.

죄를 지어서 수갑을 차고 감옥으로 끌려가는 사람을 볼 때가 있다. 그러면 이내 욕하기 쉽다. 그러기 전에 3초만 생각하자. 내가 그 사람의 환경이었다면 어떻게 되었을까?

다정한 아내도 때때로 화가 나서 소나기처럼 퍼부을 때가 있다. 그래도 미소 짓고 3초만 들어주자. 그녀가 저녁엔 다정스럽게 내 품에 안길지 누가 아는가?

우리가 부딪히는 일상들이 있다. 그때 성급한 우리네 기질은 이내 행동 개시로 나타난다. 어떤 상황에 대한 우리의 반응 양식은 3

초 이내에 결정될 수 있다. 그때 나타나는 반응은 평소에 가지고 있던 생각이나 태도, 습관에 의해 선택된다. 조금만 여유를 가지고 생각과 바라보는 시선을 바꾸어 보면 행동 양식은 얼마든지 달라진다. 우리가 어떤 행동을 취하느냐에 따라 상황은 다른 결과를 낳을 수 있다. 관계가 새롭게 발전할 수도 있다. 아무리 급해도 3초만 생각해보라. 평소에 가지고 있던 생각과 다르게 생각해보라. 평소에 바라보던 눈과는 다른 눈으로 바라보라. 그러면 다른 접근 방법이 나올 것이다.

살다 보면 힘들 때가 있다. 하는 일이 너무 안 풀려서 답답해 미칠 지경에 이를 때가 있다. 아무리 노력해도 상황은 점점 더 꼬여갈 때가 있다. 허우적거릴수록 더 깊이 빠져들어 가는 느낌이 들 때가 있다. 때때로 너무 억울해서 죽고 싶은 생각이 몰려올 때도 있다. 그럴 때 사람들은 쉽게 결론짓는다. "안 되면 그만두지 뭐. 이렇게 노력하는 게 무슨 의미가 있어? 이럴 바에는 차라리 포기하지 뭐. 이렇게 구차하게 사느니 차라리 죽는 게 속 편해!"

그러나 알고 있는가? '자살'을 거꾸로 하면 '살자'로 변한다는 사실을. 시선만 바꾸면 얼마든지 다르게 해석할 수 있다. 실패가 없었던 사람이 어디 있는가? 항상 행복한 사람이 어디 있는가? 노력해도 기대했던 결과가 나오지 않는 건 모든 사람이 다 경험하는 사실이다. 그럴 때마다 포기하고 죽는다면 세상에 살아갈 사람은 아무도 없을 것이다.

생각해보면 아무리 열악한 환경일지라도 우리가 살아야 할 이유는 너무나 많다. 아무리 힘든 상황도 시간이 지나면 달라지기 때문이다. 아무리 열악한 환경이라도 그 환경을 다스리시는 하나님은 여전히 나와 함께 하시기에, 아무리 견디기 힘든 상황이어도 나를 사랑하는 가족이 있기에, 아무리 초라해져도 나를 위해 기도해주는 응원군이 주변에 많고, 환경은 언제나 가변적이기 때문이다.

그렇다. 문제는 주변 사람이 아니다. 환경의 문제도 아니다. 문제는 병들고 나쁜 시선으로 세상을 보는 나 자신이다. '죽어야 할 이유'에 초점을 두고 결론을 짓는 건 어리석은 짓이다. '살아야 할 이유'에 초점을 두고 다시 한번 바라보면 달라질 수 있지 않을까?

프랑스 사람들에게 "존경하는 인물이 누구냐?"고 물으면 그들은 거침없이 한 사람을 소개한다고 한다. 바로 피에르 신부이다. 그는 빈민구호 공동체인 엠마우스 공동체를 창설했다. 그의 비망록 중에 「단순한 기쁨」이라는 책이 있는데, 피에르 신부는 거기에 이런 경험담을 적어 놓았다.

어느 날, 한 청년이 나를 찾아왔다. 청년은 자살 직전에 있었다. 청년은 나에게 자살하려는 이유를 장황하게 설명했다. 가정적인 문제, 경제 파탄, 사회적 지위 등. 그러면서 결론을 맺었다.

"모든 상황으로 볼 때 저는 지금 죽을 수밖에 없습니다."

청년의 이야기를 다 듣고 난 후, 나는 대답했다.

"충분히 자살할 이유가 있습니다. 일이 그렇게 되었으면 살 수가 없겠습니다. 자살해야 하겠습니다."

그리고 말을 이었다.

"그런데 죽기 전에 나를 좀 도와주시오. 그리고 죽으면 안 되겠습니까?"

"뭐, 어차피 죽을 건데 죽기 전에 신부님이 필요하다면 제가 얼마간 신부님을 돕도록 하지요."

그때부터 청년은 집 없는 사람, 불쌍한 사람들을 위해 집 짓는 일을 열심히 도왔다. 얼마 후, 청년이 고백했다.

"신부님이 제게 돈이든 집이든 일이든 그저 베푸셨더라면 저는 다시 자살을 시도했을 겁니다. 왜냐하면 제게 필요한 것은 살아갈 방편이 아니라 살아야 할 이유였기 때문입니다."

죽을 수밖에 없는 상황도 중요할 수 있지만 그 상황을 바라보는 시선이 더 중요하다. 눈만 성하면 온몸은 건강해질 수 있다. 문제는 세상을 바라보는 병든 눈이다. 삐뚤어진 시선이 문제이다.

우리가 선택할 수 있는 시선은 즐비하다. 그런데 구태여 병들고 망가진 눈을 선택할 이유는 없다. 바른 생각, 건강한 눈, 올바른 관점만 가지고 있다면 세상은 그래도 살만하다. 필요하다면 시선을 바꾸면 된다.

발람은 분명히 잘못된 길을 걸었지만 그가 했던 말에도 분명 진실은 있었다.

"하나님은 사람이 아니시니 거짓말을 하지 않으시고 인생이 아니
시니 후회가 없으시도다. 어찌 그 말씀하신 바를 행하지 않으시
며 하신 말씀을 실행하지 않으시랴"(민 23:19).

거짓이 없고 후회가 없으신 하나님의 시선으로 세상을 바라보고
현실을 해석하고 상황에 대처한다면 우리가 걸어가는 인생길이 달
라지고 우리가 직면하는 현실이 새롭게 다가올 것이다.

시선의 차이는
심각한 충돌을 일으킨다

사람은 저마다 바라보는 시선을 따라 살아간다. 거기
에는 올바른 시선도 있고 잘못된 시선도 있다. 건강한 경우도 있고
병든 경우도 있다. 문제는 서로의 시선이 다르다는 것이다. 그래서
충돌이 일어난다.

어느 날, 사무장 집사님이 목양실을 찾아왔다.

"목사님, 아무래도 오케스트라 연습을 위해 토요일에 장소 빌려
주는 것을 그만뒀으면 좋겠습니다. 교인들이 너무 불편해하고 애로

사항이 많습니다."

우리 교회는 토요일마다 서울시 금천구에 속해 있는 오케스트라 팀에게 장소를 제공한다. 그러다 보니 여러 가지 어려움도 따른다. 그래도 지역을 섬기는 교회가 되어야 한다는 목회 철학 때문에 연습실을 개방해주었다. 그런데 사무장의 입장에서는 힘든 점이 많을 것이다. 불편을 느끼는 교인들이 던지는 한두 마디 말이 부담스러울 수도 있다. 그래서 연습실 개방을 그만두었으면 좋겠다는 의견이었다.

그래서 나는 말했다.

"집사님 심정은 충분히 이해합니다. 토요일이면 주차 문제도 어려움을 겪을 것이고 장소를 사용하는 데도 제약을 받을 수 있습니다. 그러나 불편함을 감수하지 않고는 어떤 것도 얻을 수가 없습니다. 제가 실무자의 고충을 다 헤아리지 못할 수도 있습니다. 그러나 지역 교회인 우리가 지역 주민들의 편리를 봐주지 않는다면 그건 올바른 섬김이 아니라고 봅니다. 다소 불편함이 있을지라도 감수했으면 좋겠네요."

어떤 시선으로 보느냐에 따라 교회 개방에 대한 태도는 달라질 수 있다. 교회 편리에 집중하느냐, 지역 섬김에 집중하느냐에 따라 선택은 달라진다. 그런데 서로의 시선이 다를 때 그것을 잘 조율하지 못한다면 심각한 갈등으로 확산될 수 있다. 따지고 보면 교회 내에서 일어나는 대부분의 갈등도 바로 서로의 생각과 시선이 충돌하는 데서 비롯된다.

최근 동성결혼을 합법화하려는 움직임이 세계 각지에서 일고 있다. 동성애를 죄악으로 규정한 성경의 가르침에 역행하는 흐름이다. 그래서 기독교계 일부에서는 인류의 심각한 재앙으로 보고 있다. 미국도 동성애를 지지하는 쪽으로 흘러가고 있다. 미국이 어떤 나라인가? 신앙의 자유를 위해 죽음을 무릅쓰고 신대륙을 찾아 나선 민족이 아닌가? 청교도 신앙이 근본인 나라가 아닌가? 그런데 그 나라에서도 경계선이 무너지고 있다. 영국과 프랑스에서도 동성결혼 합법화에 대한 여론이 급물살을 타고 있다. 우리나라에도 성 정체성에 대한 차별금지를 명시한 차별금지 법안이 야당 의원들에 의해 국회에 발의된 상태이다. 심지어 안방 드라마에서조차도 동성애 코드를 버젓이 방영하고 있다.

이에 대해 기독교에서는 윤리적으로, 그리고 신학적으로 절대 바람직하지 못한 일이기에 강력히 저지 운동을 펼쳤다. 한국교회가 차별금지법 법안 철회를 위해 싸우자 이런 누명을 뒤집어쓰게 되었다.

"사회적 약자의 권리를 짓밟는 반인권적인 집단이다."

심지어 일부 기독교인마저도 이런 평가를 했다.

"법안 철회로 한국교회는 승리의 개가를 불렀지만 합리적 토론이 통하지 않는 맹목적인 집단이라는 질타에서 벗어날 수 없다."

더 심각한 문제가 있다. 미국의 풀러 신학교는 세계적으로 유명한 신학교이다. 그런데 그 학교에서 LGBT(레즈비언, 게이, 양성애자, 트렌스젠더) Club을 정식으로 인정해주었다고 한다. 이 클럽은 동성애 신학생들을 위한 클럽이다. 그런데 그들의 활동을 인정해주다니? 이 사실이 미국 교계에 큰 반향을 일으켰다. 그리고 찬반이 서로 엇갈려서 아주 심각한 충돌을 일으키고 있다.

1992년, 한 여성이 남자 친구와 함께 자기 의붓아버지를 살해했다. 의붓아버지란 작자가 열두 살 때부터 자신을 성폭행해왔기 때문이다. 전국에서 구명운동이 일어났다. 변호인단은 정당방위를 주장했다. 하지만 대법원은 살인죄로 판결했다.

그로부터 20년이 흘렀다. 한 여성이 남성의 혀를 깨물어서 3분의 1가량이 잘렸다. 강제로 키스하려고 했기 때문이다. 검찰시민위원회는 정당방위를 인정했다. "혀를 깨문 것이 피해자가 처한 위험(성폭행)에 비해 과도한 대항이었다고 보기 어렵다." 정당방위가 어디까지인가에 대한 경계선 시비 공방은 계속되고 있다. 잣대에 따라서 달라질 수 있다. 바라보는 시선에 따라서 다르게 해석된다. 그래서 난해하다.

욥과 욥의 친구들은 욥이 겪고 있는 고난의 문제에 대해 치열한 공방전을 벌였다. 욥의 친구들 눈은 비슷하다. "하나님은 공의로우신 분이다. 네가 이런 어려움을 겪고 네 가정에 이런 시련이 닥쳐오는 것은 네가 하나님의 뜻대로 살지 못했기 때문이다. 지금이라도 잘못을 깨닫고 회개하면 하나님은 다시 회복시켜주실 것이다." 친구들은 인과응보의 프레임으로 욥이 처한 고난을 해석하고 있었다. 그래서 욥을 비난하고 정죄하기까지 했다. 그 말을 듣고 있던 욥은 자기 상황도 다 알지 못하면서 똑똑한 척하고 비난하며 정죄하는 친구들이 야속했다. 분노가 치밀어 오르기까지 했다.

우리 부부와 친구 목사 부부가 삼척으로 여름휴가를 떠난 적이 있었다. 삼척에 장로님이 지어 둔 집이 있었기 때문이다. 월요일부터 목요일까지 머물 계획이었다. 월요일 오후에 출발해서 저녁에 도착했다. 이튿날 오후쯤 한 통의 전화가 왔다. 친구 교회 장로님 장모께서 소천하셨다는 소식이었다. 순간 고민이 되었다. 어떻게 해야 하는가? 장례이니 가봐야 하는 게 당연한 거 아닌가? 더구나 장로님 가정의 장례이다. 그것도 수석 장로님이다. 가지 않을 경우 섭섭하다는 생각이 들지 않겠는가?

한편 미안한 일이지만 모처럼 얻은 휴가이니 가지 말자는 생각도 들었다. 그리고 두 가정이 차 한 대에 타고 왔기에 움직이게 되면 두 가정 모두 함께 가야 할 처지였다. 갔다가 다시 오기에는 너무 먼 거리였다. 집례가 아닌 문상이니 부목사님이 가도 되지 않겠는가? 장로님 본인 장례도 아니지 않은가? 또 장로님 가정이어서 가야 한다면 다른 성도들이 봤을 때 차별한다는 느낌을 받지 않을까?

어떤 결론을 내렸을까? 사실 내적 갈등이 심했다. 나는 이 글을 읽는 당신에게 되레 묻고 싶다. "이런 때는 어떤 결론을 내리는 게 좋을까?" 결국 우리가 내린 결론은 '가자'는 것이다. 수요일 오후, 우리는 아쉬움을 뒤로한 채 삼척에서 출발했다.

왜곡된 시선이
관계를 깨뜨린다

눈이 보배이다. 그런데 눈을 병들게 하는 것들이 있다. 눈이 병들면 사물이나 상황을 정상적으로 바라보지 못한다. 왜곡된 생각과 눈은 관계를 깨뜨리고 조직을 어렵게 만든다. 그리고 사실을 오도하게 만든다.

바라보는 시선을 왜곡시키는 것 가운데 하나는 주관성이다. 사람은 저마다 "나는 객관적으로 본다"라고 말한다. 그러나 과연 그럴까? 주관성 때문에 모든 것을 자기 위주로 해석한다. 그래서 눈을 어둡게 만든다. 이권이 개입되면 절대로 객관적으로 볼 수 없다. 다른 사람의 문제는 객관적으로 판단하지만 자신과 관련된 문제에는 절대로 객관적일 수 없다. 그래서 "나는 원칙주의자이다"라고 말하는 사람의 이중적인 모습을 보게 된다. 다른 사람의 일에는 원칙을 강조하지만 자기 문제에서는 전혀 그렇지 않다. 원칙은 어디론가 사라지고 이기심만 발동한다.

그릇된 지식은 바라보는 시선을 왜곡시킨다. 유대인은 선민의식 때문에 이방인을 부정한 개처럼 여겼다. 율법의 소중함을 강조하다 보니 율법주의에 빠지고 만 것이다. 정보를 잘못 받아들이게 되면 그것을 주장하고 우기게 된다. 잘못된 지식을 진실로 인식하기 때문에 목숨 걸고 고집부리게 된다. 그렇기에 올바른 관점을 갖기 위해서는 정확한 정보와 지식을 습득해야 한다.

사회에서 연소자와 연장자 사이의 질서는 잘 지켜져야 한다. 어린 사람이 나이 많은 사람에게 대들고 거만한 행동을 해서는 안 된다. 공손함과 존중이 필요하다. 연장자에게 다소간의 연약함이 있을지라도 기본적인 질서는 지켜져야 한다. 그런데 조직에서는 나이를 지나치게 따져서는 안 된다. 왜냐하면 조직은 또 다른 질서를 갖고 있기 때문이다.

가끔 교회 공동체 안에서 이런 문제로 갈등을 빚기도 한다. 교회마다 조금의 차이는 있겠지만 한국교회는 40대 젊은 목회자가 담임목사로 부임하는 경우가 꽤 있다. 심지어 30대의 담임목사도 찾아볼 수 있다. 그런데 장로나 권사 직분을 맡은 분들은 어떤가? 이미 6, 70세는 기본이요, 여든이 넘은 분들도 있다. 그분들 입장에서 보면 담임목사가 아들, 혹은 동생처럼 여겨질 수도 있다.

그러다 보니 기도할 때 담임목사를 가리켜 '어린 종' 이라는 표현을 쓸 때가 있고, "아들 같다" "막냇동생뻘이다"는 말을 할 때도 있다. 더 심한 경우에는 "젊은 목사가 늙은 장로에게 무례하다. 목사는 부모 형제도 모르냐?"는 말까지도 한다. 얼마나 속상했으면 그런 말을 할까 하는 안타까운 마음이 들기도 하지만 좀 더 배려해 주었으면 하는 아쉬움도 있다. 또한 목회자들도 교회 안에서 연장자들을 존중해 주었으면 한다. 목사라는 직분 때문에 나이 많은 어르신들을 무시해서는 안 된다.

그러나 다시 한번 생각해봐야 할 것이 있다. 교회는 세상의 어떤 공동체와도 다르다. 영적인 공동체이다. 그렇기에 영적인 질서가 있으며, 영적인 공동체를 나이나 세상 경륜으로 해석하려 해서는 안 된다. 영적인 공동체인 교회는 영적인 질서를 존중할 줄 알아야 한다. 그래서 바울은 젊은 목회자 디모데와 디도에게 "누구든지 네 연소함을 업신여기지 못하게 하라"(딤전 4:12, 딛 2:15)고 권면하고 있다. 교회에 대한 바른 지식이 필요하다. 영적인 질서로 유지되는 교회를 세상의 시선으로 바라보려 해서는 안 된다.

개인적인 감정이나 상처 역시 바라보는 시선을 심각하게 왜곡시킨다. 인간은 감정적인 존재이다. 상처는 부정적인 감정을 부추긴다. 상처의 골이 깊다 보면 생각이 왜곡된다. 매사에 바라보는 시선을 왜곡시킨다. 상처 때문에 감정이 뒤틀리게 되면 옳은 것도 좋게 보이지 않는다. 하는 것마다 못마땅하게 여겨진다. 결국 반대를 위한 반대를 하게 된다.

이런 말이 있다. "아내가 귀여우면 처가 말뚝 보고 절한다.""아내가 예쁘면 처가 울타리까지도 예쁘다.""아내가 예쁘면 처가 호박꽃도 곱다." 다 이해되는 말 아닌가? 우리가 가진 감정이 우리가 바라보는 시선을 좋게 만들 수도, 나쁘게 만들 수도 있다.

옛 속담이 맞다. "며느리가 미우면 웃는 것도 밉다.""며느리가 미우면 발뒤꿈치가 달걀 같다고 구박한다." 며느리가 미우면 웃는 모습도, 달걀처럼 생긴 예쁜 발도 구박 거리로 둔갑한다. 사람이 미우면 아무리 예쁜 구석도 싫게 보인다. 흠잡을 게 없는데도 공연히 트집 잡아 문제 삼는다. 며느리가 미우니 하는 짓마다 다 싫은 것이다.

편견이 바라보는 시선을 왜곡시키기도 한다.

어느 날, 한 권사님이 목양실 문을 두드렸다. 권사님은 소파에 앉아 잠시 기도하셨다. 기도가 끝나자 나는 권사님에게 음료를 권했다.

"권사님, 커피 드릴까요, 다른 음료수를 드릴까요?"

"커피 주세요."

"잠시만 기다리세요."

"목사님이 타 주시는 커피를 마시다니 황송하네요. 커피가 훨씬 더 맛있겠어요."

커피를 한 잔 드신 후에 권사님이 입을 열었다.

"목사님, 그동안 죄송했어요."

"그게 무슨 말씀이세요?"

"목사님이 오시기 전에 목사님에 대한 안 좋은 소문을 들었어요. 그래서 목사님께 불편하게 행동해왔는데, 겪어보니 제가 잘못 알고 있었어요. 죄송해요."

"괜찮아요. 교회가 분열된 상태에 있었으니 그럴 수도 있죠."

우리가 가진 편견이나 고정관념이 사실을 왜곡시킨다. 편견과 고정관념을 가진 사람은 세상을 바로 보지 못한다. 보는 눈을 병들게 하여 사실을 사실로 보지 못하게 만든다. 밝은 것도 어둡게 해석한다. 좋은 것도 나쁘게 받아들인다. 그렇기에 세상을 바로 바라보려면 우리 시선을 병들게 하는 편견과 고정관념에서 벗어나야 한다.

어느 날, 예수님이 베드로, 야고보, 그리고 요한과 함께 산에 올라가셨다. 그때 모세와 엘리야가 나타났다. 이들은 유대인에게 전설적인 인물들이다. 영광스러운 모습으로 변화된 예수님은 이들과 대화를 나누셨다. 베드로가 이 광경을 보았다. 경이로운 광경이었다. 그래서 "이곳에 초막 셋을 짓고 여기서 살자"고 제안했다. 어이없는 제안이었다. 예수님의 삶과 사역의 터전은 바로 산 밑에 있는 세상이다. 그런데 이곳에 거하다니? 더구나 베드로는 지금 큰 실수를 하고 있다. 예수님을 율법과 선지자를 대표하는 두 사람과 동격으로 착각하고 있으니 말이다.

예수님의 말씀처럼 율법과 선지자는 세례 요한의 때까지만이다. 그 후로는 예수 그리스도를 통해 복음이 파고들고 있다. 그런데 율법을 예수님의 은혜와 같은 격으로 두다니! 율법은 우리를 죄인이라고 낙인찍는다. 그러나 예수 그리스도를 통한 은혜는 우리에게 하나님의 사랑과 용서를 보여준다. 얼마나 큰 오해이자 편견인가? 베드로가 가진 고정관념과 편견은 예수님과 복음에 대해 잘못된 눈을 갖게 했고, 급기야 예수님이 원하시는 삶과는 다른 삶을 사시도록 종용하기에 이른 것이다.

너무나 맑고 쾌청한 어느 주말, 젊은 신혼부부는 오랜만에 야외로 나가서 즐거운 시간을 보내고 싶은 마음도 있었지만 밖으로 달려 나가려는 마음을 간신히 달랬다. 왜냐하면 그동안 지친 몸을 쉬고 싶었고, 한 주간 미뤄둔 집 청소도 해야 했기 때문이다. 두 사람은 오전 10시가 되도록 늦잠을 잤다. 그리고 느지막이 일어나 샌드위치와 샐러드를 만들고 커피를 끓여서 여유로운 아침을 먹었다. 식사를 마친 두 사람은 음악을 틀어놓고 청소에 돌입했다. 아내는 설거지를 하고 남편은 청소기를 들고 거실 이곳저곳을 누비며 청소를 하기 시작했다.

이때 시어머니가 찾아왔다면 시어머니는 어떤 반응을 일으킬까? 땀을 뻘뻘 흘리면서 거실 이곳저곳을 누비고 있는 아들이 한심해 보였을까? 오랜만에 쉬는 날 지친 아들을 부려 먹는 며느리가 얄미웠을까? 장가 잘못 들었다는 생각이 들었을까? 만약 이때 친정엄마가 찾아왔다면 어떤 반응일까? 자기 딸을 도와주느라 땀을 뻘뻘 흘리는 사위의 땀방울이 달콤해 보였을까? 그런 사위가 대견하고 멋져 보이고, 자기 딸이 남편을 잘 만났다는 생각이 들었을까?

같은 현상을 바라보는 시선이지만 얼마든지 다른 해석을 할 수 있고 다른 반응을 일으킬 수 있다. 동일한 일을 겪으면서도 바라보는 시선에 따라 허허 너털웃음을 지을 수도 있고 몇 날 며칠 속앓이를 할 수도 있다. 같은 사람의 같은 행동에 바라보는 시선에 따라 분노할 수도 있고 감사할 수도 있으며, 불행하다고 느낄 수도 있고 행복하게 느낄 수도 있다.

아름다운 인생을 살기 위해서는, 화려한 영성의 길을 걷기 위해서는 바라보는 시선을 잘 관리할 줄 알아야 한다. 다른 사람, 사건이나 환경을 바라보는 시선만 잘 디자인하면 얼마든지 자신의 처지와 인생이 달라질 수 있기 때문이다. 그러니까 바라보는 시선을 아무렇게나 방치해서는 안 된다. 지혜로운 사람은 바라보는 시선을 잘 관리해서 새로운 인생, 새로운 관계를 만들어간다. 그런 사람이 있는 공동체는 밝고 아름다워진다. 그렇기에 우리는 여기서 바라보는 시선을 잘 관리하는 방법을 찾아보려고 한다.

탄식하기보다 재창조의
문을 열어가라

언젠가 〈국민일보〉 종교국 부국장으로 있던 이태형 기자로부터 「인생에서 가장 소중한 것」이라는 책을 선물받았다. 이 책에는 도전과 모험의 인생을 즐기는 한비야 씨에 대한 이야기가 나오는데, 그녀는 지난 30년 동안 이틀에 한 번씩만 잠을 잤다고 한다. 그녀가 하는 말을 들어보라.

"하룻밤을 새운다 하더라도 고작 여섯 시간 자지 않는 것이잖아요. 밤을 새우며 책을 읽고 글을 썼어요."

잠을 바라보는 시선을 바꿔놓는 발상이 아닌가? 그녀는 사람들이 정해 놓은 시간표에 갇히길 거부했다. 그녀는 자기 나름의 시간표를 짜서 살아간다. 그녀는 잠을 바라보는 시선만 다른 게 아니었다. 그녀가 지치지 않는 열정으로 세계를 누빌 수 있었던 건 인생을 바라보는 그녀 나름의 다른 시선이 있었기 때문이다.

"50대. 축구로 따지자면 전반전 끝나고 후반전 5분 정도 지났을 뿐입니다. 모든 것은 후반전에 결정 나잖아요. 골도 후반전에 많이 들어가고요. 전후반에 결정 내지 못하면 연장전도 있습니다. 승부를 가리지 못하면 승부차기로 결정합니다. 그때 모든 것이 결정 날 수도 있어요. 가끔 재경기도 하더라고요. 저는 지금까지의 경험과 지식, 네트워크를 합해 50대에 활짝 필 것입니다. 책을 여러 권 썼는

데, 작가로서는 70대가 전성기일 수 있어요. 지금까지는 설익은 것이 많았습니다. 그때까지 인생을 잘 살면 더 깊은 이야기를 쓸 수 있을 것 같아요. 등산하다 보면 5부 능선에서 보는 경치와 7부나 9부 능선에서 보는 경치가 완전히 다릅니다. 인생도 마찬가지라고 생각됩니다.”

그러고 보면 무엇을 대하든 바라보는 시선만 바꾸면 된다. 상황이나 사건이 문제가 아니다. 내가 바라보는 시선이 문제다. 바라보는 시선이 내 인생을 지배한다면, 그 시선이 역사를 창조한다면, 그 시선에 따라 상황을 변화시킬 수 있다면 이제 무엇을 망설이랴. 바라보는 시선과 관점을 잘 디자인하면 되는 것을! 전반전에 지쳤다고 인생을 접을 필요가 있을까? 우리에겐 아직 후반전이 남아 있다. 60대가 되면 정년퇴직한다. 정년퇴직은 인생의 무덤이라고들 말한다. 그러나 정년퇴직 자체가 무덤은 아니다. 정년퇴직을 무덤으로 생각하고 스스로 그렇게 디자인하는 게 문제이다. 우리 교회 안에는 60대 초반에 정년퇴직해서 새로운 기술을 배우고, 새로운 자격증을 취득하여 새로운 인생 후반전을 살아가는 분이 많다. 정말 멋지고 아름답다. 그래서 한껏 응원의 박수를 보낸다.

일본 아오모리현은 사과 재배로 유명하다. 그런데 1991년, 그곳에 기록적인 태풍이 불어닥쳤다. 1년 동안 땀 흘려 재배한 사과 수확을 눈앞에 둔 때였다. 태풍으로 사과의 90%가 땅에 떨어지고 말았다. 상품 가치가 있는 사과는 겨우 10% 남짓이었다. 농민들은 비탄에 빠졌다. 절망적이었다. 그러다 보니 애꿎은 하늘만 원망했다. 이런 절망적인 상황에서 의외의 일이 일어났다. 같은 상황에서 대박을 터뜨린 사람들이 있었다. 그들은 남아 있는 10%의 사과를 바라보고 가능성의 문을 열었다. 그들은 절망적인 상황에서 웃음을 잃지 않았다. 왜? 남은 10%의 사과를 바라보는 그들의 시선이 달랐기 때문이다.

그렇게 강한 태풍에도 끄덕하지 않고 떨어지지 않은 사과가 아닌가? 그래서 그 사과의 이름을 '대입 합격 사과'라고 붙였다. 물론 가격은 다른 사과에 비해 10배 이상을 붙였다. 그런데도 수험생들에게 선풍적인 인기를 끌었다. 기록적인 태풍에도 떨어지지 않았다는 사실 때문이다. 간단한 시선 바꾸기가 대박을 불러온 것이다. 90%의 사과에 집중하는 사람은 세상을 원망한다. 하늘을 보고 탄식하며 의욕을 잃는다. 그러나 10%에 주목하는 사람은 다르다. 창조적인 아이디어를 찾아낸다. 재창조의 능력을 발휘하고 남과 다른 인생을 꿈꾼다.

누구나 살아가면서 얼마든지 치명적인 절망을 경험한다. 그때 가능성을 향한 생각에 빗장을 걸고, 슬픔과 탄식에 빠져 절망의 눈으로 가능성의 문을 닫아버릴 수 있다. 그러나 바라보는 시선만 조정하면 얼마든지 가능성의 문은 열리고, 창조적인 새로운 대안을 모색할 수도 있다.

간음 중에 현장에서 잡혀 온 여인이 있었다. 서기관과 바리새인들이 그 여인의 덜미를 잡았다. 그리고 예수님께 끌고 왔다. 사실 그들은 예수님을 이렇게 다루고 싶은 심정이었을 것이다. 그래서 예수님에게 음흉한 질문을 던졌다.

"모세는 율법에 이런 여자는 돌로 치라고 했는데, 당신은 어떻게 생각하오?"

사실 덫이 숨겨져 있는 질문이다. 율법처럼 돌을 던지라고 하면 예수님을 사랑이 없는 분으로 몰아갈 것이다. 지금까지 가르쳤던 것도 위선적인 것이 된다. 반면 돌을 던지지 말라고 하면 모세의 율법을 어기는 격이 된다. 그러니 이럴 수도, 저럴 수도 없는 교묘한 질문이다. 그들은 예수님에게 올가미를 씌우고 싶었던 것이다. 그때 예수님은 그들을 둘러보시면서 말씀하셨다.

"너희 중에 죄 없는 자가 먼저 돌로 치라"(요 8:7).

잠시 후, 사람들은 손에서 돌을 내려놓고 뿔뿔이 그 자리를 떠났다. 그럴 수밖에 없는 게 죄 없는 사람이 어디 있단 말인가? 자기 죄를 숨겨두고, 다른 사람의 죄를 들추어내고 정죄하는 건 비양심적이고 모순이 아닐 수 없다. 그러니 은근슬쩍 도망치는 게 상책이다.

예수님은 그 여인을 바라보고 말씀하셨다.

"나도 너를 정죄하지 아니하노니 가서 다시는 죄를 범하지 말라"(요 8:11).

서기관과 바리새인들은 간음한 여인을 사탄의 시선, 사탄 왕국의 관점으로 바라보았다. 그러나 예수님은 하나님의 시선, 하나님 왕국의 관점에서 여인을 다루었다. 서기관과 바리새인들은 율법의 잣대로 여인을 바라보았다. 그러나 예수님은 은혜의 잣대로 여인을 대하셨다. 서기관과 바리새인들은 돌아온 탕자의 형의 관점에서 여인을 바라보았다. 그러나 예수님은 아버지의 마음으로 여인을 바라보셨다. 서기관과 바리새인들은 정죄의 프레임으로 상황을 해석했다. 그러나 예수님은 용서의 프레임으로 상황을 처리하셨다. 어떤 시선으로 바라보느냐에 따라 한 여인을 대하는 태도가 판이하다.

그렇다면 우리는? 서기관과 바리새인의 자리에 서 있는가, 아니면 예수님의 자리에 서 있는가? 주변 사람을 바라보는 시선이 사탄의 시선인가? 하나님의 시선인가? 실수하고 허물을 가진 자를 바라볼 때도 하나님 왕국의 시선인가? 사탄 왕국의 시선인가? 바라보는 시선이 자기 행복과 불행을 좌우하고, 주변 사람을 대하는 태도도 달라지게 할 것이다.

나쁜 것 속에도
좋은 게 있다

교회에서 중직자를 세우는 일은 경사이고 축제가 분명하다. 그런데 목회자로서는 그렇게 흔쾌한 일만은 아니다. 중직자를 세우는 투표를 하면 어떤 이는 당선되고 어떤 이는 떨어진다. 당선되지 않은 이는 생각한다. "내가 이 교회에서 이것밖에 안 돼? 지금까지 수고한 게 얼만데?" 결국 그는 상처받는다. 조금 더 치달으면 교회를 떠나고 만다. 불행한 생각이 아닐 수 없다.

그러나 어떤 이는 생각한다. "하나님이 아직 나에게는 허락하시지 않는구나. 하나님, 저에게 부족한 게 뭐에요? 자신을 돌아볼 기회가 되게 해주세요." 나는 장담할 수 있다. 그는 반드시 영적으로 성장하게 될 것이다. 아픈 상처를 자기 성찰의 기회로 삼는 지혜가 있으니 영적 성장은 당연한 일 아닌가? 두 사람은 전혀 다르다. 그러고 보면 상처란 내가 주고 내가 받는 게 아닐까? 상황을 어떻게 바라보고 대하느냐에 따라 결과는 얼마든지 달라진다.

그렇다면 유능한 시선 관리사는 상황을 다르게 보는 훈련을 해야 한다. 모든 것에는 좋은 쪽도 있고 나쁜 쪽도 있다. 100% 나쁜 건 없고 100% 좋은 것도 없다. 나쁜 것 속에도 좋은 게 숨겨져 있고, 좋은 것 속에도 나쁜 게 숨어 있다. 그렇다면 좋은 면을 보려는 눈이 필요하다. 긍정적으로 해석하려는 마음이 필요하다. 부정적인 생각을 가진 사람 눈에는 모든 게 부정적이다. 그러나 긍정적인 눈으로 보는 사람에게는 모든 것이 아름답다.

골리앗을 바라보는 눈들을 보라. 사울을 비롯한 이스라엘의 장군들, 심지어 다윗의 형들까지 생각은 일치했다.

"저 무시무시한 골리앗 좀 봐. 그의 광기 어린 호령 소리를 들어

봐. 우린 절대 이길 수 없어."

그러나 다윗의 생각은 달랐다.

"야, 맞힐 곳이 너무 많다. 덩치가 크니까 성공할 확률도 굉장히 높잖아."

다윗은 인간적인 관점에 머무르지 않았다. 믿음의 관점으로 골리앗을 바라보았다. 강한 건 사실이었다. 그러나 그 사실을 해석하는 게 달랐다. 부정적인 해석도 가능했다. 그러나 그는 긍정적으로 해석했다. 지금까지의 자기 경험으로 볼 때 하나님이 도우시면 얼마든지 가능한 일이었다. 예전에 곰과 사자도 때려눕혔던 경험이 있었다. 그렇다면 이번이라고 못 할 게 무엇인가? 유능한 적장 골리앗도 하나님의 도우심으로 얼마든지 이길 수 있다고 믿었다. 여호와의 전쟁이니까.

충북에 있는 어느 아파트에서 체리가 든 택배 상자가 분실됐다. 다행히 경찰에서 아파트 CCTV를 확인해 용의자를 잡을 수 있었다. 그런데 가슴 아픈 사연이 있었다. 이것을 훔친 사람은 다름 아닌 기초생활보장 수급자였다. 그녀는 홀로 두 아이를 키우는 여성이다. 게다가 지적장애인이기도 했다.

그녀는 여느 때처럼 아파트 가구를 대상으로 전단지를 돌리던 중 우연히 아파트 6층 현관문 앞에 놓인 택배 상자를 발견했다. 그 안에는 먹음직한 체리가 들어 있었다. 순간적으로 초등학교에 다니는 두 아이가 생각났다. 체리를 한 번도 먹어보지 못한 아이들이다.

엄마의 마음에 파고가 일기 시작했다. '그래서는 안 되지.' '아이들에게 먹여주었으면….'

그녀는 눈에 밟히는 두 아이를 저버릴 수 없었다. 결국 택배 상자를 전단지 가방에 몰래 넣고 황급히 떠났다. 3만 원짜리 체리는 자식을 생각하는 엄마의 마음을 울렸다. 돈이란 게 도대체 뭔지, 안타까운 마음이 든다. 다행히 안타까운 사연을 들은 피해자가 그녀를 용서해주기로 했다. 자식에게 한 번도 먹여보지 못한 체리를 먹이고 싶은 모정이 측은해서. 얼마나 고마운 일인가? 자식을 생각하는 모정에 동정이 간다. 얼마나 한이 되었으면 그랬을까? 이런 사람들은 왜 아프게 살아야만 하는 걸까?

가슴 아픈 모정은 충분히 공감하지만 이 엄마는 더 좋은 시선을 선택하지는 못했다. 자녀를 진정으로 위하는 일이 무엇인지 생각했어야 했다. 자식에게 옳은 삶을 가르쳐주는 게 더 중요했다. 먹고 싶지만 참아야 하고, 갖고 싶지만 절제해야 하는 인성을 길러주는 게 더 중요했다. 장애를 가진 엄마에게 너무 큰 것을 기대하는 건 아닌지 모른다. 그러나 우리는 늘 의식적으로 좋은 쪽을 선택하는 훈련을 해야 한다.

아합은 시대를 초월한 악한 왕이다. 그보다 더 사악한 왕후 이세벨이 남편을 움직이던 시대, 그 시대에 활동해야 했던 엘리야에게는 고민이 많았다. 어쩌면 암울하고 힘든 시대였기에 하나님이 더 많은 기적을 베푸셨는지도 모른다. 엘리야가 하나님을 신뢰할 수 있게 하려고, 하나님에게 등을 돌린 이스라엘 백성이 깨닫게 하려고 말이다.

대부분의 백성은 아합과 이세벨의 잘못된 악정의 틈바구니에 젖어 들었다. 타협하고 하나님을 배반하여 우상 숭배에 빠졌다. 그러다 보니 엘리야도 지칠 대로 지쳤다. 더구나 이세벨이 자기를 죽이려고 이를 갈고 있다는 소식을 들었을 때는 그렇게 강한 믿음의 소유자도 별수 없었다. 엘리야는 정신없이 도망쳤다. 남쪽으로 남쪽으로 이스르엘에서 브엘세바까지. 브엘세바에 도착한 엘리야는 로뎀나무 아래에서 하나님께 시위했다. 다행히 하나님은 엘리야를 만져 주셨다. 엘리야는 또다시 브엘세바에서 호렙산까지 내려갔다.

이때 하나님과 엘리야 사이에 뚜렷한 생각의 차이가 보였다. 엘리야는 '오직 나만 홀로 남았다'고 생각했다. 그러나 하나님은 "바알에게 무릎 꿇지 않고 바알에게 입 맞추지 않은 자 7천 명을 남겨놓았다"고 말씀하셨다. 엘리야는 "그들이 내 생명을 찾아 빼앗으려한다"고 푸념했다. 그러나 하나님은 "내가 세상을 통치하니 아무 걱정하지 말라"고 하셨다. 엘리야는 '이제 끝났다'라고 생각했다. 그런데 하나님은 "아직 네가 할 일이 남아 있다"고 말씀하셨다. 엘리야가 볼 때는 희망이 없었다. 그러나 하나님이 보실 때는 그렇지 않았다. 엘리야는 임무를 끝내고 싶었다. 그러나 하나님은 엘리야에게 임무를 다시 수행하고자 하는 마음을 불러일으키셨다.

엘리야의 시선이 왜곡되자 이상한 행동이 불거져 나왔다. 낙담하고 불평하게 되었다. 비교하며 탓하게 되었다. 자기 의로움이 나오게 되었다. 좋은 쪽을 생각하지 못했기 때문이다. 좋지 않은 시선은 반드시 좋지 않은 결과를 낳는다. 그러므로 어떤 상황이라도 바라보는 시선을 아름답고 건강하게 영적으로 디자인하는 훈련을 해야 한다.

시어머니보다 친정엄마의
시선이 더 아름답다

우리를 불행하게 물들이는 것 가운데 하나가 바로 이기심이다. 이기적인 생각은 다른 사람의 입장을 전혀 고려하지 않는다. 모든 일을 자기 위주로 생각하고 판단한다. 자기에게 편한지 불편한지에 따라 판단을 내린다. 자기에게 유익한지 아닌지에 따라 다른 결정을 내린다.

사람들은 공정하고 평등해야 할 법도 코에 걸면 코걸이, 귀에 걸면 귀걸이란 식으로 사용한다. 같은 법인데도 적용하는 게 다르다. 자기 편리한 대로, 자기 유익한 대로 사용하기 때문에 내로남불(내가 하면 로맨스 남이 하면 불륜)이라 한다. 그래서 사회가 병들고 있다. 사람들이 아파한다.

어느 며느리가 마음에 담아 둔 이야기를 꺼냈다.

"친정엄마는 항상 자식의 건강을 먼저 챙기신다. 그러나 시어머니는 항상 당신 아프신 이야기만 하신다. 더불어 친구분들 자식 이야기, 그리고 서방님 도와달라는 이야기가 거의 전부이다. 그래서 기분이 좋지 않을 때는 친정엄마에게 전화하곤 한다. 그렇다고 그 즉시 전화하는 건 아니다. 기분이 더 다운될까 싶어서 한두 시간 지나고 나서 전화하곤 한다."

아마도 대부분의 며느리가 고개를 끄덕이며 수긍할 것이다. 그런데 대부분의 시어머니는 불편해할 것이다. 아니, "싸가지 없는 것들"이라고 노발대발할지도 모른다. 각자 자기가 바라보는 시선에서 해석하기 때문이다.

임신 3개월째인 임산부가 있다. 시댁에 전화했더니 시어머니께서 말씀하신다.

"아기 가졌을 때는 잘 먹어야 한다. 과일도 예쁜 거 먹고."

그런데 그게 끝이다. 친정엄마에게 전화했다.

"뭐, 먹고 싶은 거 없어?"

아무 말 하지 않았더니 자꾸 물으신다. 그러더니 결국 친정 오빠편으로 과일 한 바구니를 사서 보내셨다. 친정엄마의 마음과 시어머니의 마음은 분명히 다르다. 좁힐 수 없는 마음의 차이가 있다. 그런데 시선을 조금만 디자인해보면 서로 갈등 없이 지낼 수 있지 않을까?

연세 드신 친정엄마는 말씀하신다.

"난 아무 걱정하지 마라."

그런데 시어머니는 말씀하신다.

"난 너흴 믿고 살아."

그러니 며느리들이 가장 좋아하는 시어머니가 있다. 김치 담아서 아들네 아파트 경비실에 맡겨두고 말없이 돌아가는 시어머니! 시어머니의 시선에서는 기절할 일이지만 시어머니가 친정어머니의 시선만 가질 수 있다면 무슨 걱정일까? 며느리가 딸이 갖는 시선만 가질 수 있다면 문제는 없을 거다. 그러나 불가능한 일 아닌가?

친정엄마는 바쁜 딸한테 주려고 더덕을 까서 양념장에 재어 구워 먹을 수 있게 보내주신다. 그런데 시어머니는 좋은 더덕이라며 껍질째 보내주신다. 시어머니와 친정엄마는 정말 다르다. 마음 씀씀이부터 대하는 태도까지 달라도 너무 다르다. 그래서 며느리 입장에서 은근히 짜증 날 때가 많다.

그럼 시어머니는 할 말이 없을까? 며느리의 마음을 훔쳐보라. 시어머니가 아프면 머리가 아프다. 그런데 친정엄마가 아프면 마음이 아프다. 왜일까? 다들 알고 있는 불편한 진실 아닌가? 이것을 다 알고 있는 시어머니는 속이 편할까? 이렇듯 다르다. 딸을 대하는 친정엄마의 시선과 며느리를 대하는 시어머니의 시선이 천양지차다. 시어머니를 대하는 며느리의 시선과 친정엄마를 대하는 딸의 시선도 그렇다.

상대방의 입장을 조금만 생각해주면 세상이 확 달라질 텐데, 훨씬 더 속 편하게 살아갈 텐데, 상대방을 조금만 배려해주면 해석이 달라질 텐데 말이다. 때때로 '죽일 놈, 살릴 놈' 하며 피 터지게 싸우는 사람들을 본다. 왜? 모든 걸 자기 관점에서 해석하기 때문이다. 관점의 방향을 조금만 수정하면 별로 문제 될 게 없는데, 그렇게 하기 싫은 것이다.

어느 날, 바울과 바나바 간에 심각한 갈등이 일어났다. 환상적인 콤비가 왜? 마가 요한 때문이었다. 바나바는 한때 선교여행을 이탈했던 마가 요한에게 한 번 더 기회를 주자고 했다. 그러나 바울은 그렇게 하기 싫었다. '그런 마음으로 선교하는 사람은 앞으로도 달라질 게 없다'는 생각이었다. 그래서 데려갈 수 없다고 했다. "만약 데리고 가려면 이제 갈라서서 따로 떠나자"고까지 말했다.

결국 바나바는 마가 요한을 데리고 떠났고 바울은 실라를 데리고 떠났다. 물론 하나님은 인간의 연약함을 통해서도 일하신다. 이들이 갈라짐으로써 선교는 더 활발해지고 확장되기도 했다. 그렇다면 바울과 실라가 왜 갈등하고 싸울 수밖에 없었을까? 바울은 일 중심적인 사람이었다. 그렇기에 일을 그르치는 것을 가만히 지켜보고 있을 수 없었다. 그러나 바나바는 관계 지향적인 사람이었다. 다소 실수가 있더라도 그 사람이 할 수 있도록 이끌어주고 한 번 더 기회를 주자는 생각이었다. 성경은 두 사람의 옳고 그름에는 침묵한다. 누가 '옳다, 그르다'를 논하고 싶은 건 아니다. 다만 우리가 어떤 일을 하더라도 서로의 입장을 한 번 더 고려한다면 다른 결과를 낳을 수 있다는 것이다.

나만 옳다고 생각할 필요는 없다. 그 사람 처지에서 생각하면 그 사람이 옳을 수 있으니까. '절대'라고 말하는 사람은 피곤하다. 세상에 절대라고 말할 수 있는 건 그렇게 많지 않다. 이럴 수도 있고 저럴 수도 있다. 그런데 나만 옳다고 하는 건 고집이고 자기 집착이다. 상대방의 입장을 한 번만 더 고려한다면 달리 생각할 수도 있다. 경직된 생각을 버리고 유연한 생각을 가지면 문제를 훨씬 더 쉽게 해결할 수 있다. 그런데 그게 잘 안되는 게 실상이다.

사람들은 매사를 빨리 처리하려고 한다. 그래서 관광지에서 외국인들이 알고 있는 공통적인 한국말이 '빨리빨리'다. 그런데 빨리 하는 것보다 더 중요한 것이 있다. 그것은 '바로' 하는 것이다. 빨리 가는 것보다 더 중요한 건 바로 가는 것이다. 바로 가지 않고 빨리 가게 되면 빨리 간만큼 더 고생하게 된다. 사람들은 빨리 가기 위해 지름길을 선택한다. 그런데 지름길보다 바른길을 선택하는 훈련이 시선 관리사에게는 더 중요하다.

빨리빨리 하려다 보면 시선이 왜곡된다. 바른 시선을 갖기 위해 좀 더 냉철한 판단이 필요하다. 자기 경험만으로 빨리 판단하려는 건 위험하다. 자신이 알고 있는 지식과 상식으로만 섣불리 판단하는 건 바람직하지 못하다. 물론 빨리빨리 판단하고 결단해야 할 때도 있을 것이다. 그러나 그런 경우가 그리 많지는 않다. 시간을 두고 한 번 더 생각해보는 게 더 좋은 결정을 내릴 수도 있다. 그때 자기 시선에서만 보지 말고 상대방의 입장에서 한 번 더 바라보는 게 중요하다.

일인자도 좋지만
이인자도 귀하다

인간은 자신이 살아가는 시간과 공간에 영향을 받을 수밖에 없는 존재이다. 하기 싫어도 해야 하고, 하고 싶어도 하지 말아야 할 때가 있다. 우리는 공동체 속에서 살아가기 때문이다. 누구도 사회가 가진 통념을 무시할 수 없다. 사회 통념에 무조건 지배당하는 것은 위험하지만 사회 통념과 상관없이 살아가는 것도 위험하다. 우리는 결코 시대적 트렌드를 무시할 수 없다. 남자는 여자에 비해 유행을 그다지 많이 타지 않는 편이다. 그런데도 사람들이 만들어놓은 유행의 틈바구니에 끼어 있음은 부인할 수 없다.

언젠가 한 청년이 "목사님, 양복 한 벌 해드리고 싶어요"라고 말하면서, 괜찮다고 몇 차례 거듭 거절하는 나에게 카드를 맡기고는 웃으면서 도망치듯 사라졌다. 내가 주일 설교 때 입는 양복이 조금 낡아서 마음에 걸렸던 모양이다. 그 청년은 새 직장에 취업해서 받은 첫 월급으로 나에게 양복을 사주고 싶었다고 덧붙였다. 그 마음이 너무나 고마웠다. 결국 백화점에 가서 양복을 한 벌 샀다. 나는 양복을 입을 때 좀 편하게 큰 사이즈로 입는 편이다. 그런데 점원은 요즘 추세가 몸에 밀착되게 입는 것이라며 그런 스타일을 권했다. 결국 점원의 권유대로 유행에 승복했다.

대부분의 사람이 패션 디자이너나 의류업계에 종사하는 사람이 만드는 유행에 떠밀려가고 있다. 억울한 일이지만 그래도 시대적 흐름을 거부하기란 쉽지 않다. 그러나 생각 디자이너는 시대적인 흐름을 바로 판단할 수 있어야 한다. 유행이라고 하는 것이 다 좋은 것만은 아니다. 유행은 돌고 돈다. 트렌드도 자주 바뀐다. 그렇기에 이런 것에 밀려 살다 보면 주관을 잃어버리는 삶이 될 수 있다. 자기 생각과 주체 의식을 버리고 편리함만을 좇는 삶이 될 수 있다.

한국은 세계가 주목할 만한 급성장을 이루었다. 한국전쟁으로 인해 잿더미로 변한 현실을 딛고 일어선 강인한 민족이다. 바닥에서 출발했지만 월드컵 4강과 IT 강국을 이뤄냈다. 원조받던 나라에서 원조하는 나라로 탈바꿈했다. 선교를 받던 나라에서 이제는 세계 2위의 선교 강국이 되었다. 그러나 성장 위주로 달려오다 보니 소중한 것들을 잃은 감이 있다. 지켜야 할 것을 지켜내지 못한 것이 너무나 많다. 성장에 조급한 나머지 전통적 가치인 존중과 배려를 상실했다. 그러다 보니 건강한 사회를 만드는 데는 실패했다.

우리가 겪는 사회 문제와 갈등은 경쟁이 빚어낸 산물인지도 모른다. 입신출세를 최고의 가치로 알고 일류가 되기 위해 애쓴다. 1등하지 못하면 스스로 실패했다고 실망한다. 조직에서 밀리다 보니 억울하다는 생각이 든다. 억울한 감정을 추스르지 못하여 세상을 향해 보복한다.

지금 우리에게 필요한 것은 발전과 성장 못지않게 여유를 갖고 질서를 중시하는 일이다. 성장 일변도로 치닫다 보면 오히려 성장이 걸림돌이 될 수 있다. 공공의 이익이 우선이라는 생각에 개인의 행복은 등한시할 수도 있다. 내가 속한 조직의 유익도 중요하지만 더 큰 사회를 볼 수 있는 시선의 여유도 필요하다. 나눔과 봉사, 배려와 기부로 서로 안을 수 있는 포용력 있는 존중도 필요하다.

일류병에 더는 방치되어서는 안 된다. "꼭 1등 해야 한다"고 강요하는 부모의 등쌀에 자녀는 심각하게 병들어가고 있다. 자녀가 꼭 유명 대학에 들어가야 하는 것만은 아니다. 명문대학에 들어가면 좋은 일이다. 그러나 반드시 그래야 하는 것은 아니다. 자녀가 대기업에 취업하는 것은 좋은 일이다. 그러나 다 그렇게 할 수는 없다. 1등이 있어야 한다면 꼴찌도 있어야 한다. 꼴찌에게도 달려갈 인생이 있다. 그의 인생도 소중하다. 아니, 1등보다 더 의미 있고 가치 있을 수도 있다. 반드시 공부로 승부를 걸어야만 하는 것은 아니다. 세상에는 너무나 다양한 직종이 있다. 어떤 일이 더 좋으냐보다 그 일에서 보람을 찾을 수 있는지, 그 일로 인해 행복할 수 있는지, 다른 사람에게 유익을 줄 수 있는지 생각해볼 필요가 있다.

바나바는 바울보다 대선배이고 바울을 바울 되게 만든 사람이었지만 결코 일인자가 되기를 꿈꾸지 않았다. 안디옥교회에서 목회할 때 길리기아 다소에서 은둔생활을 하던 바울을 데려와 팀 목회를 했다. 어느 순간 '바나바-바울' 이라는 공식이 '바울-바나바' 라는 공식으로 바뀌어도 불쾌하지 않았다. 그리고 제2차 선교여행 이후에는 사도행전에서 바나바의 이름은 나오지 않고 바울의 이름만 거명된다. 그러면 어떤가! 바나바에게는 이인자도 일인자 못지않게 소중한 존재라는 확신이 있었다. 그렇다. 일인자도 좋지만 이인자도 귀하다.

나에게는 세 명의 아이가 있다. 둘째는 아들인데 첫째 딸보다 공부를 좀 못하는 편이었다. 첫째를 대학에 보낼 때 우리 부부는 심리적으로나 물질적으로 많은 어려움을 겪었다. 그래서 아이들을 대학에 보내는 일이 결코 쉽지 않다는 사실을 깨달았다. 어렵사리 인 서울(in Seoul)은 했지만 둘째 아들을 대학에 보내려니 도저히 자신이 없었다.

어느 날, 나는 고등학교 입학을 앞둔 아들에게 제안했다.

"실업계를 가자. 이유는 두 가지다. 하나는 실업계를 가서 내신 성적을 잘 관리한 후 대학 진학을 꿈꾸자. 다른 하나는 실업계를 졸업하고 취업하자. 대학을 졸업해도 취업하지 못하는 청년이 수두룩하다. 고등학교를 졸업하고 취업한 후에 네가 원한다면 몇 년 후에 대학에 들어가자. 그게 훨씬 더 좋은 선택일 수도 있다."

물론 이 결정을 내리기까지 쉬운 일은 아니었다. 결정하기에 가장 힘든 건 "교인들이 어떻게 생각할까?" 하는 문제였다. 실제로 실업계를 선택한 후에 그런 말을 듣기도 했다. "목사 자녀가 실업계를 가?" 고등학교 졸업한 아들은 서울에 있는 대학에서 경영학을 전공했다. 대학을 졸업한 후 현재 젊은 층이 선호하는 애플에 입사해서 즐겁게 직장생활을 하고 있다. 이것이 잘됐다, 잘못됐다고 평가하고 싶지는 않다. 바라보는 시선에 따라 달라지는 거니까. 다만 나름대로 바라보는 시선을 따라 선택한 것에 대한 누림이 그렇다는 말이다.

우리에게는 소신을 갖고 사는 게 필요하다. 그렇다고 중론을 무시해서는 안 된다. 중론이 다 옳다고 착각해서도 안 된다. 다수의 의사를 무시해서는 안 된다. 그렇다고 다수가 다 옳다고 생각해서도 안 된다. 민주주의는 소중하다. 그러나 민주주의 방식이 절대적인 것은 아니다. 하나님은 지독한 독재자이시기 때문이다. 교회는 민주주의 이전에 신정정치여야 한다.

포스트모더니즘은 탈전통, 탈권위 시대이다. 절대적인 것을 부인하고 상대화시킨다. 그러다 보니 교회에서도 사회에서도 권위가 무너지고 있다. 질서를 별로 중요하게 생각하지 않는다. 다들 자기 편한 대로 살려고 한다.

요즘 학생들은 선생님에게 별명을 붙여서 함부로 부른다. 교회도 마찬가지다. 이제는 교회 밖은 말할 것도 없고 교회 안에서조차도 목회자의 권위를 찾아보기 힘들다. 시대가 아무리 그렇다 하더라도, 사람들이 아무리 변했다 할지라도 권위는 지켜져야 한다. 부모의 권위, 스승의 권위, 상사의 권위가 무너진 오늘날의 현실이 어떤가? 권위는 반드시 다시 회복해야 할 소중한 가치이다.

유능한 시선 관리사는 시류를 볼 수 있어야 한다. 사회적인 흐름을 바로 해석할 수 있어야 한다. 시대적인 유행이나 조류에 편승해 가는 것이 아니라 그것을 거슬러 고독한 길을 걸을 수 있는 용기가 있어야 한다. 그 길이 옳고 바른길이라면!

어느 날 저녁 8시쯤, 50대 시어머니가 아들 내외의 집을 찾아갔다. 시어머니는 현관문을 수차례 발로 빵빵 찼다. 며느리가 나와서 문을 열었다. 그러자 시어머니는 대뜸 며느리의 뺨을 세 차례 때렸다. 집 안으로 들어와서도 며느리의 머리채를 잡고 부엌 쪽으로 끌고 가서 넘어뜨리고 발로 폭행했다. 며느리는 전치 3주 상처를 입었다. 시어머니는 왜 이런 몰상식하고 무자비한 폭행을 한 걸까? 며느리의 친정어머니와 외할머니가 자주 방문한다는 이유로 화가 나서 그렇게 했다고 한다. 시어머니는 며느리에게 선처를 요구했다. 그러나 며느리는 용서하지 않았다. 결국 시어머니는 징역 6개월에 집행유예 2년의 판결을 받았다. 물론 이 사건의 배후에는 드러나지 않은 또 다른 스토리와 감정이 숨겨져 있을 것이기에 한 마디로 판단할 순 없을 것이다. 그럼에도 아름다운 가족 안에 일어나서는 안 될 웃지 못할 사건임은 분명하다.

이 사건 기사에 무려 1,821개의 댓글이 달렸다. 그중에 몇 개만 소개하면 이렇다.

"위자료 듬뿍 받아내고 이혼하슈. 상종할 집안이 못 되는구먼. 에미를 보니 아들놈도 어떤 놈인지 대충 짐작이 가고. 괜히 참고 살았다간 화병 나서 제 명에 못 죽으니 하루라도 빨리 이혼하고 새 인생 사는 게 상책이요."

"이혼 찬성! 시어머니 절대 안 바뀐다. 그런 시어머니와 법적 관계에 있는 것만으로도 불쾌하다. 위자료받고 이혼하세요."

"아무리 집 사는 데 보태줬다 해도 니 집이 아니란다."

사람마다 세상을 바라보고 살아내는 형태와 양식은 너무 다르다. 그 사람의 눈, 바라보는 시선에 따라 다른 말을 하고, 다른 태도, 다른 선택을 하며 살아간다. 수많은 시어머니와 며느리가 있지만 그들이 살아가는 세상살이는 너무 다르다. 댓글을 다는 사람들도 자기가 가진 눈에 따라 자신이 바라보는 시선으로 남의 인생을 판단하고 평가한다.

그러나 하나님의 사람은 성경을 통해 세상을 볼 수 있고, 읽을 수 있어야 한다. 그리스도인은 그리스도의 정신으로 세상을 해석해야 하고, 그리스도의 마음으로 세상을 대할 수 있어야 한다.

세상을 변화시켜야 할
사명지로 바라보라

어떤 눈으로 세상을 바라보느냐에 따라 세상을 살아가는 태도가 달라진다. 지나치게 영적인 그리스도인은 세상을 추하고 더러운 곳으로 바라본다. 세상은 죄로 오염되었다는 것이다. 악한 세상은 거룩한 그리스도인이 미련을 둘 곳이 아니니 멀리해야 하고 떠나야 할 곳으로 여긴다. 그래서 기회만 주어지고 상황만 되면 세상으로부터 멀리 벗어나려고 애쓴다. 그것이 올바른 믿음이며 거룩한 삶이라고 생각한다.

내가 중고등학교 시절에 많이 불렀던 찬양이 있다.

죄 많은 이 세상은 내 집 아니네.
내 모든 보화는 저 천국에 있네.
저 천국 문을 열고 나를 부르네.
나는 이 세상에 정들 수 없도다.
오, 주님 같은 친구 없도다.
저 천국 없으면 난 어떻게 하나.
저 천국 문을 열고 나를 부르네.
나는 이 세상에 정들 수 없도다.

이 찬양을 부를 때마다 은혜로웠다. 눈을 지그시 감고 부르면 더좋았다. 빨리 떠나고 싶었다. 청소년인 내가, 어쩌면 이 세상을 사는 것을 떠나기 위한 준비쯤으로 여긴 것이다. 그래서 이 세상에 깊이 물들고 정들까 봐 은근히 걱정했다. 성숙한 그리스도인이었던걸까?

그러다 보니 어떤 그리스도인들은 집보다 기도원을 더 많이 찾는다. 집에서 편하게 자기보다 아예 교회에서 잔다. 어찌 기도원을찾는 삶을 오도하겠는가? 교회에서 기도하다가 자는 분들을 문제있는 신앙인이라고 말할 수 있겠는가? 그러나 세상은 벗어나야 할곳, 교회는 거룩한 곳이란 시선은 잘못된 시선이다. 너무나 거룩하다 보니 부부의 성생활조차도 불경건하게 생각하는 이도 있다고 하니 웃어넘길 일만은 아닌 것 같다.

주후 313년, 콘스탄틴 황제가 밀라노칙령을 선포하여 기독교에자유를 주었다. 그뿐만 아니라 기독교를 국교로 공인했다. 그러면서기독교는 급속도로 확장되기 시작했다. 그러나 한편으로는 이때부터 기독교는 세속화되기 시작했다. 신앙생활을 하기는 쉬웠다. 그러나 하나님 말씀에 기초한 경건의 능력은 사라지기 시작했고, 윤리와도덕적으로 타락하기 시작했다.

이러한 교회의 부패에 대한 반작용으로 수도원 운동이 일어났다. 신실한 그리스도인들은 세속화를 피해 사막이나 산에서 은둔생활을 하면서 금욕적인 삶을 추구했다. 3세기경 이집트에서 은둔자들은 움막을 짓고 기도와 명상을 통하여 세속과 분리된 생활을 했다. 주후 250년경 테오도시우스 때에는 많은 사람이 박해를 피해 사막으로 들어갔다. 이때 안토니우스가 수도원을 창시했다. 그 후 수도원이 건물과 시설을 갖추게 되면서 점점 대형화되기 시작했다.

수도원에서는 노동, 금욕, 그리고 금주의 생활을 했다. 일주일에 최소 두 번씩은 금식했다. 수도사들은 수도원 금욕주의 생활을 통해 경건함을 완전히 성취하게 될 수 있을 것이라 기대했다. 그뿐만 아니라 하늘나라에서 더 큰 상급을 받을 수 있다고 기대했다. 그래서 더욱 경건생활에 몰입했다. 마태복음 19장 21절 말씀, "예수께서 이르시되 네가 온전하고자 할진대 가서 네 소유를 팔아 가난한 자들에게 주라. 그리하면 하늘에서 보화가 네게 있으리라. 그리고 와서 나를 따르라 하시니"라는 말씀을 문자 그대로 순종하여 고향과 친척을 버렸다. 그들은 스스로 고행하기 위해 좁은 방이나 굴로 들어가 굵은 베옷을 입고 무거운 사슬을 걸치고 나무 십자가를 지기도 했다.

돈이 우상이 되고 출세가 유일한 관심거리가 된 현대인에게는 분명히 한 번쯤 돌아봐야 할 영성이기는 하다. 그러나 이것이 세상을 바라보는 올바른 영성일까? 세상이 과연 그런 곳인가? 사실 여기에는 문제가 있다. 세상은 빨리 떠나야 할 곳만은 아니다. 세상은 죄로 오염된 곳만도 아니다. 성경이라는 프리즘을 통해서 세상을 다시 한번 바라볼 필요가 있다.

그렇다면 성경은 세상을 무엇이라고 말하는가? 세상은 하나님이 친히 창조하셨다. 세상을 만드시고 "좋았더라"고 감탄하셨다. 하나님이 의도하신 대로 만들어졌다는 뜻이다. 선한 상태, 혼돈이 사라지고 조화와 질서가 자리 잡은 곳이라는 뜻이다. 하나님은 이 세상을 다스리시는 통치자이시다. 하나님은 이 통치권을 인간에게 맡기셨다. 하나님은 자신의 대리자로 인간을 세상에 두셨다. 그리고 잘 돌보도록 하셨다. 이것이 바로 문화명령이다. 인간은 하나님의 질서와 통치 원리에 따라 세상을 잘 보살펴서 하나님이 기뻐하시는 문화를 만들어가야 한다.

"땅을 다스리고 정복하라"는 것은 이 세상을 인간의 욕심에 따라 마음대로 사용하라는 뜻이 아니다. 폭군이 백성을 다스리듯이 인간의 욕심을 채우기 위해 함부로 다루라는 뜻이 아니다. 자연의 본질과 성질을 잘 살펴서 아름답고 선한 상태로 관리하고 돌봐야 한다는 뜻이다. 하나님의 창조 목적이 잘 드러날 수 있도록 말이다.

그러나 인간이 죄를 범함으로 인간과 자연은 불화하게 되었다. 자연은 인간에게 엉겅퀴와 가시를 낸다. 고통을 더해준다. 결국 인간은 자연을 경작하기 위해 수고로운 비지땀을 흘려야 한다. 그렇다고 이 세상이 발을 들여놓아서는 안 될 시궁창은 아니다. 도망가야 할 늪도 아니다. 예수님은 이 땅을 회복시키기 위해 세상에 찾아오셨다. 자기 땅에, 자기 백성을 다스리기 위해 오셨다. 예수님이 인간만 구속하신 것은 아니다. 예수님의 구원에는 자연도 이 세상도 내포되어 있다. 자연은 신음하면서 하나님의 자녀가 자신들을 구속해

줄 것을 갈망하고 있다. 그렇기에 하나님의 자녀는 자연을 잘 돌봄으로써 하나님의 구속이 드러나게 해야 한다.

예수님은 제자들을 세상으로 파송하셨다. 변화산에 머물고자 하는 베드로의 생각과는 달랐다. 예수님은 산 아래로 내려가기를 원하셨다. 거기서 해야 할 사명이 있었다. 돌봐야 할 영혼들이 있었다. 거기가 바로 예수님과 제자들이 있어야 할 곳이었다. 예수님은 제자들에게 세상의 빛과 소금이 되라고 말씀하셨다. 세상에서 착한 행실을 보이라고 명령하셨다. 감동을 줄 사람들이 있다는 것이다. 하나님의 왕국으로 초대해야 할 사람들이 있다는 것이다. 그들과 관계를 맺으면서 천국 시민의 삶을 보여주라는 것이다. 그런데 보따리를 싸서 산으로, 기도원으로, 사막으로 도망친다?

때때로 세상을 피해 충전할 장소는 필요하다. 침묵의 시간은 필요하다. 홀로 있는 시간을 통해 하나님과 독대하는 영성은 필요하다. 그런 후에는 다시 세상으로 들어가야 한다. 세상과 관계를 맺지 않고서는 세상을 변화시킬 수 없다. 세상은 그리스도의 뜻을 좇는 제자들이 변화시켜야 할 사명지이다.

그러므로 우리는 세상을 바라보는 프리즘을 바꿔야 한다. 이원론적인 프리즘으로는 세상을 위해 할 일이 없다. 그러나 이 땅에 임할 하나님 나라를 생각하면, 이 땅에 하나님의 통치가 온전히 이루어지게 하려면 우리가 해야 할 사명이 참으로 귀하고 막중하다.

자신을 하나님의
시선으로 그리라

옛날에 인디언 용사가 있었다. 하루는 그 용사가 길을 가다가 독수리알을 발견했다. 아마도 둥지에서 떨어진 모양이다. 독수리는 본래 높은 가지나 절벽 위에 둥지를 튼다. 그래서 알을 제자리에 갖다 놓을 수가 없었다. 그렇다고 그냥 길에 버리고 갈 수도 없었다. 인디언 용사는 고민하다가 결국 그 독수리알을 집으로 가져와 닭장 속에 넣어 두었다.

얼마 후, 독수리알이 부화했다. 부화한 독수리 새끼는 주위에 병아리밖에 없는 것을 보고 자신이 닭의 새끼인 줄 착각했다. 다른 닭처럼 모이를 쪼아 먹고 날개를 푸드덕거리며 몇 미터밖에 날아가지 못했다. 그 독수리 새끼는 병아리처럼 하루하루를 살아가고 있었다.

그러던 어느 날이었다. 닭이 된 독수리는 하늘을 올려보다가 깜짝 놀랐다. 저 먼 창공에 너무나 멋진 새 한 마리가 날고 있었기 때문이다. 그것은 독수리였다. 닭이 된 독수리는 부러운 듯 혼잣말로 말했다.

"와, 멋지다. 나도 저 새처럼 날 수 있으면 얼마나 좋을까!"

그러자 옆에 있던 닭들이 닭이 된 독수리에게 말했다.

"네까짓 게 새 중의 왕인 독수리처럼 난다고? 아이고, 꿈도 꾸지 마라."

자신이 독수리인 줄 몰랐던 닭 독수리는 하늘 높이 나는 독수리의 멋진 모습을 하염없이 부러워하다가 결국 평생 날지 못하는 닭으로 생을 마감했다.

하나님은 우리가 독수리로 살아가길 원하신다. 그런데 세상은 우리에게 닭으로 살라고 소리친다. 사탄은 우리가 닭이라고 속삭인다. 여기에 속지 말아야 한다. 그래야 세상을 제대로 살 수 있다.

자아상이란 자기 자신에 대한 인지적이고 정서적인 개념과 느낌을 말한다. 자신을 어떻게 생각하고 느끼는가? 자신을 어떤 그림으로 그리는가? 그에 따라 세상을 살아가는 삶의 태도가 결정된다. 건강한 사람은 자신을 밝고 긍정적으로 그린다. 이런 사람은 매사에 당당하고 긍정적이다. 힘든 일에 부닥쳐도 "잠시 후에는 달라질 거야"라는 식으로 긍정적으로 받아들인다. 늘 밝고 아름답게 바라보려고 한다. 어떤 상황을 바라볼 때 좋은 쪽으로만 생각하려고 애쓴다.

그러나 자신에 대해 어두운 생각을 하고 부정적인 느낌을 가진 사람은 세상을 부정적으로 바라보는 경향이 있다. 작은 일에도 민감하게 반응한다. 별것 아닌 일에도 낙심하고 절망한다. 다른 사람의 반응에 지나치게 민감하다. 다른 사람의 눈치를 살피다 보니 소신 있는 삶을 살아가지 못한다.

우리의 자아상을 병들게 하는 것들이 있다. 그것은 바로 사람들이 바라보는 시각과 평가이다. "넌 하는 일마다 왜 그 모양 그 꼴이니? 뭐 하나 잘하는 게 있어야 예쁘지." 사람들이 던지는 말 한마디가 우리의 자아상을 부정적으로 만든다.

어린 시절 가족들이 다른 아이와 비교하면서 던진 말 한마디에 우리의 소중한 자아상이 왜곡된다. "옆집 애는 '우수수수'를 받아오는데, 너는 왜 '양가양가' 밖에 못 받아오니?" 이런 말을 듣고 자라다 보니 늘 자신이 초라해 보인다. 주변 사람들의 부정적인 평가는 결국 자신이 그리는 그림도 구겨지게 만든다. 매사에 자신감이 없어진다. 자신이 없으니 사람들 앞에 나서는 게 두렵다. 늘 열등감과 콤플렉스에 시달린다. 어떤 이는 외모 때문에 콤플렉스를 갖기도 한다. 키가 작아서 고민하는가 하면 키가 너무 커서 고민하는 이도 있다. 어떤 이는 살이 너무 쪄서 걱정하고 어떤 이는 살이 찌지 않아서 힘들어한다.

빌리 그레이엄 목사와 같이 사역하는 킴 윅스라는 한국인 시각장애인 여인이 있다. 그녀는 한국전쟁 당시 어린 나이에 폭격기의 폭격으로 눈이 멀게 되었다. 그 후 길을 가다가 낭떠러지에서 떨어져 머리를 다친 적이 한두 번이 아니었다. 구걸하며 목숨을 이어가야 했다. 그러던 중 그의 부모는 시각장애인이 된 딸을 강물에 내던져버렸다. 그녀가 죽기를 바랐던 것이다. 우여곡절 끝에 그녀는 다시 살아나 고아원에서 자라야 했다. 부모에게 버림받은 깊은 상처를 견디면서 말이다.

하지만 하나님은 이런 그녀를 가만히 내버려 두지 않으셨다. 그녀가 열 살 되던 해, 그녀는 미국에 있는 윅스 부부에게 입양되었다.

윅스 부부는 그녀를 사랑으로 돌봐주었고, 부모에게 버림받은 상처를 치유해주었다. 그리고 날마다 성경 말씀을 읽어주었다.

"내가 맹인들을 그들이 알지 못하는 길로 이끌며 그들이 알지 못하는 지름길로 인도하며 암흑이 그 앞에서 광명이 되게 하며 굽은 데를 곧게 할 것이라. 내가 이 일을 행하여 그들을 버리지 아니하리니"(사 42:16).

그녀는 이 말씀에 용기를 얻었다. 그리고 희망을 찾았다. 그 후 그녀는 인디애나주립대학에서 공부하고 오스트리아에서 성악 수업을 받은 후 훌륭한 성악가가 되었다. 험난한 인생을 살아온 그녀의 간증을 한번 들어보라.

"사람들이 시각장애인인 저를 인도할 때 저 100m 전방에 뭐가 있다고 말하지 않습니다. 단지 앞에 물이 있으니 건너뛰라고 말하고 층계가 있으니 발을 올려놓으라고 말합니다. 저를 인도하시는 분을 믿고 한 걸음씩 걸음을 옮기기만 하면 저는 제가 가고자 하는 목적지에 꼭 도착합니다. 하나님이 우리를 인도하시는 방법도 이와 같습니다. 우리는 10년 후를 알지 못합니다. 20년 후도 알지 못합니다. 또 알고자 하지도 않습니다. 오늘 무엇을 해야 할 것인가를 보이시는 그 하나님께 믿음으로 순종하면서 오늘을 살면 하나님은 내일을 인도하셔서 마침내 내 생애를 하나님이 약속하고 계획하신 그곳에 도달하게 하실 것입니다."

사람들이 뭐라고 하든, 세상이 뭐라고 하든 간에 하나님의 소리에 귀를 기울이면 된다. 우리가 어떤 존재인가? 천하보다 귀한 존재가 아닌가? 하나님이 하나밖에 없는 아들 예수 그리스도를 십자가에 내어줄 만큼 사랑하는 존재가 아닌가? 65억의 사람이 있지만 나와 똑같은 존재는 하나도 없다. 나는 유일무이한 존재이다. 다소 못난 구석이 있을 수 있다. 남들보다 뛰어난 게 없을 수도 있다. 누구의 눈에도 띄지 않을 수도 있다. 그렇다고 쓸모없는 인생은 아니다. 예수님도 사람들이 흠모할 만한 모습은 아니라고 하지 않던가!

사람들이 보는 눈으로 자신을 그리지 말아야 한다. 사람의 눈은 얼마든지 왜곡될 수 있다. 자신이 보고 싶은 대로 볼 수도 있다. 자신이 바라보는 눈도 왜곡될 수 있다. 우리는 너무 감정적이지 않은가? 주관적이지 않은가? 객관적인 자아를 그리기란 그리 쉽지 않다. 우리는 하나님이 그려주시는 그림을 가지고 자신의 모습을 그리며 살아가면 된다.

건강한 자아를 갖고 싶은가? 그렇다면 사람의 소리가 아닌 하나님의 소리에 귀를 기울여야 한다. 다른 사람과 비교하면서 인생을 낭비하지 말고 자신이 잘하는 것에 주목하며 살아야 한다. 자신의 단점을 보며 실망하지 말고 장점에 집중하면 된다. 자기 안에 내재된 잠재력에 주목해야 한다. 적어도 우리는 하나님이 빚은 멋진 보물이고, 캐내야 할 잠재력이 무한한 보물창고이다.

섬김으로
권위를 세워가라

어떤 목사님이 해주신 이야기다. 하루는 사모님이 목사님에게 걱정스레 말했다.

"둘째 아이가 수업 시간에 집중을 못 한대요."

그 말을 들은 목사님은 속이 상했다. 그래서 '나를 닮아서 그런가?'라는 생각마저 들었다. 그날 저녁이었다. 목사님은 아이를 불러 아내에게서 들은 이야기를 해주었다. 그러자 아이는 억울하다는 듯 울먹이며 말했다.

"아빠, 그게 아니에요. 친구가 자꾸 뒤에서 장난을 쳐서 하지 말라고 말한 것뿐인데 선생님은 저만 야단쳐요!"

"그래서 뭐라고 말씀드렸니?"

"제가 그런 게 아니라 친구가 장난친 거라고 말씀드렸어요."

"그랬더니 선생님이 뭐라고 하시든?"

"친구가 한 일을 고자질하지 말고 수업이나 집중하라고 말씀하셨어요. 선생님은 괜히 저만 미워하세요."

아이는 선생님에 대한 미움이 아직 안 풀린 듯 음성이 떨렸다. 목사님은 선생님이 자신의 권위를 남용해서 아이가 부당한 대우를 받는 건 아닌가 하는 생각에 마음이 아팠다고 한다.

권위라는 게 아주 묘하다. 어떤 사람은 자신이 가진 자리를 이용해서 자기 이익을 챙기느라 정신없다. 한국 역사의 오점 가운데 하나는 권력을 가진 사람들의 비리이다. 국민을 섬기겠다고 약속했던 사람들이 자리를 얻게 되면 그때부터 국민을 이용해서 자기 배 채우는 데만 급급했다. 역대 대통령들 대부분이 그랬다. 자신을 위해서뿐만 아니라 자식을 위해서도 그랬다. 어디 그뿐인가? 친인척까지 끌어들여서 천문학적인 돈을 부정 축재했었다. 국민들은 고스란히 당한 셈이다.

요즘 우리 손으로 뽑은 사람들이 국회에서 하는 일들을 보면 울화가 치민다. 하라는 정치는 하지 않고 외국에 나가서 엉뚱한 짓을 벌이지 않나, 당의 이익을 위해 과거사를 가지고 서로 발목잡기를 하지 않나, 가슴 아픈 일이다. 선량하고 바른 사람들까지 매도당하는 경향이 있어서 미안한 마음마저 든다. 하지만 권력이 무엇인지에 대해서 심각하게 생각해봐야 한다.

힘의 논리는 요즘 갑을관계에서 여실히 드러난다. 힘을 가진 갑은 을의 사정은 안중에도 없다. 을이 처한 절박함과는 상관없이 자신의 필요와 요구를 채워주길 강요한다. 갑의 압박을 견뎌내지 못한 을의 신음이 여기저기서 터져 나온다. 참다못해 고귀한 목숨마저 사지로 내던지는 사람도 있다.

그런데 권력이라는 게 교회에서도 오용되고 있다. 교회 안에서조차 힘의 논리로 운영되는 경우가 많다. 요즘 총회나 노회에서 일어나는 헤게모니 싸움은 이미 세상 사람들에게 다 알려지고 말았다.

있을 수 없는 일들이 일어나니 세상 사람들은 교회 알기를 우습게 안다. 더구나 지역 안에 있는 교회에서 일어나는 권력 다툼을 보면 가슴이 아프다. 원로목사와 담임목사가 헤게모니 싸움을 하고 목사와 장로가 서로 다투고 있다. 왜? 힘의 논리, 감정싸움 때문이다. 지역 사람들이 다 쳐다보고 있지 않은가? 그것도 부족해서 세상 법정으로까지 가야 하니 기가 막히지 않을 수 없다. 성경에서 금하고 있는 일이 교회 안에서조차 과감하게 이루어지고 있는 현실이다. 그렇게 하면서도 정당하다고, 옳은 길을 가고 있다고 우긴다.

한때 한국교회에서 목회자는 제사장이요, 레위인이기 때문에 특별한 존재로 대우받았었다. 마치 계급사회처럼 오해되기도 했다. 가톨릭에서 그래 왔던 것처럼 말이다. 목회자가 제사장이요, 레위인인 것은 맞다. 그렇다면 성도는 제사장이 아닌가? 레위인이 아닌가? 목회자만 특권을 주장해야 할 이유는 없다. 만인이 제사장이다. 목회자만 거룩하게 구별된 것은 아니다. 요즘 평신도의 자리를 회복한 것은 성경적 관점에서 보면 당연한 일이다. 그런데 아직도 목회자의 권위만 주장하는 권위주의적 목회를 한다면 이제는 성경의 관점으로 돌아가야 한다.

요즘 교회의 쏠림 현상으로 작은 교회들이 신음하고 있다. 어쩌면 이것 역시 힘의 논리에 말려든 교회의 모습이 아닐까? 성도들 입장에서는 당연할 수 있다. 주차시설이 좋은 교회, 프로그램이 잘 갖추어진 교회, 어디 내놓아도 빠지지 않는 좋은 시설과 환경을 가진 교회, 작은 규모의 교회들이 도저히 따라잡을 수 없는 교육과 문화 환경을 가진 교회, 그런 교회를 왜 마다하겠는가? 그러니 그런 교회를 찾아갈 수밖에 없다. 그런 교회 다니는 것을 자기 명함에 한 줄 쓸 수 있는 스펙이라도 된 것처럼 여긴다.

성도들이 그런 교회를 찾아가다 보니 부흥을 그리워하는 목회자 역시 그런 조건들을 갖춰서 교회 부흥을 일으키고 싶어 한다. 그래서 대형교회를 지향하게 되고 좋은 시설을 갖춘 교회를 짓고 싶어 한다. 깊은 헌신을 하지 않으려는 현대 크리스천들로 인해 필요한 재원을 비싼 이자를 주면서 금융권에서 빌려 쓴다. 그러다가 교회가 부도나는 시대가 되고 말았다. 개척교회를 살려야 한다고 외치고 있지만 그것보다 더 중요한 건 교회가 하나님의 관점, 성경적 관점을 회복하는 일이다. 매머드 사회에 길들여진 교회의 자아상으로는 교회로 몰려오는 세속화를 막을 길이 없다.

오늘날 우리 사회는 권위의 이중적 극단을 걷고 있다. 하나는 권위의 남용이요, 다른 하나는 권위의 무시이다. 포스트모더니즘 사회는 전통과 질서를 거부한다. 권위를 인정하지 않으려 한다. 그래서 여기저기서 권위에 대한 충돌과 도전이 자주 일어나곤 한다. 권위주의는 분명히 탈피해야 한다. 그러나 성경에서 말하는 남을 통솔하여 따르게 하는 힘인 권위는 세워져야 한다. 권위가 세워지지 않으면 질서가 사라진다. 모든 권위는 하나님으로부터 위임된 권위이다. 그렇기에 우리는 두 가지를 인정해야 한다. 누구도 함부로 군

림해서는 안 된다. 또한 하나님이 세우신 권위에 누구도 불순종해서는 안 된다.

초등학교 야외 학습 시간이었다. 학생들이 저마다 식물을 채집해 와서 선생님에게 이름을 묻곤 했다. 한 학생이 식물을 들고 와서 선생님에게 물었다. 그런데 선생님도 그 식물을 처음 보는 것이 아닌가! 그래서 선생님이 웃으면서 말했다.

"얘야, 이건 선생님도 모르는 식물이구나. 너의 아버지가 식물학 교수이시니 오늘 가지고 가서 여쭈어보아라."

학생은 저녁에 아버지께 여쭈었다.

"아빠, 이거요. 우리 선생님도 이름을 모르신다고 아버지께 여쭈어보라고 하셨어요. 가르쳐주세요."

교수인 아버지가 그 식물을 한동안 살펴보다가 대답했다.

"이건 나도 잘 모르겠구나. 내일 선생님께 다시 여쭈어보면 가르쳐주실 것이야."

아버지는 담임 선생님에게 답을 미루었다. 그리고 아이 몰래 담임 선생님에게 전화했다.

"내일 다시 선생님께 여쭈어보라고 했습니다."

그러고는 그 식물의 이름과 국적, 꽃피는 시기와 생김새와 색깔 등을 상세히 알려주었다. 다음 날이 되었다. 학생은 다시 선생님에게 그 식물을 들고 와서 물었다. 선생님은 학생에게 어제 전화로 들은 모든 것을 알려주었다. 그러자 학생이 떠벌리고 다니며 말했다.

"야! 우리 선생님이 최고야! 우리 아버지도 모르는 것을 전부 알고 계셔!"

학생의 아버지는 지혜로웠다. 선생님의 권위를 세워주려고 일부러 그렇게 한 것이다. 학생으로부터 권위를 인정받을 때 선생님의 가르침에 힘이 생긴다는 사실을 잘 알고 있었기 때문이다.

권위를 가진 자들이 잊지 말아야 할 것이 있다. 성경에서 말하는 권위는 섬김의 권위이다. 요구함에서 나오는 권위가 아니다. 하나님으로부터, 공동체로부터 부여받은 권위이다. 그럴 때 비로소 권위에 대한 반감은 사라지고 섬김의 모습을 보게 될 것이다.

한층 더 고상한
가치를 바라보라

언젠가 KBS 1TV에서 〈공부하는 인간〉에 대해 방영한 적이 있다. 하버드생 네 명이 세계를 돌아다니면서 공부의 의미를 찾아 나선 다큐멘터리였다. 그중에 우리나라에서 있었던 얘기가 나온다.

하루는 하버드 대학생들이 교육의 도시 서울 대치동에 들어섰다. 마침 늦은 시간이라 빽빽한 학원가에선 많은 학생이 쏟아져 나왔다. 하버드생들은 고등학생이 다닐 만한 어느 학원으로 찾아갔다.

그러고는 하버드생 두 명과 한국 고등학생들이 수학 문제 풀기 대결을 했다. 먼저 하버드생들이 주어진 문제를 풀기 시작했다. 끙끙대면서 문제를 겨우 풀었다. 10분이나 걸렸다. 그런데 그렇게 고생해서 푼 답이 오답이었다.

더 기가 막힐 일은 하버드생들이 문제를 푸는 것을 지켜보던 한국 고등학생들이 내뱉은 말이었다.

"그 문제, 아주 쉬운 문제인데…."

그렇게 대결은 한국 고등학생들의 완승으로 끝났다.

그리고 하버드생들과 한국 고등학생들의 대화가 이어졌다. 대화 중, 한국의 13, 14세의 아이들이 새벽 1시쯤에 잔다는 말에 하버드생들은 어안이 벙벙해졌다. 왜냐하면 그들은 그 나이에 10시만 되면 잠을 잤기 때문이다.

한국에서는 경쟁에서 살아남기 위해 치열하게 공부한다. 한국 사회에서 공부는 서열과 경쟁의 문화이다. 상대방과 비교해서 공부를 못한다고 생각되면 열등감을 느낀다. 공부를 못하는 아이들은 따돌림을 당한다. 그래서 공부하지 않을 수 없다. 공부는 치열한 생존 경쟁 그 자체이기 때문이다.

중국 허난성에 장웬쉬안 마을이 있다. 장원 급제자를 많이 배출한 마을이기에 장원마을이라고도 부른다. 이 마을에 있는 고등학생들은 아주 독특한 방식으로 공부한다. 한 학교에 들어서자 여기저기서 아주 시끄러운 소리가 들렸다. 학생들이 큰 소리로 책을 읽고 있었기 때문이다. 학생들은 바로 옆에서 들리는 다른 학생들의 소리에 전혀 신경 쓰지 않았다. 그들은 고도의 집중력으로 오직 자기 공부에만 집중하는 그런 방식으로 공부하고 있었다. 그러면서 이들은 자신이 생각한 결심을 메모지에 써서 가지고 다니면서 자기 마음을 다잡았다.

"미래를 위해 전력을 다하자!"

"노력만이 미래를 바꾸는 열쇠이다!"

"운명은 스스로 결정하는 것이다!"

"살아 있다면 노력하라!"

"박투성공." 중국 허난성 장원고교 학생들의 슬로건이다. 즉 전력을 다해야 성공할 수 있다는 뜻이다. 중국이 왜 그토록 빠르게 발전하고 있는가를 단편적으로 보여주는 장면이다.

공부하는 사람은 전력을 다해야 한다. 단지 출세를 위한 것 때문만은 아니다. 그것이 지금 나에게 주어진 임무이기 때문이다. 오늘 나에게 주어진 과업이기 때문이다. 사람은 누구나 지금 나에게 주어진 일에 최선을 다하는 것이 건강한 태도이니까.

미국 캘리포니아에 사는 89세 동갑내기 노부부가 있다. 이들은 아침에 일어나면 수학 문제를 푸는 것으로 하루를 시작한다. 이들은 젊은 시절 과학을 전공했다. 이 부부는 61년 동안을 함께 살았지만 "함께 공부하는 시간이 가장 행복하다"고 말한다.

그들은 공부를 통해 더 나은 생각에 도달할 수 있다고 믿었다.

부부가 함께 공부하면서 놀라운 쾌감을 느끼고 있다고 말한다. 그들에게 공부는 삶 그 자체였다.

"살아 있다는 건 공부하는 것이고 공부하는 건 성장하고 있다는 증거이지요."

유대인들은 성경을 공부하는 것이 주된 일이다. 그들은 공부를 통해 신을 이해하고 구원받을 수 있다고 생각한다. 그래서 성경을 열심히 공부한다. 그들은 끊임없는 질문과 대답을 통한 토론방식으로 공부하는 것을 좋아한다. 짝을 지어서 서로 열띤 토론을 하고 논쟁함으로 진리를 발견할 수 있다는 것이다.

요즘 아이들은 말한다.

"공부는 정말 지긋지긋해!"

그런 아이들에게 부모는 말한다.

"그래도 공부는 너의 미래야."

그러나 자녀의 가슴에는 좀처럼 와닿지 않는다. 여전히 빈둥댄다. 방학이 되어 대낮까지 자는 아이들을 보노라면 부모는 속이 상한다. 고등학생이 되어서도 공부할 생각을 하지 않는 아이를 보니 미래가 캄캄하게 느껴진다. 그래서 공부하지 않는 자녀를 보며 한심스럽다는 듯 말한다.

"넌 앞으로 뭐가 되려고 그렇게 공부를 안 하니?"

그런 말을 들은 아이들은 공부할 생각은 안 하고 이렇게 말한다.

"또 잔소리가 시작됐네. 언제까지 잔소리를 들어야 하는 거야!"

부모와 자녀 간에 사라질 줄 모르는 줄다리기다. 나는 공부를 즐기는 편이다. 자기 성장 자체를 좋아한다. 그래서 공부를 쉬지 않는다. 모두가 공부를 좋아할 수는 없다. 우리 아이들은 아빠인 나와는 많이 다르다. 공부에 승부를 걸 아이는 하나도 없는 것 같다. 사실 아쉬울 때도 많다. 잔소리를 줄이려 하지만 나도 모르게 잔소리가 나오는 것을 참을 수 없다.

아이들을 키우면서 터득한 한 가지 사실이 있다. 공부가 다는 아니라는 것. 학교 공부는 아니더라도 자기가 좋아하는 일을 한다면 충분하다는 것. 그래서 아이들이 자기가 하고 싶은 일을 찾았으면 하는 마음이다.

왜 공부해야 하는가? 좋은 대학에 가기 위해서? 대기업에 들어가기 위해서? 출세하기 위해서? 계층이동을 위해? 그런데 이것들보다 더 중요한 것이 있다. 그것은 바로 인간의 호기심 충족을 위해서 하는 공부, 무엇인가를 성취하고자 하는 순수한 마음에서 출발하는 공부, 자아 성장을 위해 하는 공부이다.

또한 좀 더 고상한 목적이 있다. 그것은 '나'를 넘어선 '우리'를 위해서 공부하는 것이다. 나만의 행복과 출세가 목적이 아니라 공공의 유익을 추구하는 공동체를 향한 목적 말이다. 그리고 하나님이 맡기신 사명을 이루어가는 하나의 과정으로서 하는 공부 말이다.

구태여 공부가 아니어도 마찬가지다. 직장생활도 그렇고 사업도 그렇다. 무슨 일이든 추구하는 목적은 동일하다. 개인적 영달을 추구하는 소인배의 꿈을 성취하는 것이 아니라 더 나은 사회를 이루기 위한 섬김의 도구가 되어야 한다. 하나님이 주신 축복을 이웃과 나누려는 철학이 있어야 한다. 하나님이 나에게 맡기신 재능을 극대화해서 하나님께 돌려드려야 한다. 그렇기에 우리 그리스도인이 추구하고 달려가는 길은 다른 사람들과는 다르게 한층 더 고상한 것이어야 한다.

안산제일교회 담임목사이신 고훈 목사님이 이런 간증을 하셨다.

언젠가 외손자와 함께 며칠간 지내게 되었다. 두 살밖에 안 된 어린 게 기특한 행동을 해서 온 식구를 기쁘게도 하고 감동케도 했다. 무슨 물건이든지 두 개만 있으면 즉석에서 십자가를 연출해 치켜들었다. 젓가락을 보면 한 가락씩 합쳐서 십자가를 만들고, 볼펜 두 개만 있어도 십자가를 만들어 보였다.

그런데 하루는 그 외손자가 그만 사고를 치고 말았다. 목사님의 찻방에 들어가 가장 아끼는 보이차 자사호를 만지다 깨뜨린 것이다. 십자가 행동으로 사랑받고 귀염받다 보니 우쭐함에 이런 무례한 행동을 하게 된 것이다. 목사님은 몹시 화난 얼굴로 말했다.

"이 녀석, 이걸 깨뜨리면 어떻게 해?"

화난 할아버지의 얼굴을 보고 놀란 외손자는 눈물을 흘리면서 손가락 두 개로 십자가를 만들어 내밀며 용서해달라는 표정을 지었다. 너무나 애절하게. 순간 목사님은 외손자를 껴안고 "내가 잘못했다"고 하며 함께 눈물을 흘렸다고 한다. 외손자의 십자가 행동을 통해 십자가의 은혜와 사랑과 능력을 체험으로 깨달았기 때문이다.

물이 고여 있음에도 바닷물이 썩지 않는 이유는 무엇인가? 그것은 바닷물 속에 3%의 소금이 녹아 있기 때문이다. 한국 사회에는 빛과 소금으로 보냄받은 그리스도인이 25%에 육박한다. 그런데 왜 한국 사회는 달라지는 게 이다지도 없을까? 그것은 십자가에 푹 젖어 있는 진정한 제자가 드물기 때문이다.

그리스도인은 십자가를 바라보고 십자가를 묵상하며 살아가야 한다. 세상이나 모든 사건을 십자가 정신으로 해석해야 한다. 멀리 있는 십자가가 아니라 아주 가까이 있는 십자가여야 한다. 머리에만 저장된 십자가가 아니라 온몸으로 나타내는 십자가여야 한다. 그리스도인의 삶이 십자가를 선명하게 드러낼 때 세상은 교회와 세상을 달리 보게 될 것이다.

미신의 십자가가 아닌
능력의 십자가가 되게 하라

십자가는 기독교의 대표적인 상징이다. 십자가 없는

기독교는 상상할 수 없다. 십자가는 하나님의 구원의 능력이자 희생적 섬김의 상징이요, 평화의 상징이다. 그런데 아쉬운 건 부끄러운 십자가로 여겨지고 있다는 사실이다. 왜? 교회가 십자가 정신으로 살지 않기 때문이다.

많은 기독교인이 차 룸미러에 십자가 장식품을 걸고 있다. 많은 기독교인이 목에 십자가 목걸이를 걸고 있다. 집 안에도 십자가 장식품이 한두 개 정도는 있을 것이다. 밤에 남산에 올라가 서울 야경을 구경하노라면 온통 붉은 십자가 네온사인으로 물들어져 있는 것을 볼 수 있다. 심지어 녹십자 차에도 십자가가 그려져 있다.

서울역이나 명동에 가보면 빨간 십자가를 들고 "예수 천당! 불신 지옥!"을 외치는 사람들을 볼 수 있다. 그들은 붉은 십자가에 성구가 새겨진 차량을 세워두고, 대형 스피커에 대고 "예수 천당! 불신 지옥!"을 외치며 전도한다. 더구나 가볍게 웃어넘기지 못할 일도 일어난다. 한때 도심의 네온사인이나 LED 십자가 첨탑 때문에 '수면권 방해'라는 민원이 속출하기도 했다. 어느 땐가 태풍으로 인해 교회 첨탑이 무너져 정전 사고와 인명피해가 난 적도 있다. 그래서 교회 종탑 철거하기 운동이 일어나기까지 했다.

십자가와 관련된 우스운 사건도 있었다. 경북 문경 둔덕산에 있는 폐채석장에서 한 남자가 십자가에 매달려 죽은 엽기적인 사건이 발생했다. 마치 예수님이 십자가에서 처형된 광경을 연상하게 하는 모습으로, 예수님의 십자가 고난을 모방하는 듯했다. 그가 죽은 시점도 예수님이 십자가에서 돌아가셨던 바로 그날이었다. 그 장소도 돌무덤이며, 평소 지인들에게 자기가 예수라고 말하고 다니기도 했단다. 이런 실정이다 보니 십자가의 주가가 엄청나게 떨어졌다. 아니, 안티 크리스천들에게 혹독한 몰매를 맞고 있다. 가슴 아프고 안타까운 일이다. 십자가는 단순한 상징으로 남아서는 안 된다. 삶 자체여야 하고, 본질 자체여야 한다.

옥스퍼드대학 위클리프 홀의 학장인 알리스터 맥그래스는 「내가 정말 몰랐던 예수 십자가」라는 책에서 십자가 처형을 아주 잘 묘사하고 있다. 요약하면 이런 내용이다.

십자가의 사형법은 원래 페르시아에서 유행했던 형법이었다. 땅을 신성한 것으로 여겨 죄인이나 악인의 시체로 땅을 더럽힐 수 없다고 생각해서 사람을 십자가에 높이 매달아 죽였다. 정치범이나 살인범과 같은 가장 흉악한 범죄자에게만 제한적으로 사용했다. 로마 시민권자에게는 내리지도 않는 십자가형은 지금까지 고안된 처형법 가운데 가장 잔인한 방법이다. 그것은 죄수가 혹독한 고통 가운데서 서서히 죽게 하는 처형법이다.

십자가형을 받으면 그 누구도 살아남지 못했다. 그것은 로마에 저항하려는 사람들의 의지를 확실히 꺾어놓았다. 사람이 많이 다니는 대로변에 십자가에 달린 사체를 줄지어 매달아 놓는 것만큼 사람들에게 반란의 결과가 무엇인지 뼈저리게 느끼게 하는 것은 없었다. 당시 사람들은 십자가형이 무엇인지 확실히 알고 있었다. 다들 익히

들어왔고, 많은 사람이 직접 목격했기 때문이다.

로마인들은 먼저 처형할 사람의 허리까지 옷을 벗기고 채찍질을 시작했다. 물론 평범한 채찍을 휘두르는 것이 아니다. 채찍 끝에는 갈라진 뼛조각이나 거친 쇠붙이를 매달아 놓았다. 그 채찍에 맞는 희생자의 등은 갈기갈기 찢겨나갔다.

그다음 로마인들은 희생자에게 자기 십자가를 처형 장소까지 운반하도록 했다. 그 십자가는 80㎏이 넘는다. 여러 종류의 십자가가 있지만 대부분 같은 구조로 되어 있다. 십자가에는 로마인들이 파티불룸(patibulum)이라고 부르는 중앙의 수직 기둥에 매다는 무거운 가로대가 있다. 로마 병사들은 희생자들에게 바로 이 가로대를 처형 장소까지 운반하도록 했다(어떤 이들은 비정한 우스갯말로 그 처형 장소를 '해골의 곳'이라 불렀다). 이것은 그들을 기진맥진하게 하였는데, 바로 그것이 목적이었다.

빌라도의 법정에서 골고다 언덕까지의 길을 'Via Dolorosa'라고 하는데, 그 길은 거리 1.5km, 높이가 600m나 되는 거친 언덕길이었다. 가다가 쓰러지면 로마군이 끝에 납이 달린 채찍으로 예수님의 온몸을 내려쳤다. 채찍에 맞아 살이 묻어나고 온몸에 피가 흘렀다. 처형 장소에 당도하면 죄수의 옷을 벗긴다. 그러면 보통 군중 가운데 몇몇은 웃게 마련이다. 어째서 공개처형이 사람들의 흥미를 끄는가? 육체적인 고통에 공개적인 망신이 더해지는 것이야말로 십자가형을 더욱 비하하고 그 형벌의 효과를 증폭시키기 때문이다.

그런 다음 죄수를 십자가에 못 박는다. 그들은 보통 죄수의 손목에 못을 박는다. 만일 손바닥에 못질을 한다면 십자가 위의 죄수는 떨어지게 될 것이고(손바닥에 못이 박히면 아래로 쏠리는 몸무게를 견디지 못하여 손바닥 살점이 다 터져버린다), 처음부터 다시 시작해야 하기 때문이다.

십자가에는 사람이 떨어지지 않도록 하는 장치가 있다. '쎄딜레'(sedile)라 부르는 엉덩이 받침대가 십자가 중심 기둥의 중간쯤에 있는데, 그것은 죄수의 몸이 아래로 쏠리지 않도록 막아준다. 그래서 죄수가 너무 일찍 죽어버리지 않도록 지연시키는 역할을 한다. 희생자들은 숨 쉬는 것조차 너무나 고통스러워진다. 마침내 숨 쉬는 고통을 견디다 못해 정신을 잃고 숨을 거둔다. 이것은 냉혹하고 비정한 세상의 비극적 기준으로 보더라도 참혹하고 처참한 광경이다. 아니, 유월절 어린 양들마저도 이보다는 훨씬 자비롭게 도살된다. 단번에 베어버리면 모든 것이 끝난다. 죽음의 고통은 최소한으로 줄어든다.

누군가를 십자가에 못 박아 매달 때 형 집행자들은 고통의 시간을 늘리고 싶어 한다. 그러나 십자가형을 집행하는 데 걸리는 시간에는 제한이 있다. 형 집행자들은 해가 진 다음까지 기다릴 수가 없었다. 그래서 로마인들은 그 죽음의 과정을 단축하는 방법으로 '꾸드 그라스'(coup do grace), 즉 자비로운 일격이라 하는 '죽음의 일격'을 고안해냈다. 희생자의 두 다리를 부러뜨린다. 그러면 더는 몸을 지탱할 수 없게 되고, 가슴에 가해지는 압박을 견디지 못한다. 결국 폐가 제 기능을 감당하지 못하게 되어 이내 죽고 만다.

이러한 십자가 위에서 예수님이 죄인들을 위해 저주스러운 형벌을 대신 받지 않으셨던가? 그런데 십자가를 상징으로만 간직하다니? 십자가를 욕되게 하다니? 십자가가 실체가 되도록 해야 한다. 상징을 넘어 삶에 파고들도록 해야 한다. 십자가의 능력이 없는 게 아니지만 삶의 실체로 받아들이지 않을 때 십자가의 능력은 희석되고 만다.

A. W. 토저가 그의 저서 「철저한 십자가」에서 하는 말을 우리 가슴에 새겨두면 어떨까?

"죽음의 십자가가 장식의 십자가로 변질하였을 때 십자가의 능력은 사라졌다. 십자가를 상징물로 삼는 사람도 있었고, 십자가를 장식용으로 목에 거는 사람도 있었으며, 악을 쫓아버리기 위해 얼굴 앞에 십자가 모양의 성호(聖號)를 그어서 십자가의 마술적 능력을 기대하는 사람들도 있었다. 하지만 그런 경우 십자가는 기껏해야 연약한 상징물에 머물렀거나 최악의 경우에는 명백한 미신의 대상으로 전락했다. 오늘날도 십자가의 능력을 전혀 모르는 무수한 사람들이 잘못된 십자가를 거의 숭배하다시피 한다."

십자가를 미신과 우상 숭배물로 전락시키지 말아야 한다. 인생의 가장 소중한 선물로 간직해야 한다. 어떤 것과도 바꿀 수 없는 가치가 되어야 한다. 어떤 상황과 현실에서도 바라보고 묵상하는 실체

가 되어야 한다. 우리의 생각과 감정에 상관없이 십자가의 정신으로
살아내야 한다.

벗었던 옷을
다시 입지 말라

십자가를 우습게 여기는 자들이 있다. 그러나 바울은
담대하게 부르짖는다.

> "우리는 십자가에 못 박힌 그리스도를 전하니 유대인에게는 거리
> 끼는 것이요 이방인에게는 미련한 것이로되 오직 부르심을 받은
> 자들에게는 유대인이나 헬라인이나 그리스도는 하나님의 능력
> 이요 하나님의 지혜니라"(고전 1:23-24).

십자가는 저주스러운 죽음으로 끝나지 않았다. 대속제물이 되신
예수님의 십자가는 저주받을 인간을 구원하기 위한 하나님의 유일
한 대안이다. 지혜롭다는 사람들은 어리석은 것이라고 말할지라도
십자가에서 저주스러운 죽임을 당하신 예수님은 부활하심으로써 하
나님의 능력을 나타내셨다. 부활의 생명을 받은 자들은 한결같이 놀
라운 변화를 경험했다. 바울 자신도 그랬다.

십자가의 능력을 잘 알고 있는 사람이 있다. 바로 3세기의 신학자 오리겐이다. 오늘날 그의 신학에 대한 비판적인 면도 없지는 않다. 그래서 그의 성경해석을 그대로 추종할 수는 없지만, 그의 신학은 잠시 뒤로 하고 그가 얼마나 영적인 사람이었던지 생각하노라면 우리는 부끄럽다. 십자가를 무수히 외쳐대지만 정작 십자가의 삶은 찾아볼 수 없는 삶이기에.

그는 우리가 따라잡기 힘든 실천적 영성의 대가였다. 하늘나라를 위해 고자 된 자도 있다는 주님의 말씀을 따라 스스로 고자가 됐다. 주님이 '머리 둘 곳 없이' 사신 것을 생각하며 일평생 마룻바닥에서 잤다. 가족을 더 사랑하는 것이 제자의 삶에 합당하지 않다는 말씀에 순종해서 일평생 결혼하지 않고 홀로 살았다.

당시 알렉산드리아 기독교를 대표하는 학교의 교장으로 강의했지만 수업료나 사례비를 일절 받지 않고 스스로 책을 필사해서 그 대가로 생계를 유지했다. 이런 영적인 삶 때문에 오리겐은 사막 수도자들의 아버지로 평가받는다. 그는 데키우스 황제의 박해 때 고문을 받고 후유증으로 순교했다.

십자가를 경험한 사람은 인생의 전환점을 맞는다. 삶에 변화가 일어나지 않는 그리스도인은 십자가를 경험하지 못했다고 해도 과언이 아니다. 십자가는 인생관을 바꾼다. 인생의 비전과 목적도 달라진다. 세상을 살아가는 방법과 태도도 달라진다. 좋아하는 기호와 취향도 바뀐다. 누구의 강요에 의해서가 아니다. 저절로 일어나는 현상이다.

그래서 신학자 토저는 이렇게 말한다.

"그리스도의 십자가는 인류에게 나타난 것 중에 가장 혁명적이다."

실제로 예수님을 세상의 임금으로 세우려고 했던 제자들은 십자가를 경험하고 난 후 엄청나게 변했다. 겁쟁이처럼 행동하던 그들은 이제 겁 없는 사람들이 되었다. 어디를 가든지 예수 그리스도께서 왕이고 주이심을 선포하고 다녔다. 그리스도의 이름으로 기적을 베풀었다.

기독교와 철천지원수처럼 살았던 사울을 보라. 그는 부활하신 예수님을 만나고 난 후 완전히 바뀌었다. 그는 기독교를 철저히 박해하던 사람이었다. 그러나 기독교를 전하는 열성 전도자가 되었다. 십자가의 능력은 악한 사람을 선한 사람으로 변화시켰다. 그것은 이교의 오랜 속박을 깨뜨렸고, 서양 세계의 도덕적, 정신적 태도를 완전히 바꿔놓았다. 그래서 기독교는 끊임없이 십자가로 돌아가는 회복을 계속해야 한다. 십자가가 변질될 때 십자가의 능력은 사라진다.

"하나님으로부터 위대한 일을 기대하라. 하나님을 위해 위대한 일을 시도하라."

이것은 구두 수선공이었던 윌리엄 캐리가 외쳤던 삶의 신조였다. 그는 비록 구두 수선공이었지만 십자가를 경험한 후 근대 선교의 포문을 여는 위대한 선교사가 되었다.

그는 영국의 어느 작은 시골 마을에서 태어났다. 어린 시절을 나무타기를 즐기며 보낸 그는 고등학교를 졸업하고 아버지의 압력으로 구두 수선공이 되었다. 평생 신발만 만지다 죽을 사람이 되었다. 그러나 그의 인생을 바꾼 사건이 있었다.

1779년, 캐리가 열아홉 살 때였다. 어느 날, 한 기도 모임에 참석했다. 그때 히브리서 13장 12~13절 말씀이 그의 마음 깊숙한 곳에 다가왔다. "그러므로 예수도 자기 피로써 백성을 거룩하게 하려고 성문 밖에서 고난을 받으셨느니라. 그런즉 우리도 그의 치욕을 짊어지고 영문 밖으로 그에게 나아가자."

윌리엄 캐리에게 이 말씀은 감동이었다. 순간 그는 그동안 세상과 타협하며 살았던 미지근한 신앙을 회개했다. 그는 그리스도를 배척하는 세상에서 그리스도와 함께 고난과 능욕을 받으며 살겠노라고 결단을 내렸다. 그는 전 생애를 그리스도께 헌신하겠다고 기도했다. 그 후 다른 어떤 학문보다 성경 공부에 전념했다. 그는 구두공장 공장장에서 예수님의 선전부장으로 목표가 바뀌었다.

토저는 십자가의 가치를 확신했다. 그래서 우리에게 이렇게 교훈한다.

"십자가는 우리의 삶 속으로 들어와 극도의 고통을 줄 것이고, 우리를 아끼지 않을 것이며, 우리가 소중히 가꾸어 온 우리의 명성도 아끼지 않을 것이다. 십자가는 우리를 굴복시키고 우리의 이기적인 삶을 끝장낼 것이다. 그럴 때 비로소 우리는 생명의 충만함 가운데서 다시 일어나 선행으로 가득한 전혀 새롭고 자유로운 삶의 방식을 만들어갈 수 있을 것이다."

십자가를 경험한 자는 자신을 죽이는 것이 무엇인지 안다. 그는 삶의 우선순위에 따라 산다. 희생적인 섬김으로 남을 이롭게 하는 삶을 추구한다. 육체의 정욕을 포기하며 살아간다. 다른 사람을 바라보는 관점이 달라진다. 상황과 사건을 바라보는 눈이 변한다.

4세기 말, 이집트의 한 수도원 원장이었던 피누피우스는 초보 수도사가 새로 입회하면 항상 이런 가르침을 먼저 주었다고 한다.

"이 말씀을 듣고 자네는 '사람이 어떻게 계속 십자가를 질 수 있을까? 살아 있는 사람이 어떻게 십자가에 못 박혀 있을 수 있을까?' 하고 의문을 가질 수 있다. 실제로 십자가에 못 박힌 자는 마음대로 자기 몸을 움직이거나 돌릴 수 없다. 이처럼 우리도 자기 욕망과 소원을 따라 우리가 좋아하는 대로 할 수가 없다. 지금 우리는 하나님의 법에 묶여 있다. 십자가에 못 박힌 자는 현실의 문제를 심사숙고하거나 자기 정욕에 마음을 두지 않는다. 내일을 위해서 걱정하거나 신경을 쓰지 않는다. 그는 소유욕이나 교만이나 말다툼이나 질투 같은 것 때문에 흥분하지 않는다. 지금 당하는 모욕을 아파하거나 과거에 겪은 냉대를 기억하지도 않는다. 지금도 여전히 숨을 쉬고 있음에도 모든 면에서 자신은 이미 죽은 자로 여기고, 곧 넘어가야 할 그곳에 마음의 시선을 돌린다. 그러므로 하나님을 경외하여 십자가에 못 박힌 우리도 이 모든 사물에 대해 죽은 자로 자처해야 한다. 다시 말해 육신적인 모든 악과 이 땅의 모든 것에 대하여 죽은 자로 간주해야 한다. 그리고 매 순간 건너가기를 소망하는 천국에 우리 영혼의 눈을 고정해야 한다. 이런 식으로 우리는 모든 욕망과 정욕을 억누를 수 있다. 그러므로 우리가 포기한 것 중에 어떤 것도 다시 취하지 않도록 조심하자. 주님이 금하신 것을 위반하고, 복음적 삶의 방식에서 돌아서서 벗어버렸던 옷을 다시 입지 말자. 천하고 속된 이 세상의 욕망과 추구로 돌아가지 말자. 포기한 것 중에 어떤 것도 다시 꺼내지 말자."

십자가의 흔적이
남게 하라

십자가는 하나님의 구원 능력이다. 원수 된 자를 하나님과 화목하게 만들었다. 십자가로 인해 하나님께로 가까이 나아가게 되었다. 죄의 비참함이 십자가로 인해 사라졌다. 십자가를 의지하는 자마다 죄의 형벌로부터 자유롭게 되었다.

십자가는 영적이고 신령한 축복의 채널이다. 세상적이고 육신적인 복으로 장식한 사람은 십자가를 이해할 수 없다. 그런 사람은 십자가를 하찮은 것으로 볼 수밖에 없다. 사실 십자가는 죽음의 길이요, 저주의 길이다. 고난이요, 외로움이다. 매력을 찾을 수 없다. 그러나 그 뒤에는 영광의 얼굴이 가려져 있다.

그래서 신학자 존 파이퍼 목사님은 말한다.

"하나님 아들의 죽음은 뒤로는 구약시대 하나님의 백성들이 지은 모든 죄를 다 담당하고, 앞으로는 새 시대를 살아갈 하나님의 모든 백성의 죄를 담당한다."

예수님은 우리 죄를 짊어지시고 죄 덩어리가 되셔서 십자가에서 죽으셨다. 십자가 위에 인간에게 임할 하나님의 진노가 나타났다. 하나님은 인간의 죄를 짊어지시고 죽으신 예수님을 더는 바라볼 수 없었다. 그래서 얼굴을 돌리셨다. 죄의 심각성을 보여준다. 그러나 십자가로 누리는 은총은 누구에게나 차별이 없다. 유대인이나 이방인이나 모두 똑같이 누릴 수 있다. 그래서 대신학자 성 어거스틴은 말한다.

"예수님은 이 세상에 구원받을 사람이 나 하나밖에 없었더라도 나를 위해 십자가를 지러 오셨을 것이다."

십자가의 은총은 종이나 자유인이나 차별이 없다. 누구도 자기 공로를 내세울 수 없다. 십자가 앞에서 자기 의는 아무런 효험이 없다. 그저 십자가의 은혜를 받아들이는 것으로 충분하다.

모든 인류가 하나로 어우러질 수 있을까? 이사야의 비전처럼 사자와 어린 양이 함께 뒹구는 평화의 나라가 도래할 수 있을까? 어린아이가 뱀과 함께 놀아도 독사의 독이 두렵지 않은 날이 있을까? 그렇다. 이러한 완전한 평화가 십자가에서 성취되었다. 십자가는 가까워질 수 없는 거룩하신 하나님과 죄로 범벅이 된 인간이 하나가 된 현장이다. 함께 어울릴 수 없는 유대인과 이방인을 하나로 만들었다. 십자가 위에서 모든 인류가 하나 되었다. 십자가는 막힌 담을 허물었다.

그런데 죄로 얼룩진 인간의 마음은 자꾸 두꺼운 담을 쌓으려 한다. 2021년 국내 초·중·고교에 다니는 다문화가정 학생 수가 처음으로 16만 명을 넘었다. 그런데 이들은 학교에서 심각한 따돌림을 당하고 있다고 한다.

일본인 엄마를 둔 학생이 있다. 그는 역사 시간이 무척 힘들다. 왜냐하면 어른들이 만들어놓은 갈등의 늪에 빠졌기 때문이다. 3·1운동이나 위안부 문제, 독도 문제가 나올 때면 아이들이 자신을 쳐다보면서 "일본으로 돌아가!"라고 말한다. 아무것도 모르는 아이는 집에 가서 하염없이 울 수밖에 없었다.

파키스탄에서 온 학생이 있다. 다른 학생들은 그와 짝하려고 하지 않는다. 냄새가 나서 싫다는 것이다. 몽골에서 온 학생은 친구들에게 놀림을 당해서 너무나 속상했다. "몽골에 자동차 있어?" "너 말 타고 다녔지?" 친구들에게 놀림을 당해 속상한 아이들은 선생님께 말씀을 드려보았다. 하지만 그때마다 그냥 하지 말라고 할 뿐이지 적절한 대처를 해주지 않는다.

앞으로도 다양한 이주 배경을 가진 청소년들이 계속 늘어갈 것이다. 최근 16만 명이 넘었다. 다문화 학생 현황을 처음 조사한 2006년 당시 9,389명에서 16년 만에 16배 정도 늘어난 수치다. 여기에 십자가의 은혜가 부어져야 한다. 차이를 차별로 만들지 말아야 한다. 차이를 넘어 함께 서로 어울릴 수 있는 사회를 만들어야 한다. 그러기위해 서로 소통하는 기술과 능력을 배양해야 한다. 다양성 속에서 모두가 행복한 다문화 사회를 만들어가야 한다.

십자가는 서로 다른 이들을 한 가족이 되게 했다. 차이는 있지만 십자가 안에서 일체성을 가져야 한다. 서로 더는 쓸데없다고 말해서는 안 된다. 상대방을 바꾸고 고치려고 애쓰는가? 그러나 사람은 좀처럼 바뀌지 않는다. 잔소리에 불과할 뿐이다. 관계만 멀어질 뿐이다. 우리에게 필요한 건 서로를 인정하고 수용하며 살아가는 것이다. 내가 십자가 정신으로 낮아지고 희생하고 헌신하면 그때야 사람들이 바뀌기 시작할 것이다. 십자가에 못 박혀 죽으신 주님이 바로 나를 바꿔놓지 않았는가? 십자가로 변화하라. 십자가에 못 박혀 죽으라. 그때부터 우리는 하나가 될 수 있다.

한 노인이 미술관을 방문했다. 그는 십자가에 달리신 예수님의 모습을 보고 깊은 감명을 받았다. 예수님이 받으신 고통이 너무 실감 나게 묘사되었기 때문이다. 노인은 가슴이 뛰기 시작했다. 자신을 구원하기 위해 예수님이 그 엄청난 대가를 지불했다고 생각하니 감사한 마음을 감출 수가 없었다. 눈물이 그의 볼을 타고 흘러내렸다. 너무나 감격스러워서 이렇게 외쳤다.

"주님께 찬양을 드립니다. 주님을 사랑합니다. 주님을 사랑하고 또 사랑합니다."

가까이 서 있던 사람들은 그 노인이 왜 그러는지 의아해했다. 한 사람이 노인 쪽으로 와서 그림을 보았다. 얼마 되지 않아 그 사람도 마음속에서 깊은 감정이 솟아나는 것을 느꼈다. 그는 노인을 향해 말했다.

"나 역시 주님을 사랑합니다."

세 번째, 네 번째 사람에게도 똑같은 일이 일어났다. 이 사람들은 각각 다른 교회에 다녔다. 그런데도 십자가에 달리신 예수님으로 인해 한 가족이 됨을 느꼈다. 십자가는 모든 사람을 한 가족으로 묶는 능력이 있다. 십자가는 사람들의 가슴과 가슴을 엮는다. 얼어붙은 심장을 따뜻하게 녹인다. 낯선 사람도 친숙한 사람으로 느껴지게 한다. 도저히 이해할 수 없는 일도 충분히 이해하게 한다. 도저히 용서할 수 없는 사람도 용서할 수밖에 없게 만든다.

십자가는 마음과 영혼의 잠금장치이다. 십자가는 우리 마음과 영혼의 순결함을 지키기 위해 진입금지 표지를 알려준다. 불의와 죄악이 침투해 올 때 접근금지 간판을 내건다. 십자가를 정말 경험한 사람들에게는 강력한 잠금장치다. 십자가가 선명한 그리스도인에게는 불의와 악한 생각, 악의가 마음에 들어오지 못하게 하는 안전장치이다. 십자가가 선명한 곳에는 사탄에게 진입금지 간판이 내걸린다.

십자가는 세상의 흐름을 역행한다. 세상을 거꾸로 바라보게 한다. 미움과 증오가 아닌 용서와 화목을 요청한다. 높은 곳이 아닌 낮은 곳으로 안내한다. 착취가 아닌 희생으로 안내한다. 자기 유익이 아닌 남의 유익으로 나아가게 한다.

십자가는 외침으로 끝나서는 안 된다. 삶으로, 행동으로 드러나야 한다. 사랑과 용서, 정의와 공의를 드러내야 한다. 영광을 바라보며 고난의 길을 걸어가야 한다. 인간의 자랑은 다 사라지고 흉측한 십자가만 자랑해야 한다. 십자가는 짊어질 때 그 위력이 나타난다. 십자가는 묵상하고 생각할수록 강력한 힘을 발휘한다. 우리는 자기 십자가를 지고 예수님을 따르는 것을 부담스러워한다. 그러나 십자가를 짊어질 때 우리 몸엔 십자가의 흔적이 남는다. 절대 지워지지 않는 흔적이.

십자가의 감격으로
사랑의 헌신을 자극하라

십자가는 인생의 작은 소리와 같지만 큰 울림이다. 기본기인 십자가가 든든히 세워진 사람은 세상이 부럽지 않다. 십자가는 우리를 향한 하나님의 완벽한 치료제이다. 우리네 인생에 드러낸 하나님 사랑의 아이콘이다. 최고의 사랑과 용서가 새겨진 십자가, 피할 수 없는 공의와 의로움이 담긴 십자가, 이 십자가를 가진 사람이 바로 우리 그리스도인들이다.

십자가의 은혜를 경험한 사람은 미지근한 채로 그냥 살지 않는다. 주님과 함께하기를 원한다. 주님을 위해 살고자 한다. 주님이 기뻐하시는 일이라면 목숨도 아까워하지 않는다. 십자가는 우리를 깊은 헌신의 세계로 초대한다.

예수님은 자신을 따르려면 자기 십자가를 지고 따르라고 당부하셨다. 자기가 져야 할 십자가를 다른 사람에게 떠맡길 수 없다. 그래서 바울은 그리스도의 남은 고난을 자기 몸에 채우겠노라고 고백했다. 그런데 오늘날 그리스도인들은 어떤가?

주님이 제자들에게 십자가를 나눠주셨다. 게으름뱅이 실라스에게는 매우 무거운 십자가를 주셨다.

"주님, 이 십자가는 왜 이렇게 무겁습니까?"

그러자 주님이 대답하셨다.

"아들아, 십자가는 무거울수록 좋으니라. 결국 네가 받을 보상이 더 클 테니까!"

이 말씀을 남기고 주님은 사라지셨다. 게으름뱅이 실라스는 투덜거리며 십자가를 졌다. 하지만 몇 걸음 가지 않아서 그 십자가를 땅에 내팽개치고 말았다. 그는 그 무거운 십자가를 바라보며 훨씬 가벼운 것을 갖길 원했다. 그때 사탄이 나타나 그에게 제안했다.

"난 종이로 네 십자가의 모조품을 만들 수 있지. 겉보기에는 똑같아도 무겁지 않아. 진품하고 똑같아 보일 테니 네 주인도 구별하질 못할 거야."

게으름뱅이 실라스는 그 제안을 듣고 기뻤다. 그는 사탄에게 자기의 무거운 십자가와 똑같은 종이 십자가를 만들어달라고 부탁했다. 그렇게 해서 그는 굉장히 가벼운 종이 십자가를 무거운 십자가인 양 짊어지고 갔다. 마침내 그는 주님이 기다리고 계신 곳에 이르렀다.

"주님, 저는 이 무거운 십자가를 짊어지고 왔습니다. 이젠 제게 주님의 십자가에 값하는 상을 주세요."

주님이 말씀하셨다.

"잘했다! 아들아, 네 그 십자가에 값하는 상을 주고말고."

실라스는 이 말을 듣고 무척 기뻤다. 종이 십자가를 지고 오고도 큰 상을 받게 되었기 때문이다. 두 사람은 언덕을 향해 걸어갔다. 주님이 언덕 위에 있는 아름다운 저택을 가리키며 말씀하셨다.

"실라스, 언덕 위의 저 황금 저택이 네 것이다. 네 상이야."

황금 저택을 본 실라스는 너무 기뻐서 한걸음에 달려갔다. 황금 집에 도착한 실라스가 막 문을 열려는 순간 강풍이 불어왔다. 놀랍고 황당하게도 그 황금 저택은 그만 날아가 버렸다. 그 집도 종이로 만들어졌던 것이다.

편한 게 싫은 사람은 없다. 그러나 주님을 따르는 사람은 십자가를 벗어던질 수 없다. 가벼운 십자가는 없다. 십자가를 지느냐 벗느냐의 문제일 뿐이다.

「먼 그대」의 작가 서영은 씨는 고백한다. "자기 십자가를 지지 않고는 결코 예수님을 만날 수도, 따를 수도 없습니다." 그녀가 쓴 「노란 화살표 방향으로 걸었다」라는 책이 있다. 이 책은 산티아고를 도보로 40일 동안 순례한 경험을 쓴 책이다. 그녀는 66세에 순례길을 떠났다. 유언장까지 써놓고 갔다. 순례길을 통해 그녀는 하나님을 대면했다.

십자가를 경험한 사람은 십자가의 고통이 무거움으로만 느껴지지 않는다. 사랑하기에 가볍다. 사랑하기에 무거운 것도 가볍게 느껴진다. 사랑의 온도와 헌신의 온도는 비례한다. 십자가의 감격이 식으면 사랑의 헌신도 약해진다. 그러나 십자가의 사랑이 깊어지면 깊어질수록 헌신의 강도는 더욱 높아진다.

어떤 할머니가 길을 가다가 쓰러져 있는 노인을 발견했다. 자녀들에게 쫓겨난 노인이었다. 자기를 보는 것 같아서 노인을 데려다가 같이 살았다. 어느 날, 또 그런 일이 있었다. 개 눈에는 무엇만 보인다고 그 할머니에게는 그런 노인들만 보였다. 그래서 여기저기에서 노숙자 노인들을 데려다가 같이 살기 시작했다. 자신은 그렇게 할 생각이 없었는데, 어느덧 그 할머니는 양로원 원장이 되어 있었다.

밤에 잘 때가 되면 서로 옆에 와서 자려고 아우성이었다. 자리다

툼으로 심한 싸움이 벌어지기도 했다. 시장에 가서 한 시간만 늦게 와도 야단법석이었다.

"원장님이 안 계신 동안에 내가 죽으면 어떻게 하려고 그렇게 늦게 와요!"

그는 노인들을 정성껏 보살피며 살았다.

이 소문을 들은 기자가 찾아왔다.

"왜 이런 일을 시작하셨습니까?"

"예수님이 나를 위하여 십자가에서 죽으셨는데, 나는 저들을 위하여 죽어야지요."

기자가 다시 물었다.

"가장 하고 싶은 일이 무엇입니까?"

"예수님의 발자취를 보고 싶어서 성지순례를 가고 싶어요."

"그럼 한 번 가시지요."

"내가 한 시간만 비워도 난리들인데 어떻게 며칠을 비울 수 있겠어요?"

"그럼 성지순례는 못 가시겠네요?"

"이 땅에선 성지순례를 못 가더라도 하늘나라에서 이스라엘을 내려다보지요."

그녀의 눈에는 어느덧 눈물이 고였다.

십자가를 사랑하는 사람은 세상의 복이 작게 느껴진다. 오늘 누리고 싶은 즐거움과 행복도 잠시 보류할 수 있다. 그렇게 좋아하던 것도 십자가 때문에 포기할 수 있다. 그렇게 가고 싶은 길도 십자가 때문에 버릴 수 있다. 십자가를 사랑하는 사람은 '이 너머에 있는 영광'을 위해 오늘의 고통을 감내할 수 있다.

십자가는 죽음의 공포로부터 우리를 자유롭게 한다. 십자가는 천국 집을 준비시키는 하나님의 손길이다. 십자가는 내 인생이 끝나는 날에 천국 집을 바라보게 한다. 절망이 희망으로 바뀌는 경험을 가능하게 한다.

십자가는 이 땅에 사는 동안 "내 잔이 넘치나이다"(시 23:5)라는 고백을 가능하게 한다. 이 땅을 떠나도 두렵지 않다. 죽음이 다가와도 초조하지 않다. 왜냐하면 "여호와의 집에 영원히 살리로다"(시 23:6)라고 간증하고 있기 때문에.

이제 우리는 교회 안에 깊숙이 뿌리내린 엉터리 복음을 십자가로 청산해야 한다. 편하게 사는 게 복음은 아니다. 쉽고 가벼운 것이 복음은 아니다. 아직도 일이 잘되고 잘 풀리는 게 형통이라고 생각하는가? 일이 잘 안 풀려도 하나님의 뜻을 따르는 것이 형통임을 알아야 한다. 결과가 좋다고 다 좋은 것은 아니다. 십자가의 흔적이 남아 있어야 한다.

잘못된 십자가의 복음에 물든 교회는 이제 요나의 청개구리 근성을 청산해야 한다. 하나님께 올려드린 반기를 내려놓아야 한다. 내가 원하는 길이 아니라 하나님이 원하시는 길을 찾아야 한다. 십자가는 오고 가는 모든 사람의 쪽박 인생을 대박 인생으로 바꾸는 하나님의 능력이다. 십자가를 바라보는 우리 시선이 재고되지 않고는 우리가 그리스도의 제자임을 확증시킬 수 없다.

그리스도인은 하나님의 시선으로 세상을 바라본다

어떤 눈을 가지고 사느냐에 따라 인생을 바라보는 태도도, 세상을 살아가는 삶의 방식도 판이하다. 한 번 왔다 가는 인생이지만 그 사람이 가진 인생관에 따라, 가치관에 따라, 신앙관에 따라 인생을 그리는 그림이 전혀 달라진다.

나는 시골 벽촌 가난한 집에서 자랐다. 시골 풍속이 다 비슷하겠지만 우리 고향도 다를 바가 없었다. 가을까지 땀 흘리고 힘들여 농사지은 후 겨울이 되면 할 일이 없다. 그래서 동네 사람들은 마을 주막에 모여 술 마시고, 담배 피우면서 화투 놀이를 즐겼다. 밤을 지새우면서. 방안은 온통 담배 냄새로 찌들어 있다.

남편들이 화투판을 벌이고 있으니 즐거울 아내는 하나도 없다. 남편이 돌아오기를 기다리다가 인내의 한계를 느낀 부인들이 찾아와서 남편을 부른다.

"이제 그만하고 집으로 갑시다."

그러나 어디 그런 자리를 박차고 나오는 게 쉬운 일인가?

"집으로 가. 뒤따라갈 테니까."

그러나 아내는 잘 알고 있다. 뒤따라오지 않는다는 사실을. 그러니 목소리가 커질 수밖에 없다.

"허구한 날 여기서 화투나 치고 있으니 집안 꼴이 뭐가 되겠어!"

이렇게 시작되는 말싸움은 쉽사리 끝나지 않는다. 서로 말 펀치를 날리다 보면 이내 몸싸움이 벌어진다. 불행한 시골 가정 풍속도이다.

또 다른 시골 풍속도도 있다. 동네에 교회가 있다. 동네 주민 가운데 50%는 신앙생활을 했던 것 같다. 물론 그 가운데는 나이롱 신자도 적지 않았다. 성경책을 끼고 교회는 가지만 전혀 그리스도인 같지 않은 종교인 말이다. 무늬만 그리스도인인 형식적인 종교인인 셈이다. 그런 사람들 역시 주막이나 투전판을 전전긍긍한다. 은혜롭지 않고 향기롭지 않다.

그런데 또 다른 풍속도를 보여주고 싶다. 신앙심 깊은 장로님, 권사님들 가정이 있다. 할 일 없는 겨울이지만 집안에서 이런저런 일거리를 만들어 열심히 살아간다. 들에는 비닐하우스를 만들어서 겨울 농사를 하거나 봄 준비를 하는 거다. 살아가는 삶의 방식이 전혀 다르지 않은가. 그들에게 다가오는 삶의 결정체도 전혀 다를 수밖에 없다. 적어도 그들은 하나님의 시선으로 인생을 설계하고 살아간다.

내 꿈을 버리고
하나님의 꿈을 가지고 산다

세상는 넓고 할 일은 많다. 할 일 많은 세상에서 아침부터 저녁까지 꿈을 쫓아다니지만 허무하기는 마찬가지다. 꿈이라는 걸 그려놓고 분주하게 달려왔지만 어느 순간 자신이 걸어온 인생을 돌아보니 부질없는 일이라는 회의감마저 든다. 그래서 뒤늦게 표류하는 중년들도 많다.

사람들은 말한다. "I have a dream!" "젊은이여, 야망을 품으라!" "꿈은 반드시 이루어진다!"

그렇다. 나도 그런 구호를 외치며 살았다. 그리고 자녀들에게도 그런 꿈을 심어주고 싶었다. 교회에서 자라나는 다음세대에게도 늘 강조하고 있다.

사실 "나는 이런 꿈을 갖고 살아간다"고 말하지 못하는 젊은 세대들을 바라보노라면 속상할 때가 있다. 목표를 정하지 못하고 달려가니 거기서 뭐가 나올 수 있단 말인가! 정신없이 달려가기는 하지만 열정을 불러일으키는 비전도, 목표도 없으니 오래갈 수 없다. 그렇기에 성장 세대에게 해주고 싶은 말, "꿈을 가져라!"는 너무 흔한 충고이다. 그러나 너무나 소중한 충고이기도 하다.

그런데 꿈 이야기를 하면서 우리가 한 번 더 생각해 볼 것이 있다. 사람들은 저마다 꿈을 가지라고 말한다. 그리고 실제로 꿈을 가지고 살아가는 사람이 대부분이다. 또 그렇게 되어야 한다. 그러나 우리 그리스도인들은 그 꿈을 다시 한번 점검해봐야 한다.

선지자 요나에게도 꿈이 있었다. 그런데 하나님은 요나에게 다른 꿈을 심어주셨다. 하나님은 요나에게 앗수르의 수도인 니느웨에 선지자로 가라고 하셨다. 니느웨에 가서 회개의 메시지를 선포하라고 하셨다. 그러나 요나는 전혀 그럴 의사가 없었다. 요나는 앗수르가 패망하기를 원했다. 앗수르는 이스라엘을 공격하던 대적이기 때문이다. 앗수르가 패망해야 이스라엘에 숨통이 트인다. 그런데 앗수르에 가서 복음을 전하라니? 그러다가 니느웨가 회개하고 돌아오면 어쩌려고? 하나님은 분명히 그들이 돌이키기만 하면 용서하실 분 아닌가?

요나 입장에서는 계산이 나오지 않는 일이었다. 고민하던 요나는 결단을 내렸다. 다시스로 가기로. 가야 할 니느웨와는 정반대의 길이다. 하나님의 꿈과 선지자의 꿈이 충돌하는 순간이다. 이때 누가 꿈을 포기해야 하는가? 물론 요나이다. 그러나 요나는 포기하지 않았다. 자기 꿈을 실현하기 위해 행동으로 옮겼다. 그러자 하나님은 요나에게 시련을 주셨다. 정신 차리라는 하나님의 사인이다.

우리가 꾸는 꿈이 하나님과는 상관없이 정해진 인생의 목표일 수 있다. 시대마다, 시기마다 사람들이 꾸는 꿈의 트렌드는 다르다. 우리가 어린 시절에 꾸었던 꿈이 지금 시대 젊은이들이 회피하는 꿈일 수 있다. 시대적 상황이 다르기에 어쩔 수 없는 현상이다.

우리가 어떤 비전을 갖고 살든지 꼭 기억해야 할 것이 있다. 우리가 의도하는 대로 다 이루어지는 것만은 아니라는 사실이다. 물론 어떤 사람에게는 어린 시절부터 그리던 인생의 비전이 그대로 성취될 수도 있다. 그렇다고 모든 사람이 다 그렇게 되어야 한다고 못 박아서는 안 된다. 꿈은 내가 꾸는 대로 다 이루어지지 않는 경우가 더 많으니까.

바울은 로마로 가고 싶었다. 당시는 세계의 중심이 로마였으니까 당연한 일이다. 그러나 바울이 로마로 가고자 하는 목적은 달랐다. 인생 성공, 일류가 되기 위한 로마행이 아니었다. 복음을 효과적으로 선포하기 위한 선교지로서 로마를 꿈꿨다. 다행히 그가 꿈꾸던 대로 로마에 갈 수 있게 되었다. 그러나 가는 방식은 달랐다. 그는 선교사의 신분으로 로마에 가길 원했다. 그런데 하나님은 그를 죄수의 신분으로 로마에 보내셨다. 그는 자유를 빼앗기고 감시를 받아야 했다. 묶인 신세가 된 것이다. 그런 죄수의 신분으로 바울이 뭘 할 수 있단 말인가?

그런데 알고 있는가? 하나님은 배가 파선되어 죽음에 이른 276명의 사람들을 죄수인 바울을 통해 살렸다는 사실을. 상상이나 했던가? 그런데 하나님은 그렇게 일하셨다. 내가 꿈꾸는 비전대로 이루어지지 않는다고 해서 하나님을 원망할 필요는 없다. 더 기막힌 하나님의 방법이 있으니까!

사람들은 대단한 인생 목표를 정해 놓고 달려간다. 시시한 꿈은

꾸지도 않는다. 그런 꿈을 꾸면 철이 든 사람들은 고작 그런 꿈을 꾸냐며 구박한다. 그런데 세상은 일류만 원하는 게 아니다. 주연만 필요한 게 아니다. 이류, 삼류 인생도 필요하고, 엑스트라와 조연도 소중하다.

재미있는 일화가 있다. 어떤 연극인이 아이들에게 연극을 가르치게 되었다. 그는 먼저 아이들에게 이론을 가르치고 나서 배역을 정했다. 그런데 문제가 생겼다. 아이들이 저마다 주연만 고집한 것이다. 부모들은 한술 더 떴다. 자기 아이에게 주연을 맡기지 않으면 그만두겠다고 으름장을 놓았다. 어떻게 되었을까? 결국 조연을 맡을 아이들이 없어서 연극은 취소되었다. 부모들 입장에서야 이해할 만하다. 자기 자녀가 뒤처지는 인생을 살지 않았으면 하는 바람. 이류, 삼류가 아닌 일류가 되길 바라는 마음. 그런데 잊지 말아야 할 사실이 있다. 이런 부모의 과욕 때문에 자녀는 병들어가고 있다. 부모의 꼭두각시 노릇을 하다가 허비하는 인생을 살아가고 있다. 그래서 자녀들은 "내 인생을 살아가고 싶다"고 외치지 않는가?

주연이 아니면 어떤가? 조연 없는 주연은 없다. 주연은 화려하고 아름답다. 조연은 화려하지는 않을 수 있다. 그러나 조연도 아름답다. 주연에게만 치던 손뼉을 이제 조연을 위해 보낼 때가 되었다. 유명씨도 필요하다. 그러나 무명씨도 필요하다. 아무것도 아닌 사람이지만 자부심을 잃지 않을 수 있어야 한다. 바나바처럼 일인자가 아니어도 이인자의 영광을 기뻐할 줄 알아야 한다. 화려한 성공 신화는 아니더라도 자기 나름의 성공 신화를 쓸 줄 알아야 한다.

마이크로소프트사 임원들이 하는 말을 들어보라.

"마이크로소프트사는 빌 게이츠 없이는 나아갈 수 있지만 스티브 발머 없이는 살아남을 수 없다."

흔히 마이크로소프트사를 천재 빌 게이츠의 작품이라고 생각한다. 그러나 스티브 발머가 없는 마이크로소프트사를 생각할 수 없다. 그런데 스티브 발머는 20년이 넘도록 빌 게이츠의 그늘에 묻혀 이인자로 살았다.

모든 사람이 선망하는 성공이란 과연 무엇인가? 돈을 많이 버는 것, 높은 자리에 오르는 것, 선망의 대상이 되는 것, 남들보다 탁월한 능력을 갖추는 것, 이런 게 성공인가? 그러다 보니 사람들은 저마다 성공병에 걸려 허우적거린다. 모두가 탑이 될 수는 없지 않은가? 그런데 물질적인 성공개념을 갖고 있기에 최고 정점에 서기 위해 치열한 경쟁을 벌인다. 최고의 자리에 서기 위해서는 남들을 짓밟는 일도 서슴지 않는다.

높은 자리에 있으면서 사람들을 호령하고 힘을 발휘하면 성공한 것일까? 그래서 마을 입구에 '축 당선!' '축 입학!'이라는 대형 현수막을 내걸어야 할까? 심지어 교회 입구에다가도 '축 서울대 입학!'이라는 현수막을 내걸어야 할까?

성공이란 무엇인가? 하나님이 주신 사명의 길을 걸어가는 것이다. 하나님이 주신 은사와 재능을 극대화해서 주님께 다시 돌려드리는 것이다. 몇 달란트를 가졌느냐, 무엇이 되느냐보다 하나님이 원하시는 인생을 살아가느냐, 하나님을 기쁘시게 하는 삶을 살아가느냐에 관심을 더 집중해야 한다. 결과 중심에서 과정 중심으로 옮겨가야 한다. 어떤 경우에도 정도경영을 주도할 수 있어야 한다. 비록 더디 가더라도, 손해를 보더라도, 내 인생 경영법에 맞지 않을지라도 말이다. 왜? 하나님의 시선이 그러니까! 내 꿈에서 하나님의 꿈으로 좌표를 이동하며 산다.

내면 콤플렉스와
영혼 콤플렉스를 고민한다

어느 날, 텔레비전을 보다가 깜짝 놀랐다. 오디션을 통해 선발된 지원자의 인생을 바꿔주는 프로그램을 보았기 때문이다. 그날 나온 출연자는 치아 때문에 고민을 넘어 자살 충동까지 느꼈던 젊은 여성이었다. 그녀의 치아는 하나도 성한 게 없었다. 그녀는 치아에 대한 콤플렉스 때문에 사람들과 제대로 대화할 수 없었고, 심지어 직장생활도 정상적으로 할 수 없었다.

전문가들의 심사 결과 그녀가 주인공으로 선발되었다. 이어서 성형수술이 진행되었다. 얼마의 기간이 지났을까? 다시 무대에 서게 되었다. 그런데 그녀가 무대에 나왔을 때 방청객들은 소스라치게 놀랐다. 그녀가 너무나 달라진 모습으로 화려하게 변신했기 때문이다. 어떻게 저렇게 변할 수 있을까? 프로그램이 끝날 무렵, 그녀의 옛 모습을 대형 스크린에 띄워주었다. 그녀는 자신의 옛 모습을 보면서 "다시는 쳐다보고 싶지도 않아요"라며 울먹였다.

언젠가 서울시에서 초·중·고·대학생 총 1,320명을 대상으로 "가장 큰 고민거리가 무엇인가?"에 대한 설문조사를 했다. 1위는 52.7%를 차지한 외모·키·몸무게였다. 그다음 2위로는 공부가 49.7%를 차지했다. 직업은 32.4%로 3위였고, 그 외에는 용돈, 건강, 친구 등이었다. '고민 없음'도 11.3%로 나타났다. 여학생의 경우 외모에 대한 고민이 60.1%로 공부(51.6%)보다 높았다. 반면 남학생은 공부에 대한 고민(47.7%)이 외모(45.0%)를 앞섰다.

같은 값이면 건강한 게 좋다. 예쁜 게 나쁠 리 없다. 성경에 소개되는 현숙한 여인들도 예쁜 외모를 가진 경우가 많았다. 아름다움을 죄악시할 필요는 없지만 오늘날 성형 왕국으로 치닫고 있는 우리의 현실을 한번 더 곱씹어봐야 한다.

우리 주변에도 외모 콤플렉스를 가진 사람들이 있다. 콤플렉스를 느낄 정도이니 그 고충이야 오죽하겠는가? 그래서 이 사람 저 사람이 성형을 시도한다. 어느 날, 얼굴을 봤는데 전혀 다른 사람으로 변해 있을 때도 있다. 그래서 황당한 일도 경험하곤 한다.

그런데 성경에서 말하는 인생을 생각해보자. 하나님은 외모를 보시는 분이 아니다. 중심을 보시는 분이다. 이새의 아들 다윗은 하나님이 기뻐하시는 마음을 가졌던 사람이다. 그래서 하나님의 부르심을 받았다. 그러므로 그리스도인은 외모를 가꾸는 것보다 마음을 가꾸는 데 더 신경을 써야 한다.

사도 베드로는 믿음의 공동체 안에서 아내와 남편이 가져야 할 믿음의 태도를 지적하면서 아내들에게 부탁했다. "너희의 단장은 머리를 꾸미고 금을 차고 아름다운 옷을 입는 외모로 하지 말고 오직 마음에 숨은 사람을 온유하고 안정한 심령의 썩지 아니할 것으로 하라. 이는 하나님 앞에 값진 것이니라"(벧전 3:3-4).

물론 외모에 관심을 두지 말라는 뜻은 아니다. 정숙한 여인 역시 외모를 가꿔야 한다. 가꾸기에 따라 건강과 아름다움을 더 오래 간직할 수 있기 때문이다. 문제는 내면세계보다 외모에 치중하는 태도다. 속사람이 강건해야 하는데 겉사람을 강하게 하는 데만 신경 쓰는 게 문제다. 내면세계를 아름답게 가꾸는 것보다 외모에만 신경 쓰는 게 문제이다. 외모보다 내면의 아름다움에 더 집중할 필요가 있다.

외모 콤플렉스를 가진 사람이 많다. 어떤 사람은 키가 너무 작아서 고민한다. 그런데 불공평하게도 어떤 사람은 키가 너무 커서 고민하기도 한다. 작은 눈 때문에 콤플렉스를 갖는가 하면 큰 눈 때문에 콤플렉스를 가진 사람도 있다. 코가 너무 커서 열등감을 갖는 사람이 있는 반면 콧대가 낮아서 열등감을 갖기도 한다. 그러다 보니 성형외과를 찾는 사람이 많다. 한국을 성형 왕국이라 할 만큼 성형에 대한 사람들의 관심은 지대하다. 성형 중독에 걸린 사람도 적지 않다. 성형 때문에 부작용도 심각하다. 한편 우리나라의 성형 수술 수준은 세계적이다. 외국에서 성형 수술을 받기 위해 많은 사람이 우리나라를 찾아온다. 심지어 외국으로 성형 기술을 수출하기도 한다.

그렇다면 내면을 위해서는 어떤 노력을 하고 있을까? 한국인의 독서 습관은 사라지고 있다. 책을 들고 읽기보다는 스마트폰을 들고 있다. 인터넷 바다에서 허우적거리고 있다. 책을 외면한 인간의 내면은 메말라가고 있다. 지식교육은 과도하게 치중하고 있지만 인성교육은 뒷전이다. 인성교육이 되지 않은 학생들은 개념 없는 아이들이 되어버렸다. 공공질서를 기대할 수도 없고 기초질서를 찾아볼 수도 없다. 그들에게서 어떻게 윤리의식이나 시민의식을 기대할 수 있을까? 그들은 자기 멋대로 살려고 한다. 충동을 자제할 줄도 모른다. 누구의 간섭도 거부한다. 자기가 하려고 하는 일에 누군가가 개입하면 거친 행동을 서슴지 않는다. 그러면서도 더 나은 사회를 기대한다.

민족 지도자 백범 김구 선생, 그는 청년 시절에 과거시험에 응시했다. 하지만 가난한 상민의 자식으로 합격할 리 없었다. 좌절에 빠진 그에게 아버지는 관상쟁이가 될 것을 권했다. 그래서 김구는 「마의상서」라는 관상책을 열심히 공부했다. 그리고 책에서 배운 대로 자신의 얼굴을 살펴보았다. 그런데 이게 웬일인가? 자신의 관상에 가난과 살인, 풍파, 불안, 비명횡사할 온갖 역마살이 다 끼어 있는 것이 아닌가! 관상책의 이론대로라면 최악의 관상이었다. 저절로 한탄이 나올 수밖에 없었다.

"내 관상이 이 모양인데, 도대체 누구의 관상을 봐준단 말인가?"

그러다가 그 책 마지막 구절에 눈이 멈추었다.

"얼굴 잘생긴 관상(觀相)은 몸이 튼튼한 신상(身相)만 못하고 몸이 좋은 신상은 마음씨 좋은 심상(心相)만 못하다. 심상이 좋으면 관상이나 신상이 좋은 것보다 낫다."

그는 용기를 얻었다. 그리고 고민했다.

"어떻게 하면 심상을 좋게 기를까?"

드디어 그는 결단했다.

"이 나라에 태어났으니 나라를 위해 충성을 다하자."

결국 그는 훌륭한 민족 지도자가 되었다.

자신을 한번 점검해보자. 외모 콤플렉스에 신경 쓰기보다 내면 콤플렉스에 더 신경 써야 한다. 육체적인 한센병보다 마음의 한센병이 더 심각하다. 내면의 질서가 깨진 우리의 자화상에 대한 서글픔이 있어야 한다. 완고하고 완악한 마음 때문에 아파해야 한다. 거친 마음, 고집스러운 마음, 악한 마음, 더러운 마음 때문에 신음해야 한다. 더 아름다운 내면을 가꾸지 못한 것 때문에 좀 더 진지하게 고민해야 한다.

더 나아가 영혼 콤플렉스도 점검해봐야 한다. 사울 왕은 남부럽지 않은 외모를 가졌다. 물론 초기에는 그의 마음 씀씀이도 아름다웠고 영혼의 상태도 깨끗했다. 그러나 그의 내면과 영혼은 악한 영에게 자리를 양보하고 말았다. 처음에는 비교의식이라는 작은 틈이었을 수 있다. 그러나 자신도 모르는 사이에 사위이자 충신이요, 하나님이 사용하실 하나님 나라의 일꾼을 미워하고 죽이려고 혈안이 된 광인으로 살아가다 인생을 마감했다. 마음만 먹으면 무엇이든 할 수 있는 왕이었지만 불쌍하고 가련한 인생이다. 하나님의 시선을 잃었기 때문이다.

영혼 콤플렉스에 걸린 사람은 죄를 밥 먹듯이 지으면서도 부끄러워할 줄 모른다. 영혼에 죄악을 담고서도 두려워할 줄 모른다면 아무리 화려하고 아름다운 외모를 가졌을지라도 의미가 없다. 다친 육신보다 더럽혀진 영혼이 더 큰 문제이다. 흉측해진 영혼을 살리기 위해 십자가 앞으로 나아가야 한다. 영혼의 치료자가 영적인 눈을 교정하고, 마음과 영혼의 밭을 수선할 수 있도록.

추구하는 양식이
다르다

이 세상을 살아가면서 누구도 돈의 위력을 간과할 수 없다. 돈이 있으면 마음이 든든하고 하고 싶은 일을 얼마든지 할 수 있다. 그런데 돈이 없으면 사람들 앞에서도 기가 죽고 사람 노릇을 하지 못하고 살 때가 많다. 그래서 사람들은 더 많은 재물을 소유하려고 애쓴다.

스위스 극작가 프리드리히 뒤렌마트가 쓴 〈노부인의 방문〉이라는 희곡이 있다.

1955년 어느 날, 스위스의 조그만 국경 마을 퀼렌에 한 노부인이 방문했다. 그녀는 원래 이 마을에서 태어나고 자란 클라라라는 이름의 여인이었다. 그녀는 17세 어린 소녀 때 그 마을 청년 알프레드와 사랑에 빠져 임신까지 하게 되었다. 그런데 알프레드는 자신이 애아버지라는 사실을 부인했다. 그뿐만 아니라 클라라를 무고죄로 고소하기까지 했다. 재판에서 그녀는 알프레드가 매수한 증인들의 위증으로 유죄판결을 받아 마을에서 추방당하게 되었다.

그녀는 부정한 여인이라는 불명예를 안고 고향에서 쫓겨났다. 급기야 아기까지 잃고 정처 없이 떠돌아다니며 거리의 여인으로 살아야 했다. 그러다가 우연한 기회에 어느 석유 재벌 아들과 결혼하게 되었고, 그 후 그녀는 여덟 차례의 결혼을 통해 막대한 재산을 모을 수 있었다.

그녀는 자신을 버린 알프레드에게 복수하고자 45년 만에 다시 고향 마을을 방문했다. 그녀가 고향을 방문했을 때 마을의 경제 상황은 극도로 피폐했다. 왜냐하면 세계적 공황과 전쟁 여파로 실업자가 넘쳐났기 때문이다.

억만장자 노부인은 마을 주민들의 환심을 사기 위해 외국에서 가져온 값비싼 물건들을 선물했다. 시장을 비롯한 마을 사람들을 찾아가 달콤한 약속을 했다.

"내가 마을의 경제 발전을 위해 어마어마한 돈을 기부하겠습니다. 단 한 가지 조건이 있습니다. 누구든지 알프레드를 정의의 이름으로 처단해 주십시오."

알프레드는 클라라의 귀환을 전해 들었다. 그러나 큰 걱정은 하지 않았다. 왜냐하면 70년 동안 한 마을에 함께 살아온 이웃들이었기 때문이다. 그는 생각했다. '클라라가 아무리 물질 공세를 한다 해도 마을 사람들은 나를 지켜줄 거야.'

그는 사람들에 대한 믿음으로 마을을 떠나지 않고 버티고 있었다. 그런데 상황이 달라졌다. 시간이 흐를수록 마을 사람들은 점점 알프레드에게 적대적으로 변해갔다. 그와 절친했던 사람들도 하나둘 등을 돌리기 시작했다. 급기야 알프레드는 마을의 공공의 적이 되어버렸다. 마침내 그는 주민총회에 불려 나갈 수밖에 없었다. 마을 사람들은 그에게 온갖 비난과 욕설을 퍼부었다. 그리고 어둠 속으로 끌고 가 살해하고 말았다. 그의 죽음을 확인한 노부인은 약속한 거금을 시장에게 지불한 뒤 가져온 관 속에 알프레드의 시신을 담아 홀연히 마을을 떠난다.

이것으로 연극은 막을 내린다. 돈의 위력을 맛본 여인, 그녀는 세월이 흐른 후에 돈의 위력으로 복수했다. 자신은 돈으로 불의를 저질러 놓고도 자기에게 닥쳐온 상황 앞에서는 돈의 위력을 인정하고 싶지 않았던 남자 역시 돈의 위력 앞에서 무너지고 말았다. 그래서 사람들은 돈을 추구한다.

예수님은 하나님과 재물을 함께 섬길 수 없다고 말씀하셨다. 그런데 우리는 재물과 하나님을 함께 섬기려고 한다. 하나님의 이름으로, 재물로 배를 채우려고 한다. 꿩 먹고 알 먹자는 심산이다. 그런데 예수님은 그렇게 할 수 없다고 책망하셨다. 하나님이든지 재물이든지 둘 중 하나를 선택하라고 강조하셨다.

히브리서 기자는 예수님을 향한 믿음을 선택하느라 재산도 빼앗기고 목숨도 잃어가고 있는 믿음의 사람들을 가리켜 권고하고 있다.

"돈을 사랑하지 말고 있는 바를 족한 줄로 알라. 그가 친히 말씀하시기를 내가 결코 너희를 버리지 아니하고 너희를 떠나지 아니하리라 하셨느니라"(히 13:5).

자족한다는 게 말이 쉽지, 그렇게 쉬운 일이던가! 우리 안에 있는 욕심이 치고 올라오는데, 눈을 자극하는데 자족한다는 것은 말처럼 그렇게 쉬운 일이 아니다. 그러나 자족할 줄만 안다면 그것은 우리의 영적생활에 더없이 큰 유익을 줄 것이다.

"나는 비천에 처할 줄도 알고 풍부에 처할 줄도 알아 모든 일 곧 배부름과 배고픔과 풍부와 궁핍에도 처할 줄 아는 일체의 비결을 배웠노라"(빌 4:12).

바울은 자족하기를 배웠다고 말한다. 그런데 자족하기의 배움은 어디에서 시작되는가? '내게 능력 주시는 자'에 대한 깊은 신뢰에서 비롯된다. 일용할 양식을 채워주시는 주님에 대한 확고한 믿음이 있을 때 자족할 수 있다. 그럼에도 자족하는 마음은 배우고 훈련해야 할 영역이다. 인간 본성과는 안 어울리는 것이기 때문이다.

나는 신학대학원 3학년 봄에 결혼했다. 우리 부부는 둘 다 가난한 가정에서 성장했다. 결혼생활도 너무 초라할 정도로 시작했다. 월 사례 28만 원 받던 시절, 보증금 200만 원에 월세 18만 원을 내면서 시작한 신혼살림이다. 사실 헌금, 교통비를 제하고 나면 매월 몇만 원으로 생활해야만 했다. 계산으로 살아갈 수 없는 살림이다. 그러니 그저 하늘만 바라보며 살아야 했다. 그런데 하나님은 기가 막히게 일하셨다. 어떤 방법, 어떤 손길을 통해서도 공급해주셨다. 21세기의 엘리야는 늘 준비되어 있었다. 갈증이 없는 건 아니었지만 그래도 돈이 없어서, 쌀이 없어서 굶은 적은 없다. 그래서 영적인 배짱이 생겼다. 능력을 주시는 자를 신뢰하니까.

예수님은 사람들에게 하늘 양식을 주기 원하셨다. 그러나 무리는 빵을 원했다. 관심이 달랐다. 바라보는 시선이 달랐다. 떡으로 배를 불리는 데만 집중했다. 예수님이 오병이어 기적을 베풀자 무리는 예수님을 임금으로, 경제 대통령으로 세우려 했다. 그러자 예수님은 무리의 곁을 떠나셨다. 심지어 제자들마저 예수님을 정치적인 메시아로 오해했다. 한자리 얻고 싶었다. 그러나 예수님은 이스라엘을 로마로부터 해방시키는 메시아로 오시지 않았다. 십자가를 지기 위해 골고다로 오르는 고난받는 종으로 오셨다. 희생제물이 되어 인간과 하나님 사이를 화목하게 하기 위해 오셨다.

이스라엘 백성은 광야에서 40년을 방황하는 동안 하나님의 세심한 배려와 돌봄을 받았다. 하나님은 자기 백성에게 하늘에서 내려오는 양식을 먹여주셨다. 만나와 메추라기로 배를 채워주셨다. 그러나 그것은 말 그대로 하루에 필요한 일용할 양식일 뿐이었다. 사재기하고 누릴 양식은 아니었다. 그렇기에 예수님은 주기도문을 가르쳐주시면서 '일용할 양식'을 달라고 기도하라고 당부하셨다. 일용할 양식은 하나님을 의존하는 믿음의 삶이다. 하늘을 바라보는 삶이다. 하나님의 공급을 기대하는 삶이다.

예수님은 자신을 하늘로부터 내려온 양식이라고 소개하셨다. 예수님 자체가 하늘의 양식이시다. 그러므로 예수님을 영접한 그리스도인은 세상이 주는 음식으로 배를 불리는 존재가 아니다. 오직 예수님에게서 만족을 누리는 존재이다. 먹을 것에 대한 갈증도 무시하지는 않지만 영혼의 양식에 대한 갈증을 갖고 산다. 그리고 이것이 바로 불신자가 추구하는 양식과 우리 그리스도인이 추구해야 할 양식의 차이다.

이 땅에서의 보상보다
하늘 상급을 기다린다

인간은 누구나 인정받고 존중받고 싶은 욕구가 있다. 누구나 다른 사람으로부터 칭찬받고 대접받기를 원한다. 무시당하기보다 환영받고 추대받으며 살고 싶다. 다른 사람에게 무시당하는 것만큼 상처가 되는 일이 있을까? 마땅히 존중받아야 할 자리에 있는데 존중받지 못할 때 얼마나 속이 상하겠는가?

누군가로부터 박수를 받는 것은 신나는 일이다. 누군가가 나를 칭찬해줄 때 천군만마를 얻은 기분이다. 누군가 자신을 비난하고 험담할 때 속상한 경험을 했던 사람이면 충분히 공감할 것이다. 칭찬이 메마른 공동체는 불행하다. 서로 칭찬해주고 세워주는 건 매우 좋은 일이다. 서로 칭찬해주면 힘이 넘쳐난다. 서로 칭찬하는 데서 행복함을 느낀다. 그래서 요즘 교회마다 칭찬 릴레이를 하기도 한다.

사실 초대 예루살렘 교회에서 일곱 집사를 세울 때 칭찬받는 사람을 세웠다. "형제들아 너희 가운데서 성령과 지혜가 충만하여 칭찬받는 사람 일곱을 택하라. 우리가 이 일을 그들에게 맡기고"(행 6:3). 그리스도인은 공동체 안에서뿐만 아니라 불신자들에게도 칭찬받아야 한다. 교회 직분은 영광스럽고 거룩하다. 그렇기에 교회에 직분자를 세울 때 이웃이나 직장을 찾아가서 그 사람에 대한 평가를 들어보는 교회도 있다고 한다.

성경에서 하나님께 쓰임받았던 일꾼들을 보면 칭찬받는 사람이 많다. 바나바는 착한 사람으로서 사람들에게 칭찬받았다. 바울이 영적인 아들로서 가까이 두었던 디모데 역시 주변 사람에게 칭찬을 듣는 사람이었다. "디모데는 루스드라와 이고니온에 있는 형제들에게 칭찬받는 자니"(행 16:2). 그래서 바울은 디모데에게 교회 안에서 감독을 세울 때 "외인에게서도 선한 증거를 얻은 자"(딤전 3:7)를 세워야 한다는 지침을 주었다.

교회의 일꾼은 아무리 능력이 있어도, 아무리 많은 돈을 가졌어도, 세상적인 힘과 권력을 가진 자라도 사람들의 입방아에 오르내리는 사람을 세워서는 안 된다. 사람들에게 비난받는 사람을 세우면 하나님의 영광을 가리게 된다. 그런데 주의할 것이 있다. 사람의 칭찬을 기대해서 주의 일을 해서는 안 된다는 것이다. 사람들이 내가 한 일에 대해 칭찬해주고 박수를 보내주는 것은 귀한 일이다. 그러나 내가 칭찬받고 존경받기 위해서 섬기고 일한다면 주객이 전도되는 것이다. 주님을 섬기는 마음으로 신실하게 일하는 것이 우선이다. 그 뒤에 따르는 존경과 인정은 부산물일 뿐이다.

그런데 사람의 인기를 얻기 위해 일하는 사람들이 있다. 사람들이 인정해주기를 바라는 마음으로 일하다 보니 사람들이 칭찬해주지 않고 인정해주지 않으면 상처받는다. 사람의 칭찬을 기대하다 보니 위선적인 행동을 하기도 한다. 사람들이 알아주지 않고 인정해주지 않는다고 교회를 떠나기도 한다. 그래서 중직자를 세우는 때가 되면 불안하다. 이번에는 어떤 사람이 상처받을지 모르니까.

베드로와 요한은 예루살렘 성전에서 나면서부터 앉은뱅이 된 자를 고쳐주었다. 지금까지 장애 때문에 불행한 삶을 살아온 그는 사람들에게 구걸하면서 하루하루를 연명해왔다. 그에게 소망이 있다면 사람들로부터 한 푼 더 얻는 것뿐이었다. 그런데 베드로는 지금 당장 필요한 돈 몇 푼 주는 것보다 근본적인 문제를 해결해주었다. 그의 불행의 원인인 질병 자체를 치유해주었다. 이제 더는 거지로 살지 않아도 된다. 새로운 인생을 살아갈 버팀목이 생겼다. 그런데 그에게 더 중요한 것이 있었다. 바로 예수 그리스도의 이름을 붙잡고 살아가는 삶이었다. 나면서부터 앉은뱅이 된 그는 치유받는 순간 그 비밀을 깨달았다.

이 광경을 목격한 사람들을 보라. 그들은 솔로몬 행각으로 나아갔다. 베드로와 요한에게 칭찬과 박수를 아끼지 않았다. 그러자 깜짝 놀란 베드로가 무리를 향해 꾸짖었다.

"이스라엘 사람들아 이 일을 왜 놀랍게 여기느냐. 우리 개인의 권능과 경건으로 이 사람을 걷게 한 것처럼 왜 우리를 주목하느냐"(행 3:12).

베드로는 사람의 칭찬과 인정에 굶주린 삶을 선택하지 않았다. 그는 하나님의 칭찬을 우선으로 여겼다. 하나님이 인정해주는 것이 중요했다. 사람에게 인정받지 못하면 어떤가? 사람이 칭찬해주지 않으면 어떤가? 아니, 사람들에게 오해를 받아 돌팔매질을 당하면 어떤가? 하늘 아버지께서 위로해주시고 인정해주시고 칭찬해주시면 충분하지 않은가? 그래서 믿음의 사람이 살아가는 삶의 방식은 다르다.

1950년, 테레사 수녀는 인도의 콜카타 빈민굴로 들어갔다. 그때 그곳은 차마 눈 뜨고 볼 수 없는 처참한 지옥이었다. 사람들은 굶주리고 병들어 죽어갔고, 백주에 도둑질과 살인이 난무했으며, 거리에 창녀들이 우글거렸다.

이런 열악한 환경 속에서 테레사 수녀는 문맹자들을 위해 여러 학교를 세워 7천5백 명을 졸업시켰고, 진료소를 지어 96만 명의 환자를 돌봐주었으며, 54개의 나병 치료소를 만들어 4만 7천 명의 문둥병자를 도왔다. 또한 20개의 고아원을 지어 1천6백 명의 고아를 양육했다. 의지할 곳 없이 죽기를 기다리는 3천4백 명을 위해 23개의 숙소를 지어 돌보았다. 그녀는 스스로 가난한 사람들의 친구가 되었다.

1979년, 그녀는 노벨 평화상을 받게 되었다. 그때 그녀는 그 영광스러운 소식을 듣고서 겸손하게 이렇게 말했다.

"나는 그런 상을 받을 자격이 없습니다. 주님의 고통을 함께 지고 있는 것뿐입니다."

평소에 그녀는 함께 일하는 수녀들에게 이렇게 말하곤 했다.

"여러분, 자랑삼아 일하지 마십시오. 우리가 돌보는 저 가난한 사람들의 배고픔은 주님의 굶주림이며, 저들의 질병은 주님의 아픔입니다."

그녀는 명예를 위해 봉사하지 않았다. 노벨상을 타기 위해 일하지도 않았다. 그저 예수님의 마음으로 봉사했을 뿐이다. 그랬더니 사람들이 그를 인정해주었고, 마침내 노벨 평화상까지 받게 되었다. 작은 일을 해놓고 생색내려는 저질 인생과는 비교되지 않는가? 많은 사람이 자선활동을 한다. 얼마나 감사한 일인지 모른다. 얼마나 아름다운 섬김인지 모른다. 그런데 이런 자선활동에도 개인의 욕심을 채우려는 사람들이 있다. 아무도 모르게 재단 기금을 빼돌리거나 자기 이름을 앞세워 다른 목적으로 악용하려는 사람들이 있다. 선거철만 되면 이런 일이 더욱 비일비재해진다.

하나님의 시선을 가지고 섬김의 도를 실천하는 그리스도인은 이 땅에서의 보상을 기대하지 않는다. 이 땅에서 상을 다 받으면 하늘의 상급이 사라지게 된다. 이 땅에서 사람들의 박수를 기대하는 사람은 하늘의 상급을 놓치게 된다. 구태여 우리가 상을 달라고 요구하지 않아도 하늘 아버지는 다 기억하고 계신다. 구태여 칭찬받으려 하지 않아도 하나님은 다 알고 계시며 다른 방법으로 우리를 도와주신다.

다른 사람이 알아주지 않아도 묵묵하게 일하는 사람, 다른 사람에게 보이지 않아도 자기 할 일은 철저히 감당해내는 사람, 다른 사람이 칭찬한다고 우쭐대거나 교만하지 않는 사람, 다른 사람이 인정해주지 않고 칭찬해주지 않아도 열등감을 느끼지 않는 사람, 묵묵히 주님을 바라보면서 믿음으로 충성하는 사람, 그가 바로 하나님의 시선을 갖고 사는 하나님의 사람이다. 그리고 이것이 바로 우리가 지향해야 할 다르게 사는 인생이다.

오늘날 우리는 행복 증후군에 빠져 있다. 돈에 가치를 두는 사람은 돈이 행복을 가져다준다는 생각에 많은 돈을 버는 데 목적을 둔다. 권력이 행복을 가져다준다고 생각하는 사람은 어떻게 해서라도 출세해서 권력을 잡으려고 애쓴다. 조금 극단적이기는 하지만 세상의 것과 물질을 터부시하고 영적인 것만을 추구하는 사람도 없지는 않다.

인간은 가치와 의미를 추구하는 존재이다. 어떤 일을 하더라도 가치와 의미를 찾을 수 있다면 그 사람은 행복할 수 있다. 그러나 아무리 화려하고 멋진 일을 한다 할지라도 그곳에서 가치와 의미를 찾을 수 없다면 그 사람은 그 일을 하면서도 불행하다. 그렇다면 당신이 추구하는 가치는 무엇인가?

2007년, 영국 유학을 마치고 돌아온 목회자가 있다. 그는 방배

동 뒷골목에 동네작은교회를 개척했다. 그는 교회 성장에는 큰 의미를 두지 않았다. 그러다 보니 6년 만에 교회를 세 번이나 분립시켰다.

"교회를 설립하고 성도 40명이 되면 분립시키겠다고 결정했습니다. 그동안 꾸준히 소그룹을 하면서 리더를 키우고 분립을 준비했습니다."

그렇다면 그는 왜 교회 성장을 통한 안정된 삶을 추구하지 않는 것일까? 화려하고 멋진 삶을 맛보지 못했기 때문일까? 아니다. 그가 추구하는 가치가 달랐기 때문이다. 그는 이렇게 속내를 드러냈다.

"성도가 많아지고 규모가 커지면 교회는 공동체성이 아니라 시스템으로 운영할 수밖에 없습니다. 그 많은 사람을 효율적으로 이끌 방법은 시스템뿐이죠. 그러나 성경에서 교회를 몸으로 비유했듯이 교회는 시스템으로 운영하는 기계가 아니라 살아 있는 유기체입니다. 그래서 서로의 마음과 감정을 나누는 교회, 그런 교회를 세우고 싶었습니다."

믿음으로 살아가는 예수 그리스도의 신실한 제자인 당신은 어떤 가치에 집중하고 있는가? 세상 사람과 똑같은 가치를 추구하면서 믿음으로 살아가고 있다고 말하고 있지는 않은가?

행복한 삶을 넘어
더 나은 삶을 추구한다

좋은 게 좋다고 말하는 사람이 있다. 하지만 좋은 게 다 좋은 것은 아니다. 그리스도인은 좋은 것 속에서 나쁜 것을 볼 수 있는 눈을 가져야 한다. 심지어 선하게 보이는 것 속에 숨겨진 악한 것을 볼 줄 알아야 한다.

어디에 가치를 두느냐에 따라 인생은 달라진다. 부동산에 가치를 두는 사람은 돈이 될 만한 땅이나 건물밖에 보이지 않는다. 공부에 목숨을 거는 사람은 책을 보면 눈이 번쩍 뜨인다. 이성적인 쾌락을 추구하는 사람은 예쁜 여자 혹은 멋진 남자만 보면 침을 흘린다.

그러나 그리스도인이 된다는 것은 관심을 두는 가치가 다르다는 뜻이다. 사람들이 좋아하는 것일지라도 성경적인 가치가 아니라면 기꺼이 포기할 수 있다. 모든 사람이 추구하는 것일지라도 더 중요한 것을 위해 멀리할 수도 있다.

사막의 은둔자 안토니우스는 부유한 가정에서 태어났다. 그의 부모는 신실한 기독교인이었다. 그는 자라면서 부모의 신앙 지도를 받으며 성장했다. 그가 스무 살 되던 해, 부모가 갑작스레 세상을 떠나고 말았다. 엄청난 재산을 유산으로 남겨둔 채. 청년 안토니우스는 유산으로 받은 막대한 재산 때문에 당시 사회에서 일약 유명 인사가 되었다. 세상의 많은 유혹이 그를 괴롭히기 시작했다. 그러나 신실한 부모 밑에서 20년 동안 철저히 신앙훈련을 받은 그는 절대 흔들리지 않았다. 남겨진 유산을 한 푼도 헛되이 사용하지 않았다.

그러던 어느 날이었다. 그는 부자 청년에 대한 설교(마 19:16-30)를 듣게 되었다. 그 순간 지금까지 한 번도 느껴보지 못했던 성령의 뜨거운 감동을 받았다. 설교자의 목소리가 하나님의 음성으로 믿어졌다. 그래서 자신에게 남겨진 유산을 가난한 이웃에게 남김없이 나눠주었다. 그리고 외롭고 힘든 수도자의 길을 걸었다. 그는 스스로 세상에서 제일 가난한 자가 되어 하루에 한 끼만 먹고 살았다. 배고플 때는 맹물로 배를 채워가며, 맨땅이나 빈 동굴 무덤에서 거지처럼 지냈다.

당시 교회 공동체는 세속적인 목적을 이루기 위해 몰려든 가짜 성도들 때문에 갈등과 분쟁이 끊이지 않았다. 그래서 의식 있는 신실한 기독교인들은 어지러운 교회 공동체를 떠나 산속에 은둔하면서 순수 신앙을 지키려고 노력했다. 안토니우스 역시 어지러운 교회 공동체를 떠나 차가운 동굴 무덤에 홀로 기거하면서 예수님의 참된 제자가 되고자 피나는 노력을 다했다. 그는 타락한 교회로부터 멀어지기 위해 사람의 출입이 거의 없는 황폐한 성에서 20여 년 동안 외롭게 살았다.

시간이 지나자 그의 은수자생활이 세상에 알려졌고, 평소에 그를 존경하던 많은 사람이 그곳까지 찾아와 성 너머로 음식을 넣어주기도 했다. 안토니우스가 홀로 거처하고 있던 무너진 성 옆에 임시

초막을 짓고 거처하는 열혈 성도들도 있었다. 황폐한 성 옆에는 누더기를 걸치고 안토니우스처럼 은수자가 되고자 많은 성도가 각지에서 모여들었다. 그는 그곳에 모여든 사람들에게 금식과 기도와 자선에 관해 가르쳤다. 이러한 모임이 초기 수도원의 효시가 되었다.

편한 삶이 싫은 건 아니다. 돈을 싫어하는 건 아니다. 안락한 삶이 좋은 줄 모르는 게 아니다. 부유한 삶의 매력을 모르는 것도 아니다. 단지 더 나은 가치를 위해 다른 삶을 선택하는 것뿐이다. 추구하는 가치가 다르므로.

사도 바울은 경건한 삶을 추구하기 위해서 자족하는 마음이 필요하다고 강조한다.

"우리가 세상에 아무것도 가지고 온 것이 없으매 또한 아무것도 가지고 가지 못하리니 우리가 먹을 것과 입을 것이 있은즉 족한 줄로 알 것이니라"(딤전 6:7-8).

아무리 일용할 양식을 달라고 기도하지만 더는 욕심을 내지 않는 삶이 쉬운 게 아니다. 인간의 욕심은 채워지지 않는 것이기 때문이다. 그러므로 우리는 하나님의 사랑을 경험할수록, 하나님의 넘치는 은혜를 맛볼수록 욕심의 그릇을 비울 수 있게 된다.

어느 날, 예수님이 제자들을 부르셨다. 갈릴리 바닷가에서 베드로와 안드레 형제를 부르셨고, 야고보와 요한 형제를 부르셨다(마 4:18-22). 사실 이 부름은 개인적으로나 가정적으로 볼 때 굉장한 손실이었다. 어부에서 사람 낚는 어부가 되기 위해서는 '위대한 결단' 이 필요했다. 이들 앞에는 버림과 새로운 선택이 놓여 있었다. '그물 vs 예수' '배와 아버지 vs 예수' 어떤 가치를 선택할 것인지는 본인의 의지와 결단의 문제이다.

바울 역시 예수를 아는 지식을 얻기 위해 자신을 유익하게 하던 모든 것을 포기했다.

"또한 모든 것을 해로 여김은 내 주 그리스도 예수를 아는 지식이 가장 고상하기 때문이라. 내가 그를 위하여 모든 것을 잃어버리고 배설물로 여김은 그리스도를 얻고"(빌 3:8).

잃어버림과 얻음의 문제 앞에서 선택해야만 했다. 바울은 예수 그리스도를 발견하고 나니 예전에 중요하게 여겼던 모든 것이 별것 아닌 것으로 다가왔다. 그래서 모든 것을 배설물로 여길 수 있었다.

그리스도인은 행복한 삶을 넘어 더 나은 삶을 추구하는 사람이다. 행복한 삶은 나에게 집중되어 있다. 하나님은 우리가 행복한 삶을 살기 원하시지만 더 나은 삶에 더 큰 관심을 두기 원하신다. 때로는 더 나은 삶을 살기 위해 우리의 행복조차도 포기하기를 원하신다. 우리의 행복을 거머쥐는 순간 더 나은 삶을 놓칠 수 있기에.

영국의 역사가 토머스 칼라일은 그의 비서 제인 웰쉬와 결혼했다. 그런데 결혼한 지 몇 년 뒤, 아내 제인이 중병에 걸리고 말았다. 그 당시 칼라일은 왕성한 활동을 하고 있었는지라 매일 정신없이 바쁜 나날을 보낼 수밖에 없었다. 그러다 보니 본의 아니게 병든 아내와 충분한 시간을 보내지 못했다.

몇 년이 지나 결국 제인은 눈을 감고 말았다. 칼라일은 아내의 장례식을 마친 뒤 집으로 돌아왔다. 그때 섬뜩할 만큼 허전하고 텅 빈 분위기를 느끼며 아내의 빈자리를 실감하게 되었다. 그는 아내의 방으로 올라갔다. 그곳에서 우연히 아내의 일기장을 발견했다. 거기에는 이런 글이 적혀 있었다.

"어제 남편은 나와 한 시간이나 같이 있어주었고, 나는 날아갈 듯 행복했다. 나는 남편을 너무나 사랑한다."

이 글을 본 칼라일은 큰 충격을 받았다. 자기 일에 몰두해 사느라 아내가 얼마나 자기를 필요로 했는지 까맣게 잊고 살았다. 제인의 일기장을 넘기면서 그는 또다시 가슴이 무너져 내렸다.

"나는 남편이 집으로 오는 발자국 소리를 듣기 위해 온종일 귀를 기울이고 있었다. 그러나 이미 날은 너무 어두워졌구나. 오늘은 못 오는 모양이다."

이 글을 본 뒤 칼라일은 뛰쳐나갔다. 교회 마당에 있는 아내의 무덤 옆에 꿇어앉아 울고 또 울었다. '내가 이 사실을 알았더라면, 좀 더 일찍 알았더라면!' 남편과 함께 있기를 그렇게 갈망하던 아내, 뒤늦게 아내의 진정한 필요를 알게 된 남편. 그러나 이제 더는 채워줄 수 없는 바람이 되어버렸다.

혹시 지금 당신은 소중한 가족을 대신할 어떤 가치를 만들어둔 채 분주하게 달려가고 있지는 않은가? 가족보다 더 소중한 것은 없는데, 어리석게도 가족과 대치하는 그 어떤 것에 도취해 살아가고 있지는 않은가? 그렇다면 당신이 진정으로 추구해야 할 가치가 무엇인지 다시 한번 곱씹어보길 바란다.

유일한 청중인
예수님께 집중한다

우리는 자꾸 사람에게 주목하는 경향이 있다. 누구든 다른 사람의 눈을 의식하지 않고 살아갈 수는 없다. 다른 사람의 눈을 의식하지 않고 자기 편한 대로, 자기 마음대로 살아서는 안 된다. 하지만 다른 사람의 눈을 의식하는 것에는 장단점이 있다.

먼저 다른 사람을 의식하며 살 때 양심적인 삶을 살 수 있다는 장점이 있다. 그럴 때 우리는 정도를 걷게 되고, 공동체를 허무는 행동을 하지 않게 된다. 그런데 다른 사람을 의식하며 사는 데는 부정적인 측면도 있다. 다른 사람의 눈치를 보고 다른 사람의 기분을 맞추는 그런 삶을 살 수도 있다. 눈치를 보다 보니 정작 가야 할 길을 가지 못하고 해야 할 일을 하지 못하는 경우가 발생한다. 다른 사람의 비위를 맞추기 위해서, 인기를 얻기 위해서, 그들을 잃지 않기 위해서.

또한 우리가 사람들을 의식하다 보니 하나님보다 사람을 의지하는 경향을 나타낸다. 하나님을 의지한다고 하면서도 정작 무슨 일이 생기면 주변에 있는 사람을 먼저 찾는다. 절박하게 무릎 꿇고 하나님을 찾기보다 힘 있는 사람, 권력을 가진 사람 등 위기에서 자신을 건져줄 사람을 먼저 떠올린다. 결국 믿음의 정도에서 벗어나는 모습을 보이게 된다. 얼마나 큰 모순인가? 믿음을 가진 사람이, 믿음으로 살아간다고 하는 사람이, 자신이 빠져 있는 오류를 깨닫지도 못한 채 말이다. 이것이 우리네 신앙생활의 현주소는 아닐까?

믿음의 사람은 사람에게 주목하려 하지 않는다. 오히려 하나님께 주목한다. 사람을 신뢰하지 않을 수는 없으나 절대 사람을 의지하지는 않는다. 의지할 분은 오직 예수 그리스도임을 알고 있기에, 궁극적인 도움이 오직 하나님뿐임을 알고 있기에 그렇다. 그래서 급박할 때 하나님을 찾는다. 두려울 때 하나님께로 피한다. 흔들릴 때 하나님을 바라본다. 주님이 돕는 것보다 더 큰 도움이 없음을 고백하면서.

그리스도인의 삶에는 중요한 과제가 있다. 주님 바라보기, 바로 주바라기 인생이다. 마음에 새겨볼 말이 있다.

"우리 각 사람은 큰 이야기의 일부다. 각자의 이야기 배후에는 우리를 본향으로 부르시는 큰 이야기의 스토리텔러가 계신다. 내 마음을 절실히 느끼고 싶은 것이 나의 가장 깊은 갈망이다. 실제의 내가 실제 하나님을 만나는 것, 그분의 진짜 형상대로 변화되는 것, 하나님이 내게 바라시는 모습으로 변하는 것이었다. 그것은 내 마음속에 그분을 위한 집을 마련하고, 그분에게 온전히 소속되고 싶은 갈망이었다. 그 갈망은 지금도 마찬가지다.”

「하나님을 주목하는 삶」의 저자 레이튼 포드의 말이다. 그는 〈타임지〉가 선정한 '복음을 가장 역동적으로 전하는 영향력 있는 설교자'이다. 1955년부터 수십 년간 빌리 그레이엄 전도협회 복음 전도자로 40개가 넘는 나라를 돌아다녔다. 정말 분주한 삶을 살았다.

그러던 어느 날, 그는 이런 질문을 받았다.

“당신만이 할 수 있는 독특한 일은 무엇입니까?”

그다음에 던져진 질문은 한층 더 그의 정곡을 찔렀다.

“어디 꼭 다른 데를 가야만, 여행을 해야만 무언가 중요한 일을 하는 것으로 생각하지는 않습니까?”

그 물음은 그를 새로운 차원의 삶으로 안내했다. 늘 바쁘게 돌아다니는 것은 그만두기로 했다. 물론 복음 전도를 그만둔다는 게 아니었다. 오히려 예수 그리스도의 복음을 전하는 사람으로 끝까지 남고 싶었다. 그것을 위해 그가 택한 길이 바로 '주목하는 삶'이다. 그래서 그는 말한다.

“이제는 내 마음에 더욱 주목하여 하나님과 깊이 있는 교제를 나누고, 다른 사람도 그렇게 할 수 있도록 격려해야 할 때인 것 같다.”

'주목'은 중심으로 향하는 여정의 핵심, 우리 마음의 집으로 향하는 길이다. 즉 우리 마음을 하나님의 집으로 만드는 길을 뜻한다. 그런데 우리의 현실은 어떤가? 일상의 분주함과 두려움 때문에 자기 내면과 주변에서 일하시는 하나님을 알아보지 못하고 지낸다. 오죽하면 조급함을 영성생활의 대적이라고 하지 않는가? 그렇기에 그리스도인은 늘 조급함을 경계해야 한다.

시카고 윌로우크릭교회 교육목사로 부임한 존 오트버그 목사는 정신없이 사역했다. 얼마 후 분주한 사역 때문에 자신의 영적 삶이 파산 위기에 놓인 것을 발견하고는 영적 멘토인 달라스 윌라드 목사에게 조언을 부탁했다. 그러자 달라스 윌라드 목사는 딱 한 마디만 해주었다.

"자네의 삶에서 조급함을 단호히 없애버리게."

현대인은 무엇엔가 쫓기며 살아간다. 분주하고 조급하다. 마음과 영혼의 쉼터가 없다. 휴식을 취하면서도 진정한 안식을 누리지 못한다. 특히 한국인들은 '빨리빨리 질환'을 갖고 있다. 세계적으로 인정된 병이다.

이제 레이튼 포드 목사는 "한꺼번에 세 가지 일을 동시에 할 수 있다"는 말을 칭찬으로 듣지 않는다. 오히려 '짧은 멈춤'을 통해 하나님께 집중하기를 원한다.

"한 번에 한 가지만 하라. 속도를 줄여라. 숨통을 좀 틔우고 기도할 시간을 가져라. 감사하면서(또는 후회하면서) 조금 전에 일어난 일을 기억하라. 정신없이 다음 일에 뛰어들지 말고 미리 마음을 준비하라."

우리가 하나님께 주목하는 삶을 살아야 하는 이유가 무엇인가? 그는 체험을 통해 이렇게 말한다.

"주목하는 법을 배우면 지금 이곳에서 변화된 삶을 살 수 있다. 당신은 그동안 보지 못한 것을 볼 것이다. 온전히 충만한 삶을 살 것이다. 삶의 깊이를 만끽하며 살 것이다. 가볍거나 성급하지 않으며, 진중하고 뿌리 깊은 사람이 될 것이다. 더욱 온전하고 사랑이 많은 사람이 될 것이다. 죽기 전에 이 땅에서 삶다운 삶을 살 것이다."

지금 당신은 무엇에 주목하고 있는가? 무엇을 분주하게 쫓아가고 있는가? 분주하게 달리는 게 다 좋은 것은 아니다. 열심히 사는 것이 다 유익한 것은 아니다. 어쩌면 느림의 미학을 배워야 한다. 느림 자체를 위한 것은 아니다. 느림 속에서 주님께 집중하는 것이 필요하다. 예수님의 제자에게 주님을 바라보는 것보다 더 소중하고 우선된 일은 없다. 제자는 유일한 청중인 예수 그리스도 한 분에게 집중하는 사람이기 때문이다.

예수님을 향한 집중력이 떨어지는 순간, 다른 가치들이 마음과 영혼의 세계로 파고든다. 돈이 눈과 마음을 혼돈스럽게 하고, 성공과 출세라는 괴물이 내 삶의 질서를 혼란스럽게 만든다. 하늘의 세계보다 이 땅의 것들이 차지해 버린다. 주님의 시선보다 사람의 시선을 의식하기 시작한다. 그렇기에 예수님을 향한 집중력이 떨어지지 않게 해야 한다. 그래야 세상 것에 미친 그리스도인으로 전락하지 않을 수 있다.

얄팍한 은혜 체험이 아닌
깊게 잠기는 은혜를 체험한다

　　신앙은 맛보기가 아니다. 깊이 잠김이다. 푹 잠겨서 영적 세계의 깊은 것을 경험하지 않으면 신앙생활 자체가 따분해서 힘이 든다. 그러나 깊은 영적 세계에 잠겨서 맛을 보면 즐겁고 신이 난다. 억지가 아닌 자발적이게 된다. 기도는 성공 로드맵이다. 기도가 없이는 신앙생활 자체가 불가능하다. 어쩌면 가능할 수도 있다. 그러나 거기에 무슨 신앙의 맛이 나겠는가?

　　영적 거장들에게는 공통적인 특성이 있다. 바로 낙타 무릎이다. 우리는 무슨 일이 있을 때마다 기도한다. 문제를 안고 반드시 기도의 현장으로 달려간다. 그런데 영적 거장들은 문제가 터지지 않았어도 평소에 하나님과의 교제 자체를 즐겼다. 안테나를 항상 하나님께 집중하고 그분의 음성 듣기를 즐겼다. 하나님의 음성을 듣고 나서야 비로소 움직이기 시작했다.

　　외과 의사 벤 카슨 박사는 세계 최초로 샴쌍둥이 분리 수술에 성공한 전설적 의사이다. 그는 흑인 빈민가 출신인데, 어린 시절에는 상당한 말썽꾸러기였다. 그러나 그의 어머니가 드린 기도로 인해 그는 변화되었고, 결국 존스홉킨스대학병원의 소아신경외과 과장이 되었다.

　　하루는 22시간 동안이나 진행된 어려운 수술을 성공적으로 끝마

치고, 막 수술실에서 나오는 그에게 기자들이 성공 비결을 물었다. 그러자 그는 주저 없이 이렇게 대답했다.

"저는 수술하는 동안 줄곧 기도했습니다. 그리고 이 손은 제 어머니의 눈물 어린 기도로 만들어진 것입니다. 그러니까 기도로 성공한 셈이죠."

"손자를 안아보지 않고는 인생을 논하지 말라!"

어느 목사님이 웃으면서 던진 말이다. 나는 아직 할아버지가 되지 못했다. 그래도 교회 안에 있는 할아버지 할머니들이 손자 손녀에게 푹 빠져 있는 것을 보고 이해는 좀 하고 있다. 그러나 나는 말하고 싶다.

"기도하는 무릎을 꿇지 않고는 신앙을 논하지 말라!"

4세기 이집트 수도사들은 아침과 저녁에 두 번, 정해진 기도 시간에 시편을 열두 편씩 낭송했다. 그 사이에는 손으로 노동하면서 입으로는 계속 시편이나 성경 구절을 암송하며 끊임없이 기도를 실천했다. 두 번으로 만족하지 않고 하루 50번, 100번, 300번, 심지어 700번까지 낭송한 수도사도 있었다고 한다.

4세기 말, 콘스탄티노플 교회도 하루에 두 번 기도하는 것을 강조했다. 총대주교인 요한 크리소스톰은 말했다.

"하나님의 도움을 받아 우리가 강해지도록 새벽에 교회에 모여서 기도합시다. 저녁때 다시 교회로 돌아와 주님에게 하루의 삶을 보고드리고 잘못한 죄를 회개합시다."

다윗은 아침저녁으로 기도하던 기도의 거장이었다.

"저녁과 아침과 정오에 내가 근심하여 탄식하리니 여호와께서 내 소리를 들으시리로다"(시 55:17).

예수님 역시 습관에 따라 겟세마네 동산에서 기도하셨다. 다니엘도 그랬다. 그는 적국의 포로생활을 하면서도 하루 세 번씩 자기 집 윗방에 올라가 예루살렘을 향해 창문을 열어둔 채 무릎 꿇고 기도하는 습관을 갖고 있었다(단 6:10).

최근 우리 교회에 다니기 시작한 한 성도가 있다. 그분의 딸이 천안에서 미술학원을 개원한다고 해서 예배를 드리기 위해 같이 간 적이 있다. 입지 조건도 좋았고, 인테리어도 아주 감각적으로 세련되게 꾸며져 있었다. 예배를 드리기 전에 이런저런 대화를 나누었다. 그때 성도님의 딸이 이런 얘기를 해주었다. 장소를 구하려고 며칠을 돌아다녔는데 마음에 드는 장소가 나오지 않았다는 것이다. 어느 날, 서울에서 운전하고 내려가면서 기도했단다. 난생처음 큰 소리를 내어서 말이다.

"하나님, 오늘은 좋은 장소를 예비해주세요!"

그런데 놀랍게도 그날 정말 마음에 딱 드는 장소가 바로 예비 되었고, 이내 주저하지 않고 계약했다고 한다. 그녀는 덧붙여서 이렇게 말했다.

"저는 아직 믿음이란 걸 잘 모르지만 어쨌든 신기했어요. 그래서 언젠가 제가 경험한 이 모든 것을 성도들 앞에서 당당히 간증할 거예요."

　이것이 바로 신앙생활의 묘미이다. 영적인 세계는 맛보기가 아니다. 그 맛에 푹 잠기는 것이다. 기도에 잠겨서 찌들면 찌들수록 좋다. 신앙의 맛이 어디 기도뿐이겠는가? 예배도 마찬가지다. 하나님은 예배하는 자를 찾으신다. 그것도 성령으로 예배하는 자, 진리로 예배하는 자를 찾으신다(요 4:23). 그런데 예배를 보는 자들이 있다. 자신이 관객이 되어서 남이 드리는 예배를 본다. 목사가 드리는 예배를 구경한다. 찬양대와 기도자가 드리는 예배를 본다. 그래서 이리저리 두리번거린다. 아니면 고개를 처박고 깊은 수면의 세계로 들어간다. 이런 예배자는 승리하는 그리스도인의 삶을 살 수 없다.

　세계적인 기독교 미래학자이자 문화 사역자인 레너드 스윗 박사가 하는 말을 마음에 새겨보라.

　"예배는 하나님을 기쁘시게 해드리는 공연이에요. 우리는 배우이고, 하나님 한 분만이 유일한 관객이시죠."

　예배를 관람하겠다고? 예배를 구경하겠다고? 하나님의 자리를 찬탈하는 행위이다. 주님만이 유일한 관객이 되는 예배여야 한다. 우리는 그분을 즐겁게 해드리는 배우이다. 다시 말하건대 예배자는 구경꾼이 아니라 참여자이다. 경험자여야 한다. 예배를 통해 하나님의 임재를 경험해야 한다. 예배 속에서 하나님의 영광을 바라보고 느낄 수 있어야 한다. 예배를 통해 나에게 다가오시는 하나님의 손길을 경험해야 한다. 하나님의 은혜가 경험되지 않는 예배는 무의미한 몸짓에 지나지 않는다.

어느 목사님의 글에서 읽은 내용이다.

목사님이 담임하는 교회 근처로 이사를 와서 등록한 한 집사님이 있었다. 그런데 이번 주 주일예배에는 보이지 않았다. 다음날 마트에서 마주쳤다.

"이번 주 예배에 못 나오셨죠?"

"아, 네. 이번 주에는 교회에 못 나갔지만 예배는 보았습니다."

집사님은 당당하게 대답했다.

"다른 교회에서 예배를 드리셨군요?"

"인터넷으로 서울 ○○교회 예배를 보았습니다."

정말로 예배를 봤다. 인터넷으로. 예배를 보고 있는 이들에게 당부한다. 공동체 속으로 들어가서 하나님의 자녀와 함께 아버지 앞으로 나아가라. 하나님은 그곳에서 자녀가 누리는 공동체의 교제를 보고 싶어 하신다. 나 중심의 예배에서 벗어나 하나님 중심의 예배를 드리라.

언제까지 받으려고만 하는가? 이제는 드리는 예배자가 되어야 한다. 하나님이 주신 은혜가 너무나 감사해서 무엇으로 보답할까 하는 마음으로 나아가야 한다. 언제까지 설교자를 탓하려는가? 언제까지 찬양대와 기도자에게 의존하려는가? 가진 것을 드리라. 은혜를 받으려고만 하지 말고 받은 은혜로 하나님께 보답하라.

배우자 때문에 마지못해 따라와 앉아 있는 것으로 만족하려는가? 부모님 때문에 어쩔 수 없이 나가서 시간만 때우는 예배로 그치려는가? 언제까지 교역자들이 극성을 피우니까 선심 쓰는 양 와서 앉아 있으려 하는가? 하나님은 마당만 밟는다고 가슴 아파하신다. 하나님을 누려야 한다. 말씀을 누려야 한다. 하나님과 눈을 맞추고 음성을 들어야 한다. 얄팍하게 경험하는 은혜가 아니라 깊게 잠기는 은혜를 체험해야 한다.

하나님의 말씀에 잠기는
즐거움을 누린다

"역시 성경은 이 세상에서 최고의 수면제야!" 성경을 수면제로 삼는 그리스도인들이 있다. 더구나 레위기를 읽을 때면 더 그렇다. 만약 성경이 수면제처럼 다가온다면 "어두운 눈을 열어 주의 기이한 법을 보게 해달라"고 간구해야 한다. 성경은 꿀송이처럼 달다. 세상에 많은 책이 있지만 성경만큼 매력적인 책은 없다. 성경은 보면 볼수록 새롭다. 세밀하게 볼수록 더욱 새롭다. 소가 되새김질하듯이 성경을 묵상하노라면 시간 가는 줄 모른다. 정말 그렇다. 이 맛을 모른다면 세상사는 재미가 없는 그리스도인이다. 그리스도인은 성경을 사랑하는 사람이다. 다윗이 그랬고, 욥이 그랬다.

"내가 그의 입술의 명령을 어기지 아니하고 정한 음식보다 그의 입의 말씀을 귀히 여겼도다"(욥 23:12).

예수님도 그러지 않으셨던가? 40일 동안 금식한 예수님에게 사탄이 다가와서 유혹했다.

"네가 만일 하나님의 아들이라면 이 돌덩이로 떡 덩이가 되게 해서 먹어보라."

현실적으로 절실하게 필요한 문제를 가지고 와서 유혹했다. 사탄이란 놈이 이렇다. 우리의 약점을 너무나 잘 알고 있기에 우리의 허점을 공략한다. 그러나 예수님은 육신적이고 정치적인 메시아의 길을 선택하시지 않았다. 오히려 하늘 양식, 영적인 양식을 선택하셨다. 자신에게 채워져 있는 구약의 말씀을 가지고 사탄을 대적하셨다. 그리고 멋진 승리를 거두셨다.

어느 날, 신문기자가 미국의 백화점 왕 워너메이커에게 물었다.

"선생님께서 지금까지 투자한 것 중에서 가장 성공적인 투자는 무엇입니까?"

그러자 그는 분명한 어조로 이렇게 고백했다.

"내가 열두 살 되던 해, 2달러 50센트를 주고 성경 한 권을 샀는데, 그것이 오늘의 나를 만들었습니다."

워너메이커는 성경을 읽으면서 말씀 안에서 꿈을 찾았다.

어떤 은퇴 장로님의 성경 사랑 이야기가 있다.

"66권을 읽는 데는 하루 9시간씩 잡으면 보통 6일 정도 걸려요. 초기에 입으로 소리 내어 읽을 때는 두 달 정도 걸렸어요. 그리고 펜을 들고 눈으로 따라 읽는 방식으로 바꾸면서 완독 기간이 보름으로, 열흘로 줄었고, 숙련되면서 이제는 6일 정도면 다 읽을 수 있어요."

그러면서 이렇게 당부하셨다.

"성경은 곱씹고 또 곱씹으면 반드시 내 재산이 됩니다. 그러니까 많이 읽을수록 유익하지요. 하지만 성경을 다독할수록 성경을 많이 안다는 교만한 마음도 늘 조심해야 합니다."

한국전쟁 전에 월남한 평양 출신의 한 남자가 있다. 그는 30년 동안 줄곧 군인으로 살다가 지난 1988년에 정년퇴임을 했다. 퇴임한 후 그는 책 판매원으로, 경비원으로 열심히 살아왔다. 그리고 1997년, 회갑을 앞둔 나이에 위암 수술을 받았다. 위의 4분의 3을 도려낸 그는 기도하는 마음으로 창세기를 펴들었다. 요한계시록까지 읽는 데 꼬박 두 달이 걸렸다.

위암 수술을 마친 지 2년쯤 지났다. 그런데 또 한 번 암과 싸워야 했다. 이번엔 눈이었다. 힘든 투병의 시간이었다. 허리와 눈에 무리가 가면서 성경은 다시 손에서 멀어졌다. 그로부터 꼭 10년이 흐른 2007년 말, 칠순을 앞둔 그는 다시 성경 읽기에 도전했다. 그리고 약 6년 만에 신구약 300독을 돌파했다. 그것도 외눈으로. 어찌 쉬운 일이었겠는가? 하지만 포기하기 싫은 소중한 일이었다.

성경을 300독 한 후, 그는 이렇게 고백했다.

"한쪽 눈으로 읽으려니까 두 눈으로 읽을 때보다 피로감이 더 빨리 몰려왔어요. 그런데 도무지 멈출 수가 없는 거예요. 성경을 읽는다는 것은 남은 생애 저에게 주신 하나님의 특별한 사명 같았어요."

그가 이토록 성경을 사랑하게 된 데는 이유가 있었다. 순전히 부끄러움 때문이었다. 평생 기독교인으로 살면서, 더군다나 장로라는 꼬리표를 달고 있으면서도 정작 성경을 일독조차 하지 못했다는 사실. 그건 자신과 하나님만 아는 비밀이었다. 그 부끄러움이 그를 성경을 사랑하는 사람으로 바꾸어 놓았다.

그에게 성경 읽기는 이미 익숙한 일상으로 자리 잡았다. 아침 일찍 아내가 싸준 도시락을 챙겨서 버스를 타고 도서관으로 간다. 3층 열람실 왼쪽 첫 번째 4인용 책상은 이미 6년째 그의 전용 좌석처럼 되었다. 월요일부터 토요일, 오전 9시부터 저녁 7시까지 맨손체조 및 점심시간을 빼고 약 9시간 동안 오직 성경 읽기에 몰두한다. 주위에서는 거의 고시생 수준이라고 혀를 내두를 정도라고 한다.

고시생 수준은 아니어도 좋다. 러브 성경, 성경을 사랑하는 그리스도인이 되었으면 좋겠다. 다윗처럼, 조지 휘트필드처럼, 찰스 스펄전처럼, 링컨처럼 말이다. 위대한 하나님의 사람들은 하나님 말씀에 잠기는 즐거움을 만끽했다. 육신의 양식 그 이상으로 영의 양식을 소중히 여겼다. 하나님 말씀이 힘이었다. 하나님 말씀이 인생을 비춰주는 등불이었다. 칠흑 같은 인생의 길목에서 하나님 말씀을 의지해서 한 걸음씩 나아갔다.

사자나 호랑이를 길들이는 조련사들이 반드시 사용하는 도구가 있다. 그것은 바로 등받이가 없는 작은 의자다. 조련사가 의자의 네 다리를 사자의 얼굴에 들이대면 사자는 어찌할 줄 몰라 한다. 왜? 사자는 의자의 네 다리에 동시에 신경을 쓰게 된다. 그런데 사자의 특성상 한꺼번에 여러 곳에 신경을 쓰다 보면 마취 작용을 일으켜 정신이 혼미해지고, 신경의 분화로 인하여 무기력한 상태에 빠져들어 결국 조련사의 명령에 고분고분 순종하게 된다는 것이다.

사탄이 우리를 어떻게 유혹하는지 아는가? 관심의 분화이다. 한꺼번에 여러 가지 일을 하도록 유도해서 결국 어느 것 하나 충실하지 못하게 만든다. 사탄은 우리를 '대충' '적당히' '나중에' '이번만'이라는 네 다리를 가진 의자로 파멸시키려고 한다. 우리가 사람들 앞에 드러내고 싶지 않은 불편한 진실이지 않은가?

성경을 사랑하기 원하는가? 그렇다면 생각이 나눠지는 것을 차단해야 한다. 마음이 분주하게 갈라지는 것을 막아야 한다. 하나님 말씀에 집중하기 위해서는 좀 더 단순한 생활 패턴을 만들어야 한다. 하나님 말씀을 듣는 것이 불편해지는가? 하나님 말씀을 들을 때 졸리는가? 성경을 잡으면 따분하게 느껴지는가? 성경이 고리타분하게 느껴지는가? 하나님 말씀을 읽고 듣고 배우는 것보다 더 소중한 것이 많다고 생각되는가? 그것은 위험한 신호이다.

복음주의 베스트셀러 작가인 에릭 머텍서스는 "젊은 무신론자들에게서 배울 점들: 왜 그들은 기독교를 떠났는가"라는 제목의 글을 기고하면서 신앙을 잃어버린 많은 젊은이를 대상으로 한 조사 결과에 대한 분석을 내놓았다. 조사에 응한 젊은이 중 많은 수가 교회에서 어린 시절을 보냈고, 청소년 그룹의 리더로 섬기는 등 활발한 활동을 했었다. 그런 그들을 무신론자로 만든 것은 다름 아닌 '성경을 진지하게 가르치지 않는 목회자들의 모습' 때문이었다고 그는 결론지었다.

뉴욕 레저렉션교회 요셉 마테라 목사는 은혜에만 치중한 나머지 성경의 본질까지 훼손하고 있는 교회들을 이렇게 비판했다.

"지난 수십 년에 걸쳐 우리는 성경과 교리를 떠나 치료 요법을 강단에서 설교했으며, 특히 최근 몇 년간은 치료 요법으로부터 격려하는 말들만 늘어놓는 설교로 변화해왔다."

요셉 목사는 죄에 관해서 설교하지 않으며, 회개의 필요성을 무시하거나 지옥과 심판의 문제를 설교하지 않는 것을 과잉 은혜 증상의 대표적인 사례로 꼽았다.

이제 한국교회의 다음세대들이 교회를 지켜내도록 하려면 먼저 목회자들이 성경을 사랑해야 한다. 성경을 가르쳐야 한다. 흥미를 불러일으키는 사역과 메시지에서 하나님 말씀 자체로 돌아가야 한다. 그렇지 않고서는 흔들리는 한국교회를 바로 잡을 수 없다.

고난 주간이 시작되는 월요일, 예수님은 예루살렘 성전으로 들어가셨다(눅 19:45). 예루살렘 성전을 찾으신 주님은 거룩한 성전을 보고 분노하시며 엉망진창으로 만드셨다. 성전 안에서 매매하는 자들을 내쫓으시고 돈 바꾸는 환전상들의 상과 비둘기 파는 자들의 의자를 둘러 엎으셨다. 내 마음과 영혼의 성전이 그렇게 될까 심히 두렵다.

예수님은 평소의 모습과 어울리지 않게 왜 이런 과격한 모습을 보였을까? 당시 대제사장들과 종교 지도자들은 유월절 순례객의 편리를 위한다는 그럴듯한 명분을 내세워 환전상과 제사용 짐승을 파는 장사치들과 협작하여 자기 배를 채우고 있었다. 하나님의 성전은 당연히 만민이 기도하는 집이 되어야 했지만(사 56:7), 이기심과 탐욕과 불의로 가득한 강도의 소굴로 변질되고 말았다(렘 7:11). 그래서 예수님은 거룩한 분노를 쏟아부으셨다.

성전을 청소하신 우리 주 예수님은 날마다 성전에서 가르치셨다 (눅 19:47). 강도의 소굴이었던 성전의 목적과 기능을 바로 회복하신 것이다. 성전을 제 자리로 돌려놓으셨다. 예수님이 분노하시고, 과격한 행동을 보이신 이유와 목적이 바로 이것이다.

그런데 예수님의 가르침에 대한 사람들의 반응과 태도는 각기 달랐다. 대제사장들과 서기관들과 백성의 지도자인 장로들은 예수님의 가르침을 듣고 오히려 예수님을 죽이려고 일을 꾸몄다. 그러나 백성들 때문에 어찌할 방도를 찾지 못하고 있다(눅 19:48). 그러나 백성들은 '다 그에게 귀를 기울여' 들었다.

선택하는 인생길이 참 다르다. 어떤 이는 왕의 말씀에 귀를 쫑긋 세워 듣는데, 어떤 이는 그 말씀을 듣고 오히려 분노하여 죽이려는 음모를 꾸몄다. 동일한 왕의 말씀 앞에 선 다른 인생의 반응이다. 그들은 자신의 반응과 태도에 따른 운명에 처할 수밖에 없다.

어두운 밤에도
하나님을 바라며 노래하라

현실에 대한 사람들의 반응은 다양하다. 어떤 이는 신세타령을 하느라 부산하다. 답답한 현실에 대해서 불평불만을 토로

한다. 어떤 이는 현실에 타협하며 눈치껏 살아간다. 그게 지혜로운 삶이라 생각한다. 어떤 이는 현실에 저항한다. 받아들이지 않으려고 한다. 그런데 어떤 이는 현실을 수용하고 적응하려고 애쓴다. 현실을 딛고 일어선다. 현실을 극복해야 할 하나의 봉우리 정도로 여긴다.

바울은 실라와 함께 제2차 선교여행을 떠났다. 바울은 사실 개인적으로는 지금의 터키 지역인 소아시아 지역에서 선교활동을 하고 싶었다. 그런데 성령이 그의 계획을 막으셨다.

"성령이 아시아에서 말씀을 전하지 못하게 하시거늘 그들이 브루기아와 갈라디아 땅으로 다녀가 무시아 앞에 이르러 비두니아로 가고자 애쓰되 예수의 영이 허락하지 아니하시는지라"(행 16:6-7).

그래서 성령의 인도하심을 따라 에게해를 건너 헬라 세계인 마게도냐로 건너갔다. 그리고 유럽으로 들어가는 진입로인 빌립보에서 전도하기 시작했다. 그러던 중 빌립보에서 점치는 귀신 들린 여종을 만났다. 바울은 불쌍하고 귀찮아서 귀신을 내쫓아주었다. 그런데 그것이 문제가 되었다. 여종의 주인은 여종을 이용해서 돈벌이를 하고 있었다. 사회적 배려의 대상을 도와주고 배려하기보다는 피를 빨아 먹고 있었던 것이다. 그런데 바울 때문에 돈벌이가 끊어졌으니 얼마나 속이 상했겠는가?

그래서 바울에게 누명을 뒤집어씌워 고발했다. 결국 바울은 죽도록 얻어맞고 감옥에 갇히게 되었다. 감옥에 갇힌 바울은 차꼬로 발을 채운 채 쇠사슬에 묶여 있었다. 그리고 간수가 옥문을 지키고

서 있었다. 바울은 좋은 일을 하고도 죄수가 되었다. 너무 억울했다. 몸도 지쳤다. 두들겨 맞아서 온몸이 피투성이가 되었다. 아프고 힘들었다. 살아서 나갈 희망이 전혀 보이지 않는 절망적인 상황이었다.

살아가다 보면 받아들이기 힘든 억울한 상황이 다가오기도 한다. 그럴 때면 분노가 치민다. 세상이 원망스럽다. 지금 바울이 그렇다. 이런 최악의 상황에서 바울이 할 수 있는 게 무엇일까? 억울하고 원망스러워서 짜증 내고 불평불만을 토로할 수도 있다. 로마 시민권을 가졌으니 당당하게 자신의 억울함을 입증하려 들 수도 있다. 너무 억울하니 기회를 봐서 탈출을 시도할 수도 있다. 그것도 안 된다면 자포자기해서 절망에 빠져 있을 수도 있다.

그런데 바울은 달랐다. 그는 믿음의 반응 양식을 선택했다. 바울과 실라는 한밤 부흥회를 열었다. 최악의 상황에서 기도 합주회가 열렸다. 지하 깊숙한 감옥에서 음악회가 개최되었다. 관객은 죄수들이었다. 간수들도 들었을 것이다. 그런데 더 중요한 관객이 있었다. 바로 하늘에서 듣고 계시는 하나님이셨다. 바울과 실라의 몸을 쇠사슬로 매고, 그들의 발을 차꼬에 단단히 맬 수는 있다. 그러나 그들의 마음과 영혼까지 묶어둘 수는 없었다. 바울과 실라의 마음과 영혼은 하늘을 향해 기도와 찬양을 올렸다. 몸은 죄수의 신분이었지만 그들의 마음과 영혼은 평온하고 자유로웠다. 이것이 바로 믿음의 삶이다.

유명한 찬송가 작가인 화인 제니 크로스비 여사를 아는가? 그녀는 생후 6주가 되었을 때 돌팔이 의사의 실수로 눈이 멀어 아무것도 보지 못하게 되었다. 한 살이 되었을 때 그녀를 극진히 아껴주고 사랑해주던 아버지가 세상을 떠났다. 열한 살이 되던 해에는 할머니도 하나님의 부르심을 받았다. 누구보다 그를 아껴주시던 분이다. 이제 앞을 보지 못한 채로 세상에 홀로 남겨졌다. 감당하기 힘들 정도로 인생에 거센 파도가 밀어닥쳤다.

서른 살이 되던 해 어느 날, 부흥회에 참석하게 되었다. 어떤 성도가 특송(143장. 웬 말인가 날 위하여)을 했다.

"웬 말인가? 날 위하여 주 돌아가셨나?"

여기까지 들었는데, 십자가를 지신 주님이 제니 크로스비의 가슴에 파고들었다. 그의 가슴은 알 수 없는 행복감으로 가득 차기 시작했다. 십자가에서 흘리신 주님의 보혈이 그동안의 고통과 외로움을 씻어 내렸다.

이제 마지막 5절이 남았다.

"늘 울어도 눈물로써 못 갚을 줄 알아 몸밖에 드릴 것 없어 이 몸 바칩니다."

밀려오는 은혜를 도저히 더는 주체할 수가 없었다. 그래서 자신의 인생을 송두리째 주님께 바치기로 결심했다. 그녀는 자신의 간증문을 찬송으로 남겨서 장례식에서 부르게 할 생각을 하고 있었다.

95세가 되었다. 이제 그녀는 세상에 없었다. 그녀의 장례식이 시작되었다. 목사님은 디모데후서 4장 7~8절을 읽었다.

"나는 선한 싸움을 싸우고 나의 달려갈 길을 마치고 믿음을 지켰
으니 이제 후로는 나를 위하여 의의 면류관이 예비되었으므로 주 곧
의로우신 재판장이 그날에 내게 주실 것이며."

다시 그녀가 평소에 애독하던 갈라디아서 2장 20절을 읽었다.

"내가 그리스도와 함께 십자가에 못 박혔나니 그런즉 이제는 내
가 사는 것이 아니요 오직 내 안에 그리스도께서 사시는 것이라. 이
제 내가 육체 가운데 사는 것은 나를 사랑하사 나를 위하여 자기 자
신을 버리신 하나님의 아들을 믿는 믿음 안에서 사는 것이라."

그리고 목사님의 설교가 이어졌다.

"화인 제니 크로스비는 지금 하늘에서 처음으로 눈을 뜨고, 그녀
가 가장 사랑하고 사모하던 그녀의 구속주 예수님의 얼굴을 바라보
며 기뻐하고 있을 것입니다."

그리고 그녀가 장례식에서 불리기를 바라며 생전에 작사해놓은
찬송(288. 예수를 나의 구주 삼고)이 흘러나왔다.

살아가는 게 고달픈가? 몸이 지치고 마음이 힘든가? 너무 억울
해서 속상한가? 아무런 희망도 보이지 않고, 내일을 기약하기 힘든
가? 세상이 힘든 게 나만 그런 것 같은가? 나도 힘들지만 다른 사람
도 힘들다. 같은 일을 두고 내가 힘들다면 다른 사람 역시 힘들어하
고 있다. 내 입장에서만 보면 화가 치민다. 그러나 다른 사람의 입장
에서 보면 그렇게 화낼 일은 아니다.

세상을 다 알려고 하지 말라. 다 이해하려고 하지 말라. 세상은 다 알고 지내는 게 아니다. 다 이해하고 나서야 살아갈 수 있는 게 아니다. 아무리 억울한 일도, 아무리 이해가 안 되는 일도 살아가다 보면 그 언젠가 이해될 때가 온다. 그때를 위해 잠시 보류해두면 된다. 이해가 안 되는 상황일지라도 너무 억울하게 생각하지 말자. 억울한 것은 사실이다. 그러나 신실하신 하나님은 여전히 일하고 계신다. 그것을 믿기에 그리스도인들은 세상 사람이 바라보는 눈으로 환경과 일들을 바라보지 않는다. 자신도 알지 못하는 초월적인 삶을 살아가는 비결이 바로 거기에 있다.

인생에 어두운 밤이 다가왔다고 원망하고 넋두리를 늘어놓고 있는가? 그 자리에서 일어서야 한다. 부활하신 주님은 무덤을 헤치고 죽음의 권세를 이기고 일어나지 않으셨는가. 주님을 닮은, 주님의 권세를 가진, 주님의 능력으로 살아가는 우리도 얼마든지, 언제든지 일어설 수 있다. 인생의 어두운 밤에 주님을 바라며 노래해야 한다. 그게 그리스도인의 실체이다.

세상을 살아가는 게 힘들지 않을 수 없다. 다만 힘들면 힘들수록 더 기도하면 된다. 억울하고 속상할수록 하늘을 향해 찬송을 올려드리면 된다. 그 속에서 우리는 날마다 하나님이 일으키시는 기적을 맛보게 될 것이다.

지금 남은 것을 찾아
다시 시작하라

실패는 가슴 아픈 일이다. 평생 한 번도 만나지 않으면 좋을 불청객이다. 하지만 그것은 비현실적인 생각이다. 실패는 모든 사람이 다 경험한다. 그러나 실패를 다루는 방식은 각기 다 다르다. 실패를 더 큰 실패로 만드는 사람이 있는가 하면 실패를 성공의 어머니로 삼는 사람도 있다. 실패가 문제가 아니라 실패를 다루는 우리의 태도가 문제인 것이다.

52세의 남자가 사업에 실패하고 실의에 빠져 있었다. 그때 친구가 권유했다.

"노먼 필 박사를 한번 만나봐!"

친구의 권유로 남자는 노먼 필 박사를 만나러 갔다. 그는 앉자마자 입을 열었다.

"모든 것이 끝나고 말았습니다. 모두 사라졌습니다. 희망도 없고 이제 재생하기에는 나이가 너무 많습니다."

그의 눈동자는 이미 초점을 잃은 상태였다. 완전히 좌절감에 사로잡혀 있었다. 그의 말을 들은 필 박사가 말했다.

"그렇다면 오늘 이 시간 당신의 귀중한 재산이 얼마나 남아 있는지 한번 봅시다."

"아무것도 없는데 무엇을 적는다는 말입니까?"

"그래도 한번 적어봅시다. 부인은 계신지요?"

"결혼생활 30년에 한 번도 곁을 떠난 적 없고, 나를 위로하고 살아왔습니다."

"자녀는 몇이나 되지요?"

"셋인데 모두 착하게 자라고 있습니다."

"친구가 있습니까?"

"예, 정말 좋은 친구가 몇 있습니다."

"건강은 어떤가요?"

"건강은 좋아서 누워 있던 적은 거의 없었습니다."

"미국에 대하여 어떻게 생각하는지요?"

"할 일 많은 나라라고 생각합니다."

"우리 서로 대화 중에 찾아낸 재산 목록을 적어 봅시다."

"① 훌륭한 부인이 있다. ② 사랑스러운 자녀 셋이 있다. ③ 의리 있는 친구가 있다. ④ 건강이 있다. ⑤ 미국에서 할 일이 있다."

필 목사는 이 중년 신사에게 이렇게 말했다.

"당신이 잃어버린 사업과 여기에 기록된 재산 중 어느 것이 더 크다고 생각하십니까?"

그는 부끄러운 듯 빙그레 웃었다.

"당신에게는 현재 상상할 수 없이 큰 보화가 남아 있습니다. 용기를 내십시오."

몇 년 후 그 남자는 다시 성공해서 필 박사에게 감사 편지를 보냈다고 한다. 실패하면 어떤가? 한 번 더 일어서면 되지. 나만 실패하는가? 남들도 다 실패한다. 실패가 나를 이기지 못하도록 조심하기만 하면 된다. 실패는 승리를 위한 디딤돌일 뿐이다.

한때 산소탱크 박지성 선수의 주가는 하늘을 찌를 듯했다. 그러나 어느 때부턴가 맨체스터 유나이티드 벤치를 지키는 경우가 더 많아졌다. 그때 그의 심정이 어땠을까? 아마 죽고 싶다는 말이 딱 맞을 것이다. 그러다가 다시 퀸즈파크 레인저스로 이적했다. 재기의 발판으로 삼으려고 했지만 실제로는 더 큰 추락을 경험해야만 했다. 그리고 8년 만에 다시 친정팀인 네덜란드 에인트호번으로 복귀했다. 사람들은 박지성 선수가 명성을 회복하기를 기대하며 그에게 주목했다. 다행히 좋은 출발 신호를 보였다. 그러나 출발 신호가 다 끝나기도 전에 AC 밀란과의 경기에서 최악의 평가를 받기도 했다.

최고의 자리에 올라가는 건 너무나 힘들다. 그리고 거기까지 올라가는 사람도 흔치 않다. 대부분 중도 하차하고 만다. 극치의 자리가 긴 것도 아니다. 화려한 것 같지만 수명이 너무 짧아서 때로는 회의가 찾아오기도 한다.

실패하지 않을 정도로 완벽한 사람은 없다. 아무리 세심하고 철저한 사람이라도 실패를 경험한다. 실패는 인생의 걸림돌이 될 수 있다. 하지만 디딤돌이 될 수도 있다. 승리가 영원한 승리가 아니듯이 실패도 영원한 실패는 아니다. 실패 없이 사는 사람은 없지만 실패해도 실패하지 않는 사람이 있다. 한 번의 실패를 영원한 실패로 만드는 어리석은 인간, 한 번의 실패를 성공의 자원으로 삼는 인간, 이들의 삶은 차원이 다르다.

실패를 두려워하는 사람은 아무 도전도 할 수 없다. 어차피 인생이란 하나님이 지휘하시는 모험이 아닌가? 아무것도 도전하지 않고 실패하는 것보다 차라리 실패하더라도 도전하는 사람이 더 멋있지 않은가? 실패하면 어떤가? 실패하면 다시 일어나면 된다. 한 번 넘어지면 두 번 일어나고, 두 번 쓰러지면 세 번 일어나면 된다. 문제는 넘어지지 않으려는 몸부림보다 쓰러지더라도 다시 일어서려는 몸부림이다. 일어설 수만 있다면 넘어지고 쓰러진 것은 또 다른 성공 자원이 될 수 있다.

사도 바울을 보라. 그는 소아시아를 누비며 전도했다. 그것도 부족해 유럽으로 건너가 복음을 전했다. 대접받으면서 했던 것도 아니다. 그를 반기고 환영하는 사람들도 있었지만 그를 대적하고 핍박하는 사람도 많았다. 그를 죽이기 위해 모의하는 유대인들은 끊임없이 그를 뒤쫓았다. 어떤 때는 돌에 맞아 죽음 직전에 이른 적도 있었다. 그래도 그는 절망하지 않았다. 때로는 좌절감을 느끼기도 했을 것이다. 그러나 절대 포기하지 않았다. 끝까지 사명을 향해 질주했다.

실패의 아픔과 고통으로 힘든가? 남들이 속사정을 몰라줘서 속상한가? 어차피 인생이란 그런 거 아닌가? 남의 속사정을 누가 다 알 수 있으랴. 남의 속사정까지 다 생각해서 헤아려주는 사람이 어디 흔한가? 마음이 쓰리고 아프다면 하나님 앞으로 나아가라. 때에 따라 도우시는 보좌의 문은 여전히 열려 있다. 아니, 하늘 아버지는 지금도 당신이 때를 따라 돕는 은혜를 누리기를 원하신다.

아름답고 멋지게 목회하고 있는 동기 목사님이 계신다. "내가 이렇게 행복해도 되는지 모르겠어요"라고 할 정도이다. 사실 이런 고백을 하는 게 얼마나 부럽고 자랑스러운 것인지 목회자는 안다. 물론 그렇다고 그 목사님이 처음부터 그랬던 건 아니다. 다른 교회에서의 경험이지만 한때는 목회를 포기하려고도 했다. 너무나 아프고 힘든 상처여서 다 내려놓고 싶었다. 그래서 유명한 선배 목사님을 찾아가서 상담도 해보았다. 다행히 또 다른 상담자를 만나 깊은 대화를 나누는 중에 그의 마음 깊숙하게 뿌리내린 상처를 싸매임받았다. 그리고 다시 일어섰다. 어렵사리 목회를 다시 시작했다. 얼마 있지 않아서 주님은 목회지를 다른 곳으로 옮겨주셨다. 그리고 지금까지 아름다운 목회를 계속하고 있다. 이제는 은퇴를 준비하고 있다. 만약 실패의 쓰나미가 몰려왔을 때 그곳에 주저앉아 일어서지 못했다면 이런 감격스러운 주님의 인도를 맛보지 못했을 거다.

실패했을 때 우리를 더 힘들게 하는 것이 있다. 바로 주변 사람들의 반응이다. 실패도 힘들지만 주변 사람들이 보내는 따가운 시선이 더 힘들다. 주변에 실패한 사람이 있는가? 그렇다면 남들도 다 하는 비난의 선물을 주지 말라. 남들이 하기 힘든 격려를 포장해서 선물로 전해주라. 그러면 그는 감동할 것이며 다시 일어설 힘을 얻을 것이다.

맏형의 시선을 버리고
아버지의 시선을 가지라

예수님이 천국 시민에게 주시는 팔복이 있다. 그러나 사탄의 팔복이란 것도 있다. 예수님은 신령한 복을 누릴 사람을 찾으신다. 사탄 역시 자기가 주는 복을 누릴 사람을 찾고 있다. 그렇다면 사탄이 찾는 복받을 만한 사람은 어떤 사람일까?

- 피곤하고 바쁘다는 핑계로 교회에 나가지 않는 자는 복이 있나니 그들은 나의 가장 믿을 만한 일꾼이 될 것임이요.
- 목사의 잘못이나 흠을 보고 트집만 잡는 자는 복이 있나니 그들은 설교를 들어도 은혜를 받지 못할 것임이요.
- 자기 교회이면서도 나오라고 사정해야만 나가는 자는 복이 있나니 그들은 교회 안에서 말썽꾸러기가 될 것임이요.
- 남의 말 하기를 좋아하는 자는 복이 있나니 그들은 내가 가장 좋아하는 다툼과 분쟁을 일으킬 것임이요.
- 걸핏하면 삐죽이는 자는 복이 있나니 그들은 작은 일에도 화를 내고 교회를 그만둘 것임이요.
- 하나님의 일에 인색하여 헌금하지 않는 자는 복이 있나니 그들은 나의 일을 가장 잘하는 자가 될 것임이요.
- "하나님을 사랑합니다" 하면서도 형제와 이웃을 미워하는 자

는 복이 있나니 그들은 나의 영원한 친구가 될 것임이요.

– 성경을 읽고 기도할 시간이 없는 자는 복이 있나니 그들은 나의 꾐에 쉽게 넘어가 마침내 나의 조롱거리가 될 것임이니라.

내 안에 사탄이 주는 팔복의 잔재가 남아 있지는 않은가? 두려운 일이다. 우리 주변에는 남의 연약함을 도무지 봐주지 못하는 사람이 있다. 자기도 그런 연약함을 갖고 있으면서 남이 잘못하는 것은 그냥 두고 보지 못한다.

내 안에 있는 큰아들의 형상을 한번 찾아보라. 맏형은 동생을 맞이하는 아버지에게 분노했다. 그런데 아는가? 그 분노가 자신을 고립시켰다는 사실을. 아버지로부터의 고립이자 형제로부터의 고립이요, 잔치에 불참함으로써 공동체로부터의 고립이었다. 다른 사람이 억지로 고립시킨 것이 아니다. 스스로 왕따의 길을 걸은 것이다.

그에게는 '의인병'이 있었다. 스스로 의롭다고 생각했다. 바로 바리새인과 서기관들의 모습이었다. 그는 자기 의에 빠져 있었다. 그러니 다른 사람의 불의를 차마 볼 수가 없었다. 다른 사람들이 잘못하는 것을 참을 수가 없었다. 그래서 비난하고 험담했다. 죄의식을 갖고 사는 사람과는 판이한 삶을 살았다.

그는 좋은 아들처럼 보였다. 그러나 그는 아버지를 섬기는데 '아들'로서 섬긴 게 아니었다. '종'으로서 섬겼다. 아들로 섬기는 것과 종으로 섬기는 것은 차원이 다르다. 종으로서의 섬김은 의무감이다.

애착이 없다. 그러나 아들로서의 섬김은 자원하는 마음이며, 즐겁고 행복한 섬김이다.

그는 아버지의 말을 어긴 적이 없다. 물론 잘했을 것이다. 그러나 그는 이미 공로주의에 빠져 있었다. 아버지의 은혜를 아는 사람은 결코 자신의 공을 내세우지 않는다. 그는 자기가 한 일에 주목했다. 또한 아버지가 해주지 않은 일에 주목했다. 그러니 마음이 불편할 수밖에 없다. 그는 누리고 있는 것에 감사한 마음이 없었다. 도리어 누리지 못하는 것에 대한 불평만 가득했다. 그러니 그에게 있어서 세상은 지옥이었다.

그는 동생을 '이 아들'이라고 표현했다. 이것은 경멸적인 표현이었다. 같은 말이어도 천양지차다. '내 동생'이라는 다정스러운 표현을 쓰면 안 되었을까? 그는 형제 의식이 없었다. 가족 의식도 없었다. 단지 비교의식만 남아 있었다. 경쟁의식에 빠져 있었다. 그러다 보니 자꾸 동생과 비교하며 투덜거리기만 했다. 아버지 집에 거하는 게 사실은 은혜인데, 그걸 깨닫지 못했다.

아버지 마음과 형의 마음이 이렇게도 다르단 말인가? 보기 싫은 구석이 있더라도 아버지가 맞아주는데 자기도 받아주면 안 되었을까? 천국은 바로 이런 거 아닌가? 부족해도, 못마땅해도, 보기 싫은 구석이 있어도 사랑으로 용납하고 포용하고 받아주는 것, 이런 집이 바로 천국 아닐까?

두 아들을 둔 어떤 엄마가 상담자를 찾아와서 고충을 털어놓으면서 푸념했다.

"큰아들은 행동이 너무 느려서 매사 잔소리를 해야 해요. 반대로 작은아들은 민첩하고 제 마음에 맞게 착착 알아서 해주니 칭찬을 자주 해요. 큰애가 제 마음 같지 않아 마음이 항상 불편합니다."

말하는 순간에도 그녀는 답답해하는 모습이 역력했다. 그래서 상담자가 그녀에게 물었다.

"큰아들이 잘하는 게 무엇이지요?"

"꼼꼼하고 성적도 좋은 모범생이죠."

"잘하고 잘못하는 것을 점수로 매겨보실까요?"

"잘하는 거 98%, 느린 거 2%!"

그녀는 말끝을 흐렸다. 그러고는 스스로 문제를 찾아냈다.

"칭찬과 인정해줄 것이 많은 아이인데 행동이 느리다는 이유로 야단만 쳤군요. 동생 앞에서 야단맞았으니 자존심 상했을 거고요. 저 때문에 자신감도 잃은 것 같네요."

상담자는 엄마가 지켜야 할 몇 가지 행동 수칙을 알려주었다.

"칭찬하자. 있는 그대로 인정하자. 참아보자. 장점을 보자. 내 스타일을 고집하지 말자."

며칠 후, 문자로 분위기를 물어보았다.

"너무나 평온해졌고 큰아들이 많이 밝아졌어요."

그녀는 매우 기뻐하면서 스스로 해답을 찾아냈다.

"그동안 아들을 제대로 이해하려 하지 않고 권위적으로만 대한 것 같아요. 앞으로 더 많은 사랑을 베풀고 싶어요."

사람이란 그렇다. 단점이 있는가 하면 장점도 있다. 장점이 있는가 하면 단점도 있기 마련이다. 누구나 단점 없이 장점만으로 살기를 원한다. 그러나 세상에 그런 사람은 존재하지 않는다.

그렇다면 서로 인정해주면서 살면 행복하지 않을까? 잘난 사람끼리만 어울릴 수는 없다. 아니, 잘난 사람만 있으면 오히려 관계는 파괴된다. 잘난 사람은 잘난 대로 살고, 못난 사람은 못난 대로 사는 것도 좋다. 그러나 이들이 서로 어울려 함께 살아가는 세상을 만들어낼 순 없을까?

이해 안 될 때가 있어도 아버지의 마음으로 바라본다면 별문제 될 게 없다. 맏형의 마음으로 바라보니까 세상이 자꾸 문제투성이로 바뀌는 것이다. 조금 더 너그럽고 포용적인 사람이 세상을 끌어안을 수 있다. 이것이 우리가 가져야 할 하나님의 시선이다.

보복으로 자신을
포박하지 않는다

누군가가 나에게 손해를 입혔다면 어떻게 대응해야 할까? 공개적인 자리에서 사람들에게 모욕을 주어 내 자존심을 짓밟고 고통을 안겨준 사람을 어떻게 대해야 할까? "눈에는 눈, 이에는 이"로 갚을 것인가? 그렇지 않으면 예수님 말씀처럼 "일곱 번을 일흔 번까지라도"(마 18:22) 용서할 것인가?

우리는 반응을 선택해야 한다. 물론 인간의 저 깊은 내면으로부터 올라오는 감정, 인간 본성은 당연히 "당한 대로 갚아주라"는 생각일 것이다. 그러나 우리는 다 알고 있다. 보복은 또 다른 보복을 낳는다는 사실을. 앙갚음은 누구나 취할 수 있는 대응 방식이다. 하지만 그 후유증은 무시할 수 없다. 아니, 가장 큰 피해자는 바로 자기 자신이 될 수 있다. 증오와 복수심은 자신을 포박하는 행위이다.

어렵지만 예수님을 모신 우리는 예수님이 걸어가신 발자취를 따라갈 수밖에 없다. 예수님은 "너희 원수를 사랑하며 너희를 박해하는 자를 위하여 기도하라"(마 5:44)고 말씀하셨다. 그것이 바로 천국 시민이 걸어가야 할 길, 제자의 삶이다.

인간은 '나를 사랑하는 자'를 사랑하려는 경향이 있다. 그러나 이것은 누구나 하는 사랑이다. 악한 사람도 이런 사랑은 한다. 사람들에게 죄인이라고 손가락질당하는 세리도 따르는 삶이다. 형제를 사랑하는 것은 당연하다. 그런데 예수님은 죄인까지도 사랑하라고 말씀하셨다. 나를 무시하는 사람, 나에게 상처 준 사람, 나를 미워하는 사람, 나에게 손해를 입힌 사람까지도 사랑하라고 말씀하셨다.

사도 베드로는 말한다.

"악을 악으로, 욕을 욕으로 갚지 말고 도리어 복을 빌라"(벧전 3:9).

예수님은 친히 그러한 삶을 사셨다.

"욕을 당하시되 맞대어 욕하지 아니하시고 고난을 당하시되 위협하지 아니하시고 오직 공의로 심판하시는 이에게 부탁하시며"(벧전 2:23).

그렇다면 우리야말로 꼼짝없이 걸려들지 않았는가? 예수님도 그렇게 사셨으니, 그리고 그렇게 살라고 명령하셨으니 말이다. 사실 심각한 고민이다. 예수님은 오른편 뺨을 치는 자가 있으면 왼편도 돌려 대라고 말씀하셨다. 고발해서 속옷을 소유하려는 사람이 있다면 겉옷까지도 가지게 하라고 말씀하셨다. 겉옷은 팔레스타인 사람에게는 이불과도 같은 것이라서 여행할 때 생명을 보존하는 수단이기도 하다. 그렇다면 자기 생명까지 내어주라는 말씀이 아닌가! 그뿐만이 아니다. 억지로 오 리를 가자고 하면 십 리를 동행하라고 말씀하셨다. 구하는 자에게 주고, 꾸는 자에게 거절하지 말라고 말씀하셨다.

"나는 너희에게 이르노니 악한 자를 대적하지 말라. 누구든지 네 오른편 뺨을 치거든 왼편도 돌려 대며 또 너를 고발하여 속옷을 가지고자 하는 자에게 겉옷까지도 가지게 하며 또 누구든지 너로 억지로 오 리를 가게 하거든 그 사람과 십 리를 동행하고 네게 구하는 자에게 주며 네게 꾸고자 하는 자에게 거절하지 말라"(마 5:39-42).

너무 어려운 말씀 아닌가? 누가 과연 이렇게 살 수 있단 말인가? 너무 혁명적인 선언이다. 이상일 뿐 현실성은 없다는 생각이 든다.

어떤 성도가 이렇게 살아가며, 심지어 어떤 목사가 이렇게 살 수 있단 말인가? 그렇다. 이런 삶을 사는 사람을 본 적이 없는 것 같다. 그러나 분명한 것은 이러한 삶이 주님이 제자들에게 요구하시는 천국시민의 삶이다. 로마 시민권을 갖고 사는 사람이 아니라 천국 시민권을 갖고 살아가는 사람에게 요구하시는 삶이다.

예수님을 노리는 유대 종교 지도자들, 예수님의 사랑을 한껏 받고 제자 공동체의 재정을 맡았지만 예수님을 팔아넘기려는 생각으로 가득한 가룟 유다, 유대인들에게 '메시아' '왕'이라고 불리며 큰 화제의 인물이 된 예수를 가만두지 않으려던 로마 정부, 이들은 모두 예수님을 죽이기로 작정하고 하나로 뭉쳤다.

이들은 겟세마네 동산으로 모였다. 그곳은 평소에 예수님이 기도하기 위해 자주 찾으시던 장소였다. 이들은 사전에 연락과 신호를 다 짜놓았다. 로마 병사들은 예수님을 잡기 위해 칼과 몽치를 가지고 왔다. 한순간 예수님을 잡기 위한 행동이 시작되자 베드로는 칼을 빼서 대제사장의 종, 말고의 오른쪽 귀를 쳤다. 순간 귀가 땅에 떨어졌다.

그러자 예수님이 말씀하셨다.

"네 칼을 도로 칼집에 꽂으라. 칼을 가지는 자는 다 칼로 망하느니라"(마 26:52).

예수님은 아버지께서 자신에게 주신 잔이기 때문에 마셔야 한다고 말씀하셨다. 그리고 말고의 귀를 만져 낫게 해주셨다.

지금 예수님의 말씀이 다시 내 귓전에 울린다.

"칼을 가지는 자는 다 칼로 망하느니라."

칼을 휘두르는 것은 쉽다. 속상할 때 감정대로 하고 싶어진다. 참기 어렵다. 아무리 '참을 인' 자 셋이면 살인도 면한다고 하지만 이런 상황에 참기란 여간 어려운 일이 아니다. 아니, 그렇게 하고 싶지도 않다.

나는 노회장을 맡아서 섬기고 있다. 어느 교회 문제로 인해 큰 고민을 하고 있다. 그 교회를 안고서 기도할 때마다 마음이 아프고 서글프다. 주님의 눈에서 흐르는 눈물이 보인다. 그런데도 양측에서는 전혀 개의치 않는다. 심지어 한쪽 편에서 나에게 담지 못 할 말, 담아서는 안 될 말을 담은 장문의 문자를 보내고 전화도 한다. 본인들도 노회장이 어떤 분인지 잘 알고 있단다. 그러면서도 속상한 마음을 쏟아놓는다.

사실 밖에서 그 교회의 문제를 들여다보면 무엇이 문제인지, 어떻게 하면 될지 길이 보이는 것 같다. 그러나 양측 당사자들은 그 길을 받아들일 의향이 없다. 본인들은 아니라고 하겠지만 예수님을 십자가에 다시 못 박는 일을 하고 있다. 예루살렘 성을 바라보시면서 눈물 흘리시던 예수님이 이 시대 그 교회를 바라보시면서 눈물 흘리시는 게 느껴진다. 칼을 칼집에 꽂으면 될 것 같은데, 그들 모두 주님 앞에 서야 하는데, 그때 무엇이라 말씀드릴 것인가?

때때로 참기 어려운 모멸을 당하는 경우도 있다. 다른 사람이 있는 곳에서 인격적인 모독을 당하기도 한다. 어떻게 저런 말을 하지? 어떻게 저런 행동을 할 수 있지? 견디기 힘들 때도 있다. 도저히 가만 두고 싶지 않은 때가 있다. 당장 죽여 버려야만 속이 시원할 것 같다.

그러나 우리 주님은 일만 달란트를 빚진 자와 같은 나를 용서하시지 않았던가? 도저히 용서받을 수 없는 내가, 한없는 하나님의 사랑 때문에, 십자가에 못 박혀 죽으신 주님의 감당할 수 없는 사랑에 녹아버리지 않았던가? 그러니 어떻게 보복할 수 있겠는가? 어떻게 맞대응할 수 있겠는가? 맞대응하는 순간, 나는 더 큰 맞대응의 태산 아래 서게 될 것이다. 보복하는 순간, 나는 더 큰 보복의 나락으로 떨어질 것이다. 그 사람을 지옥으로 보내려 하다가 내가 더 깊은 지옥의 밑바닥으로 떨어지는 것이다. 칼은 절대 해법이 될 수 없다.

너무 힘들지만 칼을 칼집에 꽂는 게 복음이다. 복음의 삶이다. 우리가 그렇게 할 수 없기에 성령의 도움이 절실히 필요하다. 그래서 주님 앞에 무릎 꿇고 은혜를 구해야 한다. 주님이 연약한 나를 도와주시도록. 그래야 이해할 수 있으니까. 그래야 맞대응하지 않고, 보복하지 않고 용서할 수 있으니까. 이러한 삶이, 이런 관점이 바로 하나님이 우리에게 원하시는 삶이며, 우리가 가져야 할 삶의 관점이다.

하나님의 어린 양이신 예수님은 유월절을 앞두고 제자 둘을 먼저 예루살렘 성으로 보내시면서 지시하셨다.

"이르시되 너희는 맞은편 마을로 가라. 그리로 들어가면 아직 아무도 타 보지 않은 나귀 새끼가 매여 있는 것을 보리니 풀어 끌고 오라"(눅 19:30).

나귀 새끼를 타고 입성하시는 초라하고 겸손한 왕이시지만 얼마든지 인생들을 향해 명령하고 지시할 권한이 있다. 만약 누가 "왜 푸느냐?"고 물으면 "주가 쓰시겠다"고 말하면 된다. 두 제자는 예수님의 지시대로 갔다. 순종하고 갔더니 사람을 만날 수 있었다. 예수님이 시키는 대로 "주께서 쓰시겠다"고 했더니 나귀 새끼를 내주었다. 예수님의 명령과 지시가 때때로 황당하고 비합리적일 때도 있다. 그러나 왕의 명령과 지시가 정답이고 최선임을 인정할 수 있어야 한다. 그래서 왕의 말씀에 순종하면 하나님이 친히 일하신다.

두 제자는 나귀 새끼를 예수님께로 끌고 와서 자신들의 겉옷을 나귀 새끼 위에 걸쳐 놓고 예수님을 태웠다(눅 19:35). 그리고 예수님이 나귀를 타고 가실 때 자신들의 겉옷을 길에 펼쳐놓았다. 왕이 가는 길에 융단을 까는 심정으로. 우리에게 겉옷은 의미 없는 개념일 수 있지만 적어도 예수님의 제자들에게는 특별한 의미가 담겨 있다. 제자의 길을 걷기 위해 모든 것을 버린 자들이다. 이들에게 겉옷은 자신이 가진 모든 소유다. 그 소유를 예수님을 위해 쏟아붓는데 전혀 아깝지 않았다. 왕이신 주님을 위해 헌신하고 희생하고 섬기는 게 뭐가 아깝겠는가!

또 다른 제자의 무리는 왕이 감람산 내리막길에 가까이 오시자 그가 행한 모든 능한 일 때문에 기뻐하며 큰 소리로 하나님을 찬양했다. 그들은 갈릴리에서 예루살렘까지 오는 길에서 예수님이 전하는 천국 복음을 들었다. 병자를 고치고, 귀신을 쫓아내시는 사역을 경험했다. 죄인들이 하나님 나라 백성으로 돌아서는 것을 보았다. 그래서 기쁨과 감격으로 충만하여 하나님을 찬양했다.

그러나 또 다른 사람들의 반응도 보인다. 무리 중 어떤 바리새인들은 예수님의 행차가 못마땅했다. 제자들과 무리가 떠들썩하게 환영하는 것이 싫었다. 그래서 예수님께 따지고 항변했다. "선생이여 당신의 제자들을 책망하소서"(눅 19:39).

자, 누가 잘못인가? 왕이신 예수님의 예루살렘 행차를 떠들썩하게 준비하는 제자들이 잘못되었는가, 그렇지 않으면 그 제자들을 정죄하고 비난하면서 예수님께 따지는 바리새인들이 잘못되었는가? 도무지 자신들의 어둠의 기류를 모르는 자들이다.

두 제자와 갈릴리에서부터 따라온 제자 무리와 바리새인들은 전혀 다른 반응을 보였다. 이 반응이 어디에서 나오는가? 그들의 마음과 생각에서 나온다. 바리새인들은 성령으로 기경된 부드러운 성품을 소유하지 못했다. 제자는 성령으로 거듭난 마음과 성품으로 세상을 바라보는 눈을 갖고 살아가는 자이다.

다른 사람 안에 숨겨진
내 모습을 발견하라

중국의 어느 병원에서 수건으로 두 눈을 가린 어린아이를 실은 환자 이동용 침대가 바쁘게 움직이고 있었다. 부모는 뒤에서 울면서 따랐다. 침대 위에는 통증을 못 이겨 온몸에 경련을 일으키는 아이가 누워 있고, 간호사들은 경련을 일으키는 아이가 움직이지 못하도록 꽉 붙잡고 있었다. 도대체 무슨 일이 벌어진 걸까?

중국 산시성 린펀시의 한 교외 들판에 6세 남자아이가 두 눈을 잃은 채로 버려져 있었다. 발견될 당시, 피해 어린이는 마취제에 취해 정신을 잃은 상태였다. 얼굴에서는 피가 철철 흐르고 있었다. 아이는 왜 이 지경으로 들판에 버려져 있었던 것일까?

이 아이는 괴한들에게 납치되었다. 납치범들은 아이를 들판으로 데려가 두 눈을 빼는 잔인한 범죄를 저질렀다. 도대체 왜? 장기밀매? 묻지 마 범죄? 아직 단정 짓기는 어렵다. 초기에는 이식 수술용 각막을 마련하기 위해서라고 했다. 그러나 시간이 흐르면서 묻지 마 범죄 쪽으로 가닥을 잡은 것 같다.

중국은 현재 전 세계의 주목을 받고 있다. 넓은 땅과 많은 인구는 절대 가벼이 볼 수 없는 여건이다. 세계 시장을 누비기 위해서는 중국과의 교섭을 피할 수 없을 정도로 경제에 미치는 영향력이 지대하다. 그런데 중국에서 일어나고 있는 일들을 보면 세계를 주도하기에는 역부족이라는 생각이 든다. 중국은 국방력이나 경제면에서 대국으로 자리 잡기 전에 먼저 질서와 시민의식이 정립되어야 한다. 세계를 이끌어갈 강국으로서 부끄럽지 않은 기본적인 매너와 윤리의식을 갖춰야 한다.

중국이라는 나라를 폄하하고자 하는 의도는 없다. 나는 오히려 우리 안에 있는 자화상을 보는 것 같아서 한없이 부끄럽다. 아니, 내 안에 나도 알지 못하는 내가 숨겨져 있지는 않은지 다시 한번 점검해보는 계기가 된다.

먼저, 인간의 난폭성을 보게 된다. 어떻게 어린아이에게 저런 무참한 행동을 할 수 있을까? 인간성에 대한 회의마저 든다. 타락한 인간의 본성은 조절 장애를 부추긴다. 통제되지 않은 감정과 분노

앞에 무릎 꿇은 인간. 그래서 바울은 디모데에게 말세에 나타날 징조 가운데 하나로 '무정함'을 말한다(딤후 3:3). 타락한 인간 내면에는 이렇게 잔인하고 난폭한 성향이 깔려 있다. 만약 우리가 복음으로 성품을 다스리지 않는다면 언제든지 나올 수 있는 성향이다.

그뿐만 아니라 인간 존엄성이 무시되고 있다. 하나님의 형상으로 창조된 인간은 본래 존중되어야 한다. 아무리 하찮은 사람이라도, 아무리 보잘것없는 신분이라도 인간의 존엄성이 짓밟혀서는 안 된다. 아무리 힘없는 어린아이라도 인권은 존중받아야 마땅하다. 그런데 오늘날 우리 사회는 생명 경시 풍조가 만연하다. 하나님이 주신 생명을 인간 마음대로 하려고 대든다. 이것은 현대판 바벨탑 건축의 시도라 할 수 있다.

아무리 돈이 되더라도 할 수 있는 일이 있고 절대 해서는 안 되는 일이 있다. 이 사건의 배경이 무엇인가? 묻지 마 범죄? 장기밀매? 어떤 일이어도 허용될 수 없는 비윤리적인 일이다. 만약 장기밀매가 원인이라면 어떻게 인간의 가치를 돈 몇 푼에 팔 수 있단 말인가? 말도 안 되는 소리다. 돈에 눈먼 사람은 '돈이 되는 일이면 뭐든지 할 수 있다'고 생각한다. 심각한 착각이다. 돈에는 정당성이 부여되어야 한다. 아무리 돈이 되는 일이라도 정당성이 부여되지 않는 한, 해서는 안 되는 일을 저질러서는 안 된다. 정당하지 않게 돈을 버는데는 아예 욕심을 내지 말아야 한다. 설령 정당하게 벌었을지라도 정당하지 않은 데 쓰인다면 그것 역시 돈의 오용에 불과하다. 물질

만능주의 시대에 사는 나도 여기서 예외가 될 수는 없다. 다만 복음에 따라 살려고 애쓸 뿐이다.

타락한 인간의 본성에는 자아 중심성이 자리 잡고 있다. 인간의 이기심은 다른 사람을 생각하고 배려하도록 허용하지 않는다. 자기만 생각하게 한다. 다른 사람의 아픔과 고통은 안중에도 없고 자기밖에 모른다. 남의 불행을 사서라도 자기 행복을 만들려고 한다. 그렇기에 인간의 이기심에서 벗어나지 못하는 한, 우리는 아픔과 고통의 수렁에서 벗어날 수 없다.

어떤 사람은 주변에 있는 사람을 살리려고 애쓴다. 그런데 어떤 사람은 주변에 있는 사람을 죽이려고 애쓴다. 살리려고 애쓰는 사람이 많은 공동체는 행복하다. 그러나 해치려는 사람이 많은 공동체는 불행하다. 아프고 고통스럽다. 비록 소수일지라도 그들이 가져오는 해악은 너무나 크다. 원래 긍정적인 영향력보다 부정적인 영향력이 파장을 크게 일으키는 법이다.

사람들은 생각한다. '나는 누구보다 내가 잘 알아!' 그런데 '내가 알지 못하는 감추어진 나'도 있다. '내 마음속에 감추어진, 나도 알지 못하는 내 마음'이 있다. 다 알고 있다고 생각하지만 사실 모르는 내 모습이 너무 많다. 아니, 수면 위로 올라오지 않은 내 모습에 감쪽같이 속아 넘어가는 경우도 있다. 엄밀하게 말하자면 "나는 진정한 내 모습을 보지 못한다"고 말하는 것이 정직한 표현일 것이다.

서두에서 꺼낸 이야기는 중국인 가운데서도 소수 특정인에 한정

된 모습이다. 이것으로 중국인 모두를 폄하해서는 안 된다. 그리고 나는 이 얘기를 통해 중국인의 기질이나 성품, 그리고 사회상에 관해서 논하려는 게 아니다. 단지 이 얘기를 통해 내 안에 있는 발견되지 않은 나의 자화상을 되돌아보고자 하는 것이다. 그리고 복음으로 치유될 수 있도록 하나님에게 내드리자는 것이다.

때때로 우리는 이런 생각을 가진다.

"저 사람은 왜 저렇게 매정해?"

그런데 나도 그렇게 매정한 부분이 있음을 아는가?

"저 사람은 왜 매너가 저래?"

그런데 나에게도 매너 꽝인 모습이 숨겨져 있다.

"저 사람은 왜 저렇게 불친절하고 다른 사람을 배려할 줄 모르는 거야?"

그런데 다른 사람들이 나에게서도 배려심을 찾아보기 힘들 수 있다. 사실 주님의 넓고 깊은 성품과 마음의 경지에서 보면 우리는 모두 도토리 키 재기하는 것에 불과하다. 그래서 자랑할 것도, 비난할 것도 전혀 없다. 대신 남의 눈에 들보를 보기보다 내 눈에 있는 티를 볼 수 있는 시선이 필요하다.

우리가 살아가는 동안 해결해야 할 소중한 인생 과제가 있다. 다른 사람 안에 있는 숨겨진 내 모습을 바라보고 새로운 자아상을 만들어가는 것이다. 쉽사리 다른 사람을 비난하고 정죄하는 발걸음을 잠시 멈추자. 나도 똑같은 존재가 아니던가? 대신 다른 사람을 통해

보는 내 모습을 성령이 치유하시도록 내어드리자. 그러면 하나님이 기뻐하시는 성령의 사람으로 살아갈 수 있지 않을까?

악은 어떤 모양이라도 버릴 수 있는 영적인 사람, 그러기 위해 내 안에 감추어진 모습을 주님 앞에서 솔직히 인정할 수 있는 용기, 내 안에 타락한 인간의 본성이 돌출되기 전에 성령이 다스리시는 마음을 일구어 성령의 열매를 맺기를 기대해본다.

깨어지고 부서짐은
더할 수 없는 하나님의 은혜다

스스로 교만함이 자신을 높이는 수단이라고 생각하는 이들이 있다. 그러나 하나님은 사울 왕처럼 교만한 사람을 물리치신다. 하나님이 좋아하는 마음은 겸손한 마음이다. 겸손한 자에게는 은혜를 베푸신다. 자신을 낮추는 자는 언젠가 높여주신다. 그렇기에 하나님이 들어 쓰시는 인생을 살고자 한다면 반드시 겸손한 마음을 품어야 한다. 스스로 높아지고자 하는 사람은 하나님이 낮추신다. 그러나 낮은 자리에서 섬기는 사람은 하나님이 높여주시고 사람들에게 존경받게 하신다. 그래서 지혜로운 사람은 자아를 깨뜨리는 훈련을 한다.

신학자 헨리 나우웬의 책에 나오는 이야기다.

성자처럼 존경받는 나이 많은 한 수도사가 있었다. 어느 날, 노 수도사가 정원에서 흙을 고르고 있었다. 그때 한 젊은 수도사가 다가왔다. 젊은 수도사는 얼마 전에 그 수도원에 들어왔다.

노 수도사는 젊은 수도사에게 부탁했다.

"자네, 이 단단한 흙 위에다 물을 좀 부어주겠나?"

존경받는 수도사가 시키는 일인지라 젊은 수도사는 이내 물을 부었다. 그러나 이게 어찌 된 일인가? 물은 옆으로 다 흘러내리고 말았다.

그러자 노 수도사가 물었다.

"물이 이 흙 속으로 스며들지 못하는구면. 그렇지?"

그러더니 옆에 있는 망치를 가지고 단단한 흙덩이를 깨부수기 시작했다. 잠시 후, 노 수도사는 젊은 수도사에게 다시 부탁했다.

"다시 한번 물을 부어 보게나."

다시 물을 부었을 때 물은 잘 스며들었다. 그 광경을 지켜보던 노 수도사가 말했다.

"이제야 흙 속에 물이 잘 스며드는구면. 여기에 씨가 뿌려진다면 그 씨는 반드시 꽃을 피우고 열매를 맺을 것이야. 우리 역시 마찬가지라네. 우리가 깨어져야 하나님은 거기에 물을 주실 수 있을 것이야. 우리 수도사들은 이것을 깨어짐의 영성이라고 말한다네."

부서지고 깨어지는 것을 좋아할 사람은 없다. 너무 고통스럽고 아프니까. 그런데 하나님은 가끔 우리를 고통의 용광로에 집어넣고 철저히 깨뜨리고 부수기 시작하신다. 우리를 괴롭히기 위함인가? 하나님이 왜 그렇게 하시는지 알지 못하는 사람은 불평하고 인상을 찌푸린다. 하나님을 향해 불평하고 저항한다. 그러나 하나님이 왜 그렇게 하시는지 그 이유를 아는 사람은 아프고 고통스러운 현실 앞에서도 기뻐할 수 있다. 고난이 가져올 영광을 알기에.

예수님 역시 십자가의 죽음을 거쳐 부활의 영광에 동참하셨다. 자기 몸이 부서지고 깨어지는 십자가에서 인류의 구원을 이루어내셨다. 사람들은 십자가에서 하나둘 뿔뿔이 흩어졌지만 나중에 세월이 흐른 뒤에 다시 그 십자가를 중심으로 모여들기 시작했다.

하나님에게 드려지는 제물은 부서지고 깨어져야 한다. 고운 가루로 만들어서 하나님 앞에 제물로 드려져야 한다. 아름다운 향기는 반드시 깨어지고 부서질 때 우러난다. 스스로 깨뜨리지 않으면 하나님이 부수신다. 모세처럼. 그 후에야 사용하신다. 하나님의 담금질 때문에 부서질 수 있다. 하나님 말씀 때문에 깨어질 수 있다.

성령은 반드시 우리 양심과 마음을 충동질하신다. 단지 그것을 바라보고 느끼는 민감한 영성이 있느냐 없느냐의 문제일 뿐이다. 하나님은 때때로 다른 사람의 비난을 통해서 우리를 깨뜨리기도 하신다. 이럴 때 우리는 너무 힘들고 아프다. 억울하다는 생각도 들 수 있다. 그런데 우리는 비난하는 사람을 통해 나를 다듬어 가시는 하나님의 손길을 봐야 한다. 하나님의 섭리하심을 느껴야 한다.

예수님은 제자의 길을 가고자 하는 사람들에게 자기를 부인하라고 말씀하셨다. 그래서 바울은 날마다 자신을 쳐서 복종시키는 훈련을 했다. 그리고 "나는 날마다 죽노라"고 고백했다. 죽은 자는 말이 없다. 죽은 자는 반응하지 않는다. 알고 보면 죽은 자만큼 자유롭고 평화로운 사람은 없다. 불편함을 느끼는 이유가 무엇인가? 깨어지지 않았기 때문이다. 죽지 않았기 때문이다. 해답은 깨어짐이다. 부서짐이다.

당시 최대의 제국인 애굽에서 40년 동안 왕궁 교육을 받은 모세는 자신감이 있었다. 무엇이라도 할 수 있다는 생각이 들 정도로 당당했다. 어느 날, 그는 동족을 위해 살아야겠다는 생각을 가졌다.

"내가 지금까지 축적한 학문과 기술과 능력을 발휘하면 충분히 할 수 있을 거야."

그러나 그는 동족에게 철저하게 배신당했다. 철저하게 무능력한 자신을 발견하게 되었다. 사실은 인간적인 배신이 아니다. 이스라엘의 위대한 영도자를 만들기 위한 하나님의 영적인 수업 현장이다. 하나님은 그를 광야학교로 몰아갔다. 모세는 40년의 광야학교에서 깨어지고 부서지고 깎였다. 하나님은 깨어지고 부서진 모세를 불러서 그때부터 하나님의 일을 시작하셨다. 위대한 영적 리더와 거장으로, 이스라엘의 영웅으로.

토머스 찰스 에드워즈라는 수재가 있었다. 그의 아버지는 웰즈 장로교단 신학대학의 제1대 학장이셨다. 어느 해 방학이었다. 에드워즈는 고향으로 내려갔다. 어느 날, 데이비드 몰간과 또 다른 목회자가 그곳에 설교하러 온다는 소식을 들었다. 순간 에드워즈의 마음이 움직였다. 설교를 듣고 싶었다. 사실 철학사상을 접하면서 그에게는 흔들림이 있었다. 그러나 그 당시 그는 고민에 빠져 있었다. 그래서 뭔가 좀 정리하고 싶은 갈증이 있던 때였다.

집회가 시작되었다. 그는 호기심을 갖고 설교를 들었다. 며칠이 지나면서 그에게 놀라운 일이 일어나기 시작했다. 집회가 끝날 때마다 그가 앉아 있던 마루 위에 눈물로 흠뻑 젖은 손수건이 떨어져 있었다. 그는 자신이 그처럼 큰 은혜를 받고 있다는 사실조차도 의식하지 못했다. 그러다가 자신에게 일어난 변화를 깨닫게 되었다. 그의 철학적인 의심과 다른 모든 신학적 의심이 안개처럼 사라졌기 때문이다. 에드워즈의 위대한 학문은 성령으로 융화되었다. 그 후 그는 뛰어난 신학자가 되었고, 에버릿티스 종합대학의 초대 학장이 되었다. 그리고 마침내 아버지의 뒤를 이어 신학대학장이 되었다.

세상 학문이 유익하지만 깨어지지 않은 사람에게는 변론과 논쟁의 재료로만 남을 뿐이다. 그러나 깨어진 자아를 가진 사람에게는 복음을 드러내고 전파하기 위한 도구로 사용될 것이다. 이 사실을 발견한 바울은 예수님을 발견하기 위해 세상적으로 유익하던 모든 것을 배설물로 간주했다. 만약 바울을 깨뜨리고 부수지 않았다면 바울은 자기 일을 했을 것이다. 자기만족에 도취하여 자랑거리만 만들었을 것이다. 자기 의와 공로 의식 때문에 하나님 은혜의 세계를 바라볼 수 없었을 것이다. 그렇게 보면 깨어지고 부서지는 것은 불편하고 고통스럽기는 하지만 하나님의 더할 수 없는 은혜다.

우리는 선택해야 한다. 가말리엘 문하생인 것을 자랑할 것인지, 예수님의 사람인 것을 자랑할 것인지? 바리새파인 것을 자랑할 것인지, 십자가를 통해 부어진 은혜를 자랑할 것인지? 로마 시민권을 자랑할 것인지, 천국 시민권을 자랑할 것인지? 복음에 눈을 뜨면 세상 것에 대한 자랑이 얼마나 부질없는 짓인지 깨닫게 될 것이다.

성령의 채우심과 다스리심이
다른 성품을 만든다

헬렌 켈러는 앞을 보지 못하는 시각장애인이자 듣지 못하는 청각장애인이요, 말을 할 수 없는 언어장애인이었다. 그녀는 삼중고의 삶을 살았지만 행복한 사람이었다.

어느 날, 헬렌 켈러는 유명한 가스펠 가수가 찬양하는 음악회에 참석했다. 그러나 그녀는 찬양을 들을 수 없었다. 그래서 분장실에서 가스펠 가수가 찬양을 마치고 돌아오기를 기다렸다. 마침내 가수가 들어오자 헬렌 켈러는 한 가지 부탁을 했다.

"저는 헬렌 켈러인데요, 방금 불렀던 찬양을 다시 한번 불러주실 수 있을까요?"

가스펠 가수는 헬렌 켈러 한 사람을 위해서 다시 그 찬양을 불러주었다. 바로 〈거기 너 있었는가 그때에〉라는 찬송이었다. 헬렌 켈러는 가수의 목에 손을 대고 진동을 통해서 가사를 들었다. 찬송을 듣던 헬렌 켈러는 눈물을 흘리면서 이상한 말을 하기 시작했다. 찬송이 끝나자 같이 온 통역사가 통역했는데, 찬송이 계속될 동안 헬렌 켈러는 이렇게 고백했다고 한다.

"네, 그렇습니다. 네, 저도 그 자리에 있었습니다. 그래서 그 광경을 믿음으로 보았습니다. 주가 죽을 때, 그리고 살아날 때 나는 거기에 있었습니다. 그리고 보았습니다. 확실히 구원받았습니다. 한때는 스스로 목숨을 끊으려고 했지만 이제 나는 성령의 소원을 따라 살 수 있습니다. 그렇습니다. 내가 살아 숨 쉬는 동안 나는 이 거룩한 소원을 따라서 살 것입니다."

그리스도인의 사는 방식은 바로 성령 충만이다. 예수님은 우리에게 보혜사 성령을 보내주셨다. 성령은 우리 안에 거하신다. 내 안에서 인격적으로 말씀하시고 내 삶을 인도하신다. 진리의 영이시기 때문에 우리를 진리 가운데로 이끌어 가신다.

그리스도인은 육체의 소원과 성령의 소원 사이의 영적 갈등 속에서 살아간다. 내가 선택하기에 따라 육체의 소원을 따라 살아갈 수도 있고, 성령의 소원을 따라 살아가는 삶을 선택할 수도 있다. 성령의 소원을 따라 살아가면 자연스럽게 성령의 열매가 맺힌다. 사랑, 희락, 화평, 오래 참음, 자비, 양선, 충성, 온유, 절제. 성령의 소원을 따라 살아가는 사람에게는 인격적인 변화가 일어난다. 성령은 우리 성품에 혁명을 일으키신다. 옛사람의 기질을 변화시켜 새 사람의 성품으로 바꿔 가신다.

그래서 그리스도인이라면 성령 충만한 삶을 추구해야 한다. 이것은 선택적인 삶이 아니다. 명령이다. 한 번으로 끝나는 삶이 아니다. 계속해서 추구해야 하는 삶이다. 술 충만한 사람은 술의 지배를 받으며 산다. 세상 충만한 사람은 세상의 지배를 받으며 산다. 그래서 바울이 그리스도인은 성령의 지배를 받고 날마다 성령의 다스림 안에 거해야 한다고 말한다.

육체의 욕심은 성령을 거스르고, 성령은 육체를 거스른다. 이 둘은 서로 대적한다. 그리스도인은 누구의 통제를 받을 것인가를 선택해야 한다. 누구의 통제를 받느냐에 따라 사는 방식이 완전히 달라진다. 육체가 원하는 것을 따라 살면 거짓과 음행과 방탕한 삶을 산다. 그러나 성령이 원하는 것을 따라 살면 아름답고 선한 내적 열매뿐만 아니라 행위의 열매도 맺을 수 있다. 육적인 그리스도인과 영적인 그리스도인은 삶을 추구하는 관점이 다르다. 육신의 욕심을 따라 살아가면 세상이 좋아하는 삶을 추구할 수 있다. 그러나 성령의 소원을 따라 살아가면 하나님이 기뻐하는 삶을 추구하게 된다.

그리스도인이라고 자처하면서도 거짓을 일삼고 어둠과 벗 삼아 살아가는 사람들이 있다. 그들은 성경책을 끼고 교회를 다니면서도 세상 사람과 똑같은 방식으로 살아간다. 단지 다른 것은 주일에 교회에 왔다가는 것뿐이다. 왜 저러지? 이해되지 않아 고개를 갸우뚱

할 수 있다. 이유는 육체의 소욕을 쫓기 때문이다. 성령의 소욕을 거부하기 때문이다.

아름다운 잠언을 기록했던 아굴, 그는 솔로몬 시대의 현자이자 랍비였다. 솔로몬 옆에서 국사를 조언하고 잠언을 가르치고 편집한 선지자였다. 그는 죽기 전에 이루기를 원하는 두 가지 버킷 리스트를 하나님께 간구했다.

첫 번째는 헛된 것과 거짓말을 멀리하게 해달라는 것이었다. 그는 아무렇게나 살고 싶지 않았다. 자기 마음과 양심을 하나님 앞에서 지키고 싶었다. 그래서 하나님과 사람들 앞에서 진실하고 정직한 삶을 간구했다.

두 번째는 가난하게도 부하게도 마옵시고, 오직 필요한 양식을 달라고 기도했다. 가난이 가져오는 인간적인 고통이나 수치 때문일까? 아니다. 그가 염려하는 것은 너무 가난해서 죄를 짓게 될까 걱정했던 것이다. 너무 가난해 가족의 생계가 어렵게 되면 원치 않는 잘못을 저지를 수도 있음을 잘 알고 있었기 때문이다. 옛말에 "사흘 굶어서 남의 집 담 안 넘어가는 사람 없다"는 속담도 있지 않던가! 그래서 너무 가난하지 않게 해달라고 간구했던 것이다.

그에게는 또 다른 기도 제목이 있었다. 너무 부해서 하나님의 은혜를 잊어버리고 사람들 앞에서 기고만장해질까 걱정했다. 겸손하려고 애쓰지만 가진 것이 많아 자신도 모르는 사이에 서 있어야 할 자리를 이탈할까 두려워했다. 그래서 해로운 정욕에 떨어지는 부도 거부했던 것이다. 사실 말이 그렇지, 이게 어디 쉬운 일이던가? 대부분의 사람은 자기 마음을 지킨다는 게 얼마나 어려운 일인지 잘 알고 있을 것이다. 경제적인 여건을 초월한 영성을 유지한다는 게 얼마나 힘든 일인지 경험해봤을 것이다. 우리 힘으로 어렵다는 것을. 그래서 주님의 도움이, 성령의 이끄심이 절실히 필요하다.

결국 우리에게는 성령의 무한 리필이 필요하다. 성령 충만, 무한 리필, 완전한 통치, 육체의 소욕이 숨통 막힐 정도로 완전한 장악, 사람의 소리가 잘 들리지 않도록 크게 들리는 성령의 확성기. 그렇지 않고서는 우리 육체의 소욕을 자극하는 죄성을 이겨낼 방법이 없다.

오직 성령이 장악한 마음에서만 진실한 사랑이 나올 수 있다. 인간이 할 수 없는 수준의 용서도 성령의 무한 리필 속에서는 가능하다. 주님의 마음으로 충만할 때 거짓의 탈을 벗고 정직한 마음으로 살아갈 수 있다. 주님의 마음을 가질 때 남을 배려하고 친절한 삶을 살아갈 수 있다. 다른 성품의 삶은 바로 성령의 채우심과 이끄심으로 가능하다.

우리는 그리스도의 마음에, 성령의 감동에 잠잠히 집중해야 한다. 분주한 삶을 정리해야 한다. 나누어진 마음에 단순함의 기름을 부어야 한다. 복잡한 생각으로는 불가능하다. 온전하게 하시는 예수를 깊이 생각해야 한다. 여러 곳에 집중하려고 하다 보면 정작 중요한 초점을 놓치게 된다. 그렇기에 예수 그리스도, 그분의 십자가만 바라보는 훈련을 해야 한다. 우선순위를 정하기 위해 가지치기를 결단하는 사람에게만 오직 성령의 무한 리필이 이루어진다.

하나님의 감시카메라를
벗어날 수 없다

없는 곳에서는 나라님 욕도 한다고? 서글픈 일이지만 우리 사회에 비일비재한 현실이다. 그러나 당하는 입장이 되고 보면 괴로운 일이다. 억울하고 분해서 울분이 치솟는다. 물론 욕하는 사람의 처지에서 생각하면 그럴 수도 있다. 그러나 이게 보편화되어야 할 사회현상은 아니다. 자제해야 할 일이다. 순화되어야 할 일이다. 금해야 할 사회풍토이다. 그렇지 않으면 상처와 아픔을 확대 재생산하는 우를 범하게 된다.

더욱이 그리스도인이라면 더 조심해야 한다. 아무도 없는 곳에서 하는 행동이 바로 인격이다. 더구나 아무도 없는 곳에서 하는 말이라도 하나님은 다 알고 계신다. 다 보고 계신다. 사람의 눈에 띄지 않더라도, 감시카메라에 포착되지 않더라도 불꽃 같은 하나님의 눈을 피할 수는 없다.

다윗은 한때 사람의 눈만 의식하고 하나님의 눈을 의식하지 않아서 부하의 아내를 취했다. 그 실수로 죄의 가속화를 막지 못했다.

결국 큰 낭패를 당했다. 알고 있는가? 하나님의 눈을 의식하지 않는 사람은 나중에 사람의 눈도 의식하지 않게 된다는 사실을. 다윗이 그랬다.

그러나 요셉은 달랐다. 보디발의 아내가 집요하게 유혹할 때 자기를 인정해준 주인을 의식했다. 그뿐만 아니라 보이지 않는 하나님의 눈을 의식했다. 주인의 눈에 보이지 않아도 하나님의 눈이 주시하고 있음을 알았다. 요셉이 옳았다. 그것이 바로 하나님의 사람이 살아야 할 진정한 삶이다.

옛날 어느 수도원에 훌륭한 원장이 있었다. 그는 많은 제자 중에 특히 한 아이를 지극히 사랑했다. 그 아이는 제자 중에서도 가장 못생겼고, 무엇을 가르쳐도 늘 쉽게 잊어버리는 아이였다. 그런데도 원장은 그 아이를 남달리 사랑했다. 그러다 보니 다른 제자들의 불만이 이만저만 아니었다. 그 불만이 쌓이고 쌓여 폭발할 지경에 이르렀다.

어느 날, 제자들이 모두 마당에 모여서 스승인 원장에게 따졌다. 그러자 원장이 조용히 말했다.

"내가 너희에게 과제를 주마. 그 과제를 해결하면 내가 왜 이 아이를 특별히 사랑하는지 알게 될 것이다."

원장은 제자들에게 작은 새 한 마리씩 주면서 과제를 내주었다.

"해질 때까지 아무도 안 보는 곳에서 그 새를 죽여서 가지고 오너라!"

그러면서 거듭 강조했다.

"절대로 아무도 안 보는 곳에서 죽여야 한다."

어느덧 해 질 녘이 되었다. 제자들이 하나둘 모이기 시작했다. 수도원 마당에는 죽은 새의 사체가 쌓였다. 그런데 이게 어찌 된 영문인지 원장이 특별히 사랑하던 아이가 돌아오지 않았다. 한참 뒤에야 아이가 돌아왔다. 하지만 아이의 손에는 작은 새가 산 채로 있었다. 그 광경을 본 다른 제자들이 비웃었다.

"저 바보는 원장님이 무얼 시켰는지도 모르나 봐!"

원장이 물었다.

"왜 새를 죽이지 않았느냐?"

그러자 그 아이는 이렇게 대답했다.

"원장님은 아무도 안 보는 곳에서 새를 죽이라고 하셨잖아요. 그런데 아무리 조용하고 으슥한 곳을 찾아보아도 하나님은 보고 계셨어요. 그래서 새를 죽일 수 없었어요."

우리는 항상 지켜보시는 하나님 앞에서 살고 있는가? 서울 시민들은 자신도 모르는 사이에 감시당하면서 살아간다. 곳곳에 설치된 감시카메라가 그렇고, 어떤 장소에서 나쁜 인간들이 몰래카메라를 촬영하고 있는지도 모른다. 차에 있는 블랙박스에 의해서도 감시당하고 있다. 그러니 눈이 없는 안전지대는 없는 셈이다. 궁중 벽에도 눈이 달려 있다는 말이 실감 날 지경이다. 우리 주변에 있는 카메라를 불편해하는 사람이 있다. 사생활이 침해당한다고 한다. 그런 사생활이라면 하지 말아야 한다는 생각이 들지만 어쨌든 자신의 생활에 대해 그렇게 자신 없는 사람들도 있다.

오랜 인생 경륜이 있는 사도 베드로는 베드로전서 2장 11~12절에서 말한다.

"사랑하는 자들아 거류민과 나그네 같은 너희를 권하노니 영혼을 거슬러 싸우는 육체의 정욕을 제어하라. 너희가 이방인 중에서 행실을 선하게 가져 너희를 악행한다고 비방하는 자들로 하여금 너희 선한 일을 보고 오시는 날에 하나님께 영광을 돌리게 하려 함이라."

하나님의 레이더망은 당신의 행동만 감찰하시는 게 아니다. 비밀스러운 곳에서 나누는 말도 다 듣고 계신다. 아니, 당신의 마음속 은밀한 생각까지도 다 알고 계신다. 하나님의 감시카메라 앞에서는 숨길 수 있는 마음이 없다. 감추고 싶은 비밀스러운 마음도 백일하에 드러난다.

어리석은 그리스도인은 꿰뚫어 보시는 하나님의 눈을 의식하지 못한다. 어떤 상황에서도 모든 것을 꿰뚫어 보시는 하나님의 눈을 의식해야 한다. 감추고 싶은 비밀 앞에도 무시무시한 하나님의 눈은 반드시 존재한다. 하나님의 레이더망을 인식하는 그리스도인은 하나님의 마음을 떠나려 하지 않는다. 그러므로 아무도 보는 이 없을 때도 양심의 법에 충실해야 한다. 마음이 움직이는 대로 아무렇게나 가서는 안 된다. 성령으로 통제된 마음의 길을 걸어야 한다. 복음이 안내하는 정도를 걸어가야 한다. 남들이 모두 넓은 길을 걸을지라도 복음을 붙잡고 좁은 길을 걸어가야 한다.

한국교회가 사양길을 걷고 있다. 너무나 가파른 내리막길이다. 그렇기에 지금 우리에게 필요한 것은 바로 도덕적 정당성을 회복하는 일이다. 기독교가 공공성을 되찾지 않고서는 등지는 사회의 관심을 되돌릴 수 없다.

그리스도의 좋은 군사들이여, 이제 다른 성품의 삶으로 세상을 감동시키는 기치를 들어 올리자. 우리를 통해 불신자들이 복음을 엿볼 수 있도록 다른 마음으로 세상을 감동시키자.

더 나은 인생을 위해
시선을 디자인하라

2021년 11월 어느 날 아침 7시경, 112에 신고가 들어왔다.

"남편이 집에서 쓰러졌어요."

신고를 받은 구급차가 출동했고 병원으로 이송하는 중에 사망했다. 그는 전화한 신고자의 남편이다. 부검을 실시한 결과 사인은 '니코틴 중독사'였다. 그런데 경찰은 남편이 담배를 피지 않았다는 사실을 확인했다. 그렇다면 이 사건은 단순한 변사가 아니라는 합리적 의심을 하게 되었다. 즉시 강력 사건으로 전환해서 수사에 착수했다. 경찰은 남편이 사망 전날 아침, 아내가 타준 미숫가루를 마시고 출근해 복통을 호소한 사실을 확인했다. 이들 부부의 통화 내역을 조사하니 남편이 아내에게 이런 말을 했던 것으로 드러났다.

"혹시 아까 미숫가루에 상한 꿀을 탄 것 아니냐?"

아내는 남편이 사망한 며칠 전에 자택 근처 전자담배 판매업소에서 니코틴 용액을 구입했다. 아내는 치사 농도 이상의 니코틴 용액을 미숫가루에 타서 남편에게 마시게 했다. 물론 아내는 "남편이 평소 담배를 피웠다"고 혐의를 부인했다. 하지만 주변인 진술에 따르면 이들 부부는 평소 돈 문제로 자주 다퉜다는 것이 드러났다. 더구나 아내는 남편 명의로 1억여 원의 보험에 가입했다. 결국 경찰은 경제적인 이유로 범행을 저질렀다고 판단했다.

돈이라는 게 뭔지. 사실 이들 부부의 삶을 한 마디로 판단하고 단정 지을 수는 없을 것이다. 밖으로 드러나지 않는 또 다른 세계들이 담겨 있을 것이니까. 평소의 관계가 있을 것이고, 돈 이상의 또 다른 문제들이 얽혀 있을 테니까. 그럼에도 불구하고 서글프기 그지없는 부부의 자화상이다. 좀 더 큰 그림을 볼 수만 있었다면, 미시적인 시선을 거시적 시선으로 디자인만 할 수 있었다면 분명히 새로운 인생과 세상을 경영했을 텐데.

보이지 않는 세계를
미리 내다보라

대부분의 사람은 보이는 것에 집착하며 살아간다. 보이지 않는 영혼보다는 육신을 더 소중하게 생각한다. 보이지 않는 천국보다는 보이는 이 세상을 더 중요하게 여긴다. 늘 화려하고 아름다운 것을 선호한다. 먹을 것이 풍족하면 즐겁다. 촉감이 좋으면 그만이다. 감각의 세계에 갇힌 인생이다. 그러나 바울은 보이는 것이 다가 아니라고 말한다.

"우리가 주목하는 것은 보이는 것이 아니요 보이지 않는 것이니 보이는 것은 잠깐이요 보이지 않는 것은 영원함이라"(고후 4:18).

미시적 관점으로 살아가는 사람은 보이는 것에만 집착하고, 보이지 않는 것은 대수롭지 않게 생각한다. 설령 그렇게 생각하지는 않을지라도 덜 중요하게 여긴다. 그러나 사실 보이는 것보다 보이지 않는 것이 훨씬 더 중요한 게 많지 않은가? 육신도 중요하지만 정신세계가 더 중요하다는 사실은 누구나 인정한다. 그런데 정신세계보다 더 중요한 영적인 세계가 존재한다는 사실은 인정하지 않으려 한다. 육신의 양식도 중요하다. 그러나 영혼의 양식은 더 중요하다. 그런데 그리스도인조차도 영혼의 양식을 섭취하는 일을 게을리한다.

믿음의 세계는 보이지 않는 세계를 미리 보고 사는 삶이다.

"믿음은 바라는 것들의 실상이요 보이지 않는 것들의 증거니"(히 11:1).

믿음은 미래를 끌어와 현재에 맛보며 사는 삶이다. 미래의 그림을 오늘 그리며 사는 삶이다.

미국의 유명한 선교사 중에 스탠리 존스라는 목회자가 있다. 그는 인도에서 복음을 전하는 일에 평생을 바쳤다. 그런 그를 인도 사람들은 성자로 추앙한다. 존스 선교사가 89세가 되는 어느 날, 그만

중풍으로 쓰러져 긴급히 미국 보스턴에 있는 병원으로 후송되었다.

병원에 도착한 존스 선교사는 주치의를 보자마자 이런 부탁을 했다.

"선생님, 제게 한 가지 부탁이 있습니다. 저를 보실 때마다 이렇게 외쳐주십시오."

"어떻게 말입니까?"

"스탠리 존스! 나사렛 예수 그리스도의 이름으로 내가 너에게 명하노니 일어나 걸으라! 이렇게 좀 외쳐주시기 바랍니다."

의사는 그 말을 듣고 피식 웃었다.

"아니, 선교사님! 저는 베드로도 아니고, 요한도 아니고, 또 부흥사도 아닌데, 제가 어떻게 그런 말을 외칠 수가 있습니까? 저는 못합니다."

그러나 존스 선교사는 억지를 부렸다. 결국 의사는 어쩔 수 없이 그를 볼 때마다 이렇게 외쳤다.

"스탠리 존스! 나사렛 예수 그리스도의 이름으로 내가 너에게 명하노니 일어나 걸으라!"

그러면 그는 침상에 누워 있다가 큰 소리로 "아멘! 아멘!" 하며 화답했다. 존스 선교사는 의사들뿐 아니라 심지어 간호사들에게까지 똑같은 부탁을 했다. 그래서 누구든지 그를 보면 이렇게 외쳤다.

"스탠리 존스! 나사렛 예수 그리스도의 이름으로 내가 너에게 명하노니 일어나 걸으라!"

그러면 그는 누워서 "아멘! 아멘!"이라고 화답했다. 옆구리 찔러 절받는 셈이었다. 그런데 놀라운 일이 일어났다. 존스 선교사가 6개월 만에 완쾌된 것이다. 주치의는 아주 오랫동안 입원 치료해야 할 것 같다고 진단했었는데, 불과 6개월 만에 완쾌라니!

존스 선교사는 입원할 때는 들것에 실려서 들어왔지만 나갈 때는 두 발로 당당히 걸어서 건강한 몸으로 퇴원했다. 그리고 곧바로 인도로 돌아가 죽을 때까지 건강하게 하나님의 사명을 감당했다.

어느 날, 81세 된 집사님이 넘어져서 뇌를 다쳤다. 의식이 없는 채 중환자실에 일주일 정도 입원해 계시다가 하나님의 부르심을 받았다. 그에게는 아들 넷이 있는데 모두 결혼해서 가정을 이루고 있다. 그런데 네 아들 모두 신앙생활을 하지 않는다. 그러나 네 자부는 모두 신앙생활을 하고 있다. 그리고 맏자부는 어느 교회의 권사이다. 임종 예배를 드리면서 나는 네 아들들에게 말씀을 전했다.

"야곱은 애굽의 대제국의 바로 앞에서 이런 인생 고백을 했다. '야곱이 바로에게 아뢰되 내 나그네 길의 세월이 백삼십 년이니이다. 내 나이가 얼마 못 되니 우리 조상의 나그네 길의 연조에 미치지 못하나 험악한 세월을 보내었나이다 하고'(창 47:9). 그렇다. 우리는 나그네 인생을 살아간다. 나그네 인생을 한 마디로 압축하면 험악한 세월이다. 잠시 정류장에 머물다가 궁극적인 목적지를 향해 떠나는 존재이다. 그런데 돌아갈 본향이 있는 나그네가 있는가 하면 돌아갈 본향이 없는 나그네도 있다. 어머님이 천국을 가셨다면 사랑하는 네 아들도 반드시 그곳을 가야 하지 않는가? 거룩한 나그네는 이 세상 것에 집착하지 않는다. 언제 어떻게 떠날지 모르는 존재이니까. 늘 떠날 준비를 하고 산다. 빈손으로 왔다가 빈손으로 간다는 사실을 잘 알고 있으니까. 어머님이 가신 하늘 본향이 진짜로 존재한다면 반드시 가야 하지 않는가? 그곳에서 만나야 하지 않겠는가?"

그렇다. 믿음의 사람은 보이지 않는 것을 보면서 산다. 이건 허풍이 아니다. 몽상도 아니다. 긍정적인 생각도 아니다. 하나님의 능력을 알기 때문이다. 말씀으로 천지 만물을 창조하신 하나님의 능력을 신뢰하기 때문이다. 없는 것도 있게 하시는 하나님을 믿기 때문이다. 이런 믿음을 갖고 있기에 살아가는 방식이 다르다. 현실적인 어려움에 낙심하지 않는다. 하나님은 아무리 어려운 현실에서도 살아 계시기 때문이다. 억울한 일을 당해도 노하지 않는다. 하나님이 다 알고 계시기 때문이다. 공의로우신 하나님은 악인은 멸하시고, 의인은 보응하시기 때문이다.

분당우리교회에 시무하시는 이찬수 목사님이 쓴 글이 생각난다.

"스티브 잡스처럼 이 땅에서 일등석 인생으로 살아가나 삼등석 인생으로 살아가나 모두 잠깐일 뿐이다."

보이는 게 아무리 화려하고 아름다워도 잠깐일 뿐이다. 절대로 놓고 싶지 않은 것일지 몰라도 다 지나가고 마는 것이다. 일등석을 탔다고 거만 떨 필요 없다. 머지않아 내려야 한다. 좀 불편한 삼등석에 앉았다고 속상해할 필요 없다. 어차피 잠시 후에 내릴 테니까. 지고 가는 것도 아니다. 이고 가는 것도 아니다. 그냥 모두 두고 떠난다. 그런데 뭘 그리 집착하는가? 욥의 고백처럼 빈손으로 왔다가 빈손으로 가는 인생 아니던가.

사도 바울은 주니어 목회자인 디모데에게 말한다.

"우리가 세상에 아무것도 가지고 온 것이 없으매 또한 아무것도 가지고 가지 못하리니 우리가 먹을 것과 입을 것이 있은즉 족한 줄로 알 것이니라"(딤전 6:7-8).

거시적 관점을 갖고 사는 사람은 자족할 줄 안다. 없어서 불만족한 게 아니다. 자족하는 마음이 없기 때문이다. 많아서 만족하는 게 아니다. 스스로 충분하게 여기며 사는 비결을 터득했기 때문이다.

8년 전의 일이다. 나는 거실에 있는 소파를 볼 때마다 아내에게 미안한 마음이 들었다. 오래 사용해서 두 곳이나 찢어졌다. 너무 크게. 그것도 벌써 몇 개월 전에. 그런데 갈아주지 못했다. 어느 날, 아내가 "소파를 갈았으면 좋겠다"고 말했다. 난들 왜 갈고 싶지 않겠는가? 보기도 싫고 앉기도 불편한데. 그런데 나는 대답했다. "조금만 더 기다리자. 세린이가 대학을 들어가고 나서 갈아줄게." 그런 말을 해야 하는 내 마음 역시 편할 리 없었다. 물론 지금은 바꾼 오래되었다.

그런데 생각해보면 이것 역시 다 지나가고 말 것이다. 40평 아파트를 사서 좋아하지만 잠깐 있다가 없어질 것 아닌가? 멋진 차를 사서 마음 설레지만 그 설렘도 며칠이지 않은가? 관점만 바꾸면 별것 아니다. 더 중요한 것을 바라보며 살면 된다. 눈에 보이는 것보다 더 소중한, 눈에 보이지 않는 것에 가치를 두고 살면 된다.

편함을 반납하고
불편함을 감수하라

"서면 앉고 싶고, 앉으면 눕고 싶다"는 말이 있다. 너나 할 것 없이 사람은 누구나 편한 것을 좋아한다. 그러나 편함을 추구하는 사람은 당장은 달다. 즐겁다. 행복하다. 그러나 나중에 반드시 불편해진다. 결국 후회하게 된다. 불편하더라도 더 나은 내일, 더 아름다운 인생을 위해서는 불편함을 감수해야 한다. 그러고 나면 행복한 삶이 다가온다.

불편함을 감수하는 사람의 현재는 고달프다. 하지만 결국에는 잘된다. 인간에게는 편해지고자 하는 욕구가 있다. 그런데 편하고 싶은 욕구대로 자신을 내버려 두면 더 큰 일이 발생한다. 그렇기에 아름다운 인생을 살기 위해서는 편해지고자 하는 욕구를 거스르고 불편함을 좇아야 한다.

"좀 더 자자, 좀 더 졸자, 손을 모으고 좀 더 누워 있자 하면 네 빈궁이 강도같이 오며 네 곤핍이 군사같이 이르리라"(잠 6:10-11).

멀리 내다보는 사람은 잠자는 게 다르다. 늦게 자고 일찍 일어나는 사람이 무엇인가를 이룰 수 있다. 남보다 한 걸음 앞서려면 남이 잘 때 일어나서 움직여야 한다. 그런 사람이 남보다 더 나은 삶을 산다.

불편함은 인간의 근본적인 욕구와는 다르다. 그러나 불편함을 좇지 않으면 머지않아 불행한 일을 당하게 된다. 노는 건 편하다. 공부하는 건 불편하다. 무엇을 선택할 것인가? 현재만 생각하는 사람은 노는 걸 선택할 것이다. 그러나 미래를 바라보는 사람은 불편함을 선택한다.

거시적인 안목을 갖고 사는 사람은 영적 게으름에 빠지지 않는다. 영적으로도 게으름은 편하다. 기도하기보다는 사람들을 만나 수다를 떠는 게 좋다. 성경 읽는 것보다는 신문과 인터넷이 좋다. 주의 일을 하는 것보다는 가정의 일을 하느라 바쁘다. 그러나 주님이 뭐라고 하실까?

불행하게 사는 부부들이 있다. 서로 마음이 안 맞을 때가 있다. 불편한 관계가 될 수도 있다. 그때 편하게 사는 사람은 부부관계를 개선하려고 노력하지 않는다. 매인 것을 풀기는 쉽지 않다. 부부관계를 개선하려고 노력하는 것은 불편한 일이다. 그러나 불편함을 감수하지 않고는 더 나은 부부생활을 영위할 수 없다.

복음은 불편한 삶으로의 초대이다. 복음을 알기 전에는 아무렇게나 살았다. 그러나 복음을 알고 난 후에는 아무렇게나 살 수 없다. 전에는 아무렇게나 말하고 다녔다. 그러나 이제는 아무렇게나 말할 수 없다. 전에는 내가 하고 싶은 일을 하면서 살았다. 그런데 이제는 주님이 원하시는 일을 하며 살아야 한다. 사실 복음은 우리를 불편한 세계로 초대한다. 그러나 불편함 속에 편함이 있다. 거기에 참 자유가 있고 행복이 있다.

사도 바울이 빌립보 교회 성도들에게 옥중서신을 띄웠다. 그때 바울은 세 가지 불편함을 설명했다(빌 1:12-24). 첫 번째는 쇠사슬에 매여 있는 죄인이다. 두 번째는 대적하는 자들로 인한 마음의 불편함이다. 세 번째는 죽으면 편한데, 해야 할 사명이 있어서 좀 더 살아 있어야 함이다. 바울은 복음 때문에 불편함을 감수했다. 그러나 그 불편함은 '자원하는 불편함'이었다.

예배를 드린다. 그냥 편하게 예배드리면 얼마나 좋은가? 아무렇게나 옷을 입고, 아무렇게나 신발을 신고 오면 좋겠지만 주일 하루만이라도 정장을 입고 넥타이를 하는 이유는 주님께 좀 더 정성껏 예배드리기 위해서이다. 예배 시간에 졸리면 그냥 자버리면 그뿐이다. 그런데 잠을 깨우면서 집중해서 설교를 듣는다. 이것이 예배자의 참모습이기에 그렇다. 불편함을 감수하지 않는 예배는 참 예배의 모습이 아니다.

현대 사회는 다이어트 열풍이 불고 있다. 살을 빼기 위해 금식한다. 금식은 불편하다. 인간의 욕구를 거스르는 일이다. 그러나 그렇게 해서라도 살을 빼고 싶은 게 사람이다. 그리스도인은 영적 다이어트를 해야 한다. 교만의 살을 빼야 한다. 분노와 미움의 찌꺼기도 제거해야 한다. 우리 몸에 익숙한 악을 제거해야 한다. 영적 다이어트를 하기 위해서는 불편함을 감수해야 한다.

내가 불편함을 감수하면 다른 사람을 편하고 기쁘게 해줄 수 있다. 내가 편하게 살려고 하면 다른 사람이 불편해지고 불행해진다. 그렇기에 선택해야 한다. 나를 편하게 하려고 다른 사람을 불편하게 할 것인가, 다른 사람을 편하게 하려고 나의 불편함을 감수할 것인가? 성경은 자기 유익을 구하지 말고 남의 유익을 구하라고 말한다. 편한 것을 추구하는 사람은 이기적이다. 다른 사람을 생각하지 않는 것이다. 결국 이기심을 다스리지 않으면 불편함을 추구할 수 없다.

'몸'을 편하게 해주는 사람이 있다. 무거운 것이 있으면 들어준다. 힘든 일이 있으면 아예 자신이 해버린다. 그래서 그 사람과 함께 있는 사람은 편하고 행복하다. 하지만 '마음'을 편하게 해주는 사람이 더 나은 사람이다. 몸은 편하게 해주지만 마음을 불편하게 하는 사람이 있다. 차라리 몸은 불편하더라도 마음이 편한 게 더 낫다. 그렇기에 우리는 몸보다 마음을 편하게 해주는 사람이 되어야 한다.

육체는 불편해도 마음만은 편하게 살자. 버스나 전철을 탔다. 가까스로 자리가 생겼다. 몸도 피곤한지라 주변을 한 번 돌아본 후 서슴지 않고 자리에 앉았다. 두세 정거장을 지났는데 할머니가 끙끙거리면서 타셨다. 어떻게 할 것인가? 일어나자니 몸이 불편하고, 앉아 있자니 마음이 불편하다. 어떻게 해야 하는가? 마음이 편한 게 더 나을 것이다. 때때로 마음은 불편해도 영혼은 편하게 살자.

죽음은 더 좋은 집을
향한 여행이다

세상에 돌아갈 곳이 없는 사람만큼 처량하고 외로운 사람이 있을까? 우리 주변에 가출 청소년이 많다. 가출 청소년이란 집(家) 나온(出) 미성년자를 뜻한다. 그래도 그들에게는 돌아갈 집이나 가정이 있다. 그런데 2000년대 중반 이후 등장한 가출 청소년의 다수는 빈곤, 이혼, 학대 등으로 집이 사라진 아이들이다. 가출한 게 아니라 사실은 가정을 잃은 홈리스(homeless) 청소년인 셈이다. 2013년 자료에 의하면 청소년 14만 명이 돌아갈 집이 없다고 한다. 마음이 아프다. 사회적으로 큰 문제이다.

은희 부모는 셋째인 은희가 태어난 직후 이혼했다. 그 뒤 은희는 엄마 집과 아빠 집, 큰엄마네, 엄마 친구네 등을 전전했다. 오간 곳이 너무 많아서 쉼터 상담사가 몇 번을 물어도 몇 살 때 어디서, 누구와 살았는지 제대로 기억해낼 수가 없었다. 재혼한 아빠 집에 정착할 무렵, 은희는 처음으로 집을 나갔다. 여관 드나들 듯 집을 오가던 어느 날, 새엄마는 "너도 나가라"며 챙겨둔 짐 꾸러미를 건넸다. 이미 아빠는 새엄마와 싸운 후 집을 나간 상태였다.

그렇게 4개월 전에 은희네 가족은 공식적으로 해체됐다. 2년 전 오토바이 사고로 장애인이 된 오빠, 화장품 가게 점원으로 일하는 언니, 서울 어딘가에 살고 있다는 엄마. 아무도 은희를 찾지 않았다.

쉼터에 들어온 은희는 어떤 일에도 의욕을 보이지 않았다.

"살아서 뭐 해요."

"그런 건 왜 해. 죽으면 그만인데."

과연 이 말이 열여섯 살 소녀의 입에서 나올 말인가?

갈 곳이 있어도 아무도 반겨줄 이 없는 인생. 우리 주변의 홈리스들은 동네 공원에서 새우잠을 자고, 역에서 신문지 한 장 깔고 추운 겨울밤을 지새운다. 그런데 알고 있는가? 이 땅에서 돌아갈 곳이 없는 홈리스 인생을 살지라도 우리가 돌아갈 곳이 있다는 사실을 말이다. 히브리서 기자는 하늘에 더 나은 본향이 있다고 말한다.

"그들이 이제는 더 나은 본향을 사모하니 곧 하늘에 있는 것이라"(히 11:16).

그리스도인에게는 돌아갈 본향이 있다. "더 낫고 영구한 소유"(히 10:34)가 있다. 그렇기에 그리스도인은 다르게 살아간다. 비방을 받아도 환난과 박해를 당하더라도 그리스도인의 얼굴에는 웃음이 가득하다. 하나님이 지으신 더 나은 나라를 유업으로 물려받기 때문이다. 그래서 죽음을 두려워하지 않는다. 돌아갈 곳이 있는 사람에게는 죽음이 마침표가 아니라 쉼표에 불과하다. 죽음은 더 좋은 곳을 향한 여행에 불과하다. 그러니 그렇게 불안하고 두려워할 일만은 아니다.

베스트셀러 작가인 고든 맥도날드 목사는 '품위 있게 나이가 들어가는 사람의 특징'을 이렇게 정리한다.

"감사할 줄 안다. 젊은 세대의 성취와 변화에 열정적인 관심을 두고 있다. 마음에는 오늘의 세상이 있다. 큰 그림을 그리며 거시적인 관점에서 삶을 바라본다. 여전히 소명을 가지고 살아간다. 섬기는 이들이다. 죽음을 두려워하지 않는다."

죽음을 두려워하지 않는 사람은 이 땅의 것 때문에 품위를 실추시키지 않는다. 로마 시민권에 목을 매지 않는다. 물론 로마 시민권만 소유하면 편리한 게 많다. 누릴 수 있는 혜택이 많다. 그렇기에 사람들은 거액을 들여서라도 로마 시민권을 사려고 했다. 그러니 로마 시민권을 가진 것을 자랑할 만하다. 그런데 바울은 로마 시민권을 가진 것으로 자부심을 느끼지 않았다. 그가 소중하게 생각하는 건 바로 하늘에 있는 천국 시민권이었다.

"그러나 우리의 시민권은 하늘에 있는지라. 거기로부터 구원하는 자 곧 주 예수 그리스도를 기다리노니"(빌 3:20).

지금 당장은 대수롭지 않은 것처럼 생각될지 모른다. 그러나 천국 시민권을 가진 자는 그리스도께서 재림하실 때 전혀 다른 세상을 경험하게 된다. 아니, 죽음과 동시에 그는 새로운 세상을 경험하게 된다. 이 비밀을 알고 있기에 바울은 말한다.

"만일 땅에 있는 우리의 장막 집이 무너지면 하나님께서 지으신 집 곧 손으로 지은 것이 아니요 하늘에 있는 영원한 집이 우리에게 있는 줄 아느니라"(고후 5:1).

하늘에 있는 영원한 집이 눈에 들어오지 않으면 죽음은 공포의 대상이다. 어떻게 해서든 이 땅에 더 머물러야 할 게다. 그러나 하늘에 있는 영원한 집에 대한 확신이 있으면 구태여 육체에 머물러야 할 이유가 없다. 영광스러운 부활의 몸을 입는 날이 있기 때문이다. 이 땅에 오래오래 머물러야 할 이유가 없다. 더 아름답고 영광스러운 하늘 본향이 있다. 차원이 다른 인생이 아닌가.

이 땅에 사는 동안 누구나 질병에 걸릴 위험이 있다. 그러나 같은 질병에 걸릴지라도 하늘에 대한 소망을 가진 자는 안달하지 않는다. 마음의 흔들림이 없을 수는 없지만 이내 평안을 되찾는다. 하늘에 소망을 두고 있기 때문이다. 누구나 실패할 수 있다. 그러나 하늘에 소망을 둔 사람은 든든한 지팡이를 짚고 있다. 하늘 아버지라는 든든한 후견인이 있다.

육신이 흙으로 돌아가든 한 줌의 재로 돌아가든 상관없다. 언젠가 영광스러운 부활의 몸을 입을 것이기 때문이다. 정든 이 땅을 떠나는 건 새로운 하늘 장막으로 이사하는 것뿐이다. 이 땅에서의 고별식은 하늘에서의 환영식을 예고할 뿐이다. 그래서 바울은 매일 하늘에서 주님의 얼굴을 친히 뵙는 그날을 고대하며 살았다. 그러니 하루하루의 여행이 힘차지 않을 수 없었다. 힘겨운 순간도 있었지만 하늘에서 누릴 영광의 순간을 생각하면 그저 행복했다. 바울은 알고 있었다. "항복하는 인생이 가장 행복하다"는 사실을. 이 땅에서 하나님께 항복하면 하나님은 항복에 대해 보상해주신다. 그렇기에 바울은 날마다 죽는 훈련을 했다.

이 땅에서 정말 불쌍한 사람은 누굴까? 영적 홈리스이다. 돌아갈 하늘을 모르고 살아가는 사람, 예수님을 믿는다고 하면서도 하늘나라에 대한 확신이 없어 그날의 소망을 갖지 못한 채 살아가는 사람이다. 이런 사람은 이 땅에서도 즐겁지 못하고, 영적인 세계에서도 행복하지 못한 불쌍한 인생이다.

유럽을 정복하고 세계를 지배하려는 야망을 갖고 살았던 사람이 있다. 그러나 그는 워털루 전투에서 패하여 세인트헬레나섬에 유배되는 신세로 전락하고 말았다. 한때 세계를 제패했던 영웅이었지만 지금은 초라한 죄인의 몸으로 사람의 시선을 피하고 있었다.

하루는 어느 기자가 어렵사리 그와 인터뷰하게 되었다.

"지난날을 회상할 때 가장 행복했던 순간은 언제였습니까?"

그는 백발을 날리고 눈을 지그시 감은 채 눈물을 흘리며 말했다.

"스위스의 알프스산맥을 넘을 때였지. 잠시 전투가 그친 어느 주일 아침이었는데, 산 아래 조그만 교회에서 종소리가 울려왔어. 그 소리에 이끌려 교회로 들어갔다네. 나는 그때 눈물을 흘리며 인생 최고의 행복을 맛봤다네."

이 사람이 누구일까? 바로 세계 정복을 꿈꿨던 나폴레옹이다. 세계를 자기 손안에 넣고 흔들려고 애썼던 사람이다. 그러나 그에게도 진정한 만족과 행복은 없었다. 다만 그의 귀에 들려오는 교회 종소리에 이끌려 찾아간 교회에서 인생의 참 행복을 느낄 수 있었다.

나룻배 철학을 갖고 살아가라

어떤 형제의 직장 선배가 물었다.

"김 대리, 증권 투자해?"

"아니요."

"요즘 증권 투자 안 한다는 사람 있나? 팔불출이군!"

요즘 재테크가 유행이다. 돈을 투자해서 재산 증식을 꾀하는 기술이다. 샐러리맨 중에 증권 투자에 손대지 않은 사람은 별로 없을 것이다. 재테크하지 않으면 바보 취급을 받는다. 팔불출이라는 소리를 들은 형제가 대답했다.

"증권 주는 아니지만 투자하고 있기는 합니다. 하늘나라 투자입니다. 좀도 안 슬고 도둑도 없으며 늘 투자한 것의 몇십 배, 아니 몇백 배의 가치로 되돌아오는 그곳에 투자하고 있습니다. 그래서 언제나 상한가를 치고 있답니다."

미시적인 관점으로 사는 사람은 이 땅에 있는 주식 투자에 분주하다. 눈이 벌겋도록 컴퓨터 앞에서 주식 상황을 점검하느라 바쁘다. 그러나 거시적인 안목으로 사는 사람은 더 먼 곳을 내다본다. 이런 사람은 돈을 쓰는 용도도 다르다.

어느 목사님이 알고 있는 집사님에 관한 이야기를 해주었다.

어느 날, 그 집사님이 미국으로 이민가게 되었다. 그때 집사님이 목사님에게 말했다.

"한 달에 십일조 3천 불 드리는 것이 제 꿈이에요."

3천 불이면 우리나라 돈으로 3백만 원이 넘는 금액이다. 십일조를 3백만 원이나 드린다? 결국 한 달에 3천만 원을 벌겠다는 이야기다.

몇 년이 흐른 후, 목사님이 미국으로 집회를 하러 가게 되었다. 그런데 어떻게 알았는지 그 집사님이 마중 나온 것이 아닌가?

"목사님, 제가 미국에 올 때 드렸던 말씀 기억하세요? 한 달에 3천 불씩 십일조를 드리는 것이 제 꿈이라고 했던 말이요. 저는 미국에 온 직후 의류공장을 만들었습니다. 그러곤 수입이 없는데도 매달 3천 불씩 십일조를 드렸습니다. 꼭 그렇게 될 거라는 믿음으로 미리 3천 불씩 십일조를 드린 것이지요. 지금은 그 꿈이 이루어졌답니다. 정말 한 달에 3천 불씩 십일조를 드리고 있습니다."

그 집사님은 믿음으로 십일조를 가불해서 하나님께 드렸다. 하나님은 그의 믿음을 보시고 응답해주셨다. 하나님을 향해 주저하지 않고 투자할 수 있는 헌신, 어떤 일이 있어도 하나님께 정직한 십일조를 드리는 것을 생명처럼 지켰던 충성, 하나님이 채우시는 인생을 확신하면서 십일조를 가불해서 드릴 수 있는 믿음. 분명히 그 집사님은 다른 사람과는 다른 인생을 개척한 믿음의 사람이다.

2007년 7월 25일, 배형규 목사는 아프가니스탄에서 탈레반 무장단체에 의해 피살되었다. 당시 그의 나이 42세. 한참 주님을 위해

뛰고, 또 뛰어야 할 젊은 나이였다. 그의 죽음을 두고 사람들의 관점은 첨예하게 엇갈렸다. 그러나 그가 평범한 삶 이상의 삶을 살았던 것만은 분명하다.

평소 나룻배 철학을 갖고 살았던 그는 늘 이렇게 기도하곤 했다.

"사람을 태워 그리스도께 데려다주고, 빈 배로 돌아오는 나룻배 같은 삶을 주소서."

이 기도는 그가 살아 있을 때 청년 제자들에게 제시한 비전이기도 하다. 그는 사람을 태워 그리스도께 데려다주고 빈 배로 돌아오는 나룻배처럼, 영원한 본향을 향해 걸어가는 순례자처럼 그런 삶을 살기 원했다. 그가 죽은 후에 그의 삶과 신앙, 사역을 엿볼 수 있는 책이 한 권 출간되었다. 바로 「우리의 삶과 함께하는 기독교강요」라는 책이다. 이 책에는 주옥같은 짧은 글이 가득 담겨 있다. 잠깐 소개하면 이렇다.

"번영할 때는 감사한 마음을, 역경 속에서는 인내를, 미래에 대한 우려에서는 놀라운 자유를 얻게 된다."

"비전이 있는 사람은 내가 지금 고통이 있고 아픔이 있을지라도 다른 사람의 연약함과 아픔을 돌아보게 됩니다. 이것이 십자가의 능력입니다. 예수님이 십자가상에서 못 박는 그 사람들을 보면서 '하나님, 저 사람들을 용서해 주십시오'라고 말할 수 있는 것, 이것이 십자가의 능력입니다"(2006년 4월 16일 설교 중에서).

"칼뱅은 마지막 순간에 '현재의 고난은 장차 우리에게 나타날 영광과 족히 비교할 수 없다'는 말을 열여섯 번째 암송하다 숨을 거두었습니다. 우리가 고난의 때에 늘 기억해야 할 것은 이 땅의 고난이 우리의 끝이 아니라는 것입니다. 끝이 언제입니까? 우리가 하나님 앞에 섰을 때 그때가 진짜입니다"(2006년 6월 18일 설교 중에서).

고 배형규 목사의 짧은 인생은 너무나 아깝다. 너무 짧게 살다 갔기에 그런 게 아니다. 막 산 인생이라면 그보다 더 짧은 삶이어도 너무 긴 인생으로 느껴질 것이다. 그런데 그의 인생이 짧게 느껴지는 것은 너무나 멋진 인생을 살려고 애쓰다가 간 인생이기 때문에 그렇다.

단기 이익을 내기 위해 인생을 투자할 것인가, 장기 이익을 바라보며 인생을 투자할 것인가? 순간을 위해 진액을 뺄 것인가, 영원을 위해 진액을 쏟을 것인가? 눈에 보이는 게 다는 아니다. 먼 미래를 내다보며 장기적인 투자를 해야 한다. 땅이 아닌 하늘에, 순간이 아닌 영원에.

어떤 분의 책상 위에는 짧은 두 줄의 글귀가 쓰인 명판이 있었다.

"한 번밖에 없는 인생 쉬 지나가고,
그리스도를 위해 일한 것만 오래 남네."

한 번밖에 없는 소중한 인생이다. 이렇게 소중한 인생인데 너무 빨리 지나가 버린다. 눈을 뜨면 감아야 할 때가 다가오는 느낌이다.

아침인가 싶었는데, 어느새 저녁 잠자리에 누워 있다. 화살같이 날아
간다는 시인의 고백이 실감 난다. 그렇다면 짧고 소중한 인생을 좀
더 가치 있는 일에 투자해야 하지 않을까? 바울은 그리스도를 알아
가는 것에 투자했다. 그리스도를 위해 일하는 것에 집중했다. 그리스
도 앞에 서는 날을 준비하며 달려갔다. 그의 인생은 온통 그리스도께
투자했다. 당신은 어떤가? 당신은 지금 당신 인생을 어디에 투자하
고 있는가? 좀 더 거시적 관점으로 인생을 투자했으면 좋겠다.

고신대 전 총장 황창기 박사가 '번영의 복음'에 취한 한국교회의 현실을 신랄하게 비판한 적이 있다. 간단하게 소개하면 다음과 같다.

"같은 교단 소속의 교회 정문 앞에 'OOO 성도, 사법고시 합격 축하합니다'라고 붙은 현수막을 봤다. 당신은 어떻게 생각하는가? 이 모습이 한국교회가 잘못 가고 있는 비참한 현실을 보여준다고 생각한다. 한국교회가 세속화와 물질주의, 일등주의로 변질하고 있다."

"목회자들이 단골 메뉴로 하는 설교가 다니엘과 요셉이 '출세한' 이야기다. 그들의 출세가 아니라 신앙 태도를 강조해야 하지 않는가? 예수님은 세례 요한에 대해 "여자가 낳은 자 중에 가장 큰 자"라고 하셨지만 "그러나 하나님의 나라에서는 극히 작은 자라도 그보다 크니라"고 하셨다. 하나님의 관점에서는 세상의 욕망과 야망을 이룬 사람이 큰 인물이 아니다. 그럼에도 세상의 물질주의와 성장주의가 교회에 그대로 들어왔다. 이것은 너무나 큰 비극이다."

"출세하고 돈 벌고 자식 성공만 강조하는 복음은 '가짜 복음, 위조 복음'이다. 한국교회가 '번영의 복음' 길로 간다면 결국 망할 수밖에 없다."

"목회자가 성공과 출세만 강조하는 설교를 한다면 그 교인들은 어떻게 느끼겠는가? 상대적 박탈감을 제공하는 것이 참 복음인가? 신학생들도 산에 가서 나무뿌리를 잡고 '대형교회 목회자가 되게 하소서'라고 기도하는 현실이 아닌가? 목회자는 희생하고 봉사하는 사람이지 경영자나 사업가가 아니다."

황창기 박사가 지적한 한국교회의 현실에 대해서 어떻게 생각하는가? 그는 한국교회가 불신앙적인 관점에서 신앙적 관점으로 회귀할 수 있기를 갈구하고 있다. 교회에서 행하는 일이라고 다 신앙적이고 복음적인 것은 아니다. 복음의 옷을 입은 위조 복음이 너무나 많다. 믿음의 가면을 쓴 불신앙이 너무나 많다. 이제 한국교회는 불신앙의 옷을 벗어 던져야 한다. 비복음적인 껍데기를 벗어던져야 한다. 그래서 새로운 갱생의 길을 찾아야 한다.

갈등보다 갈등을
풀어가는 게 관건이다

　　단언컨대 그 누구도 갈등 없이 살 수는 없다. 완전무결한 신이셨던 예수님도 한 인간으로서 갈등하며 사시지 않았던가? 그렇다면 결함투성이인 우리 인간이야 오죽할까? 잘 어울려 살고 싶다. 하지만 그게 어렵다는 사실을 우리는 경험으로 알고 있다. 죄성을 가진 부족한 인간이기에 불가피한 현실이다. 그렇기에 우리는 갈등이 없기를 기대하지 말고, 갈등에 잘 대처하는 지혜로운 삶을 살기 위해 애써야 한다.

　　갈등(葛藤)이란 말은 칡(葛)과 등(藤)나무 줄기에서 유래했다. 이 두 나무는 자라면서 줄기의 뻗어가는 방향이 서로 다르다. 칡은 왼쪽으로 감아 올라간다. 그런데 등나무는 반드시 오른쪽으로 감아 올라간다. 그러다 보니 이들은 나무를 타고 오르면서 서로 만날 수밖에 없고, 서로 얽히고설킬 수밖에 없게 된다. 그래서 풀기가 힘들다.

　　쌍둥이도 세대 차를 느낀다고 할 정도로 사람은 서로 다르다. 아무리 비슷한 문화와 환경에서 자랐을지라도 아주 다르다. 아무리 성격이 비슷하다 해도 서로 다르다. 그래서 갈등이 찾아온다. 원하지는 않지만 갈등은 반드시 찾아오는 불청객이다. 아무리 사랑하는 사람이라도, 죽고 못 사는 친한 관계라도 갈등을 피할 수는 없다. 심지어 가까울수록, 만남이 잦을수록 갈등은 더 심해진다.

그렇다면 피할 수 없는 갈등 앞에서 우리는 어떻게 해야 할까? 갈등은 부인한다고 없어지지 않는다. 도망친다고 갈등 밖의 세상에 머물 수 있는 것도 아니다. 그럴 바에는 차라리 솔직하게 인정하고, 그 갈등을 풀어나가기 위해 서로 노력하는 편이 훨씬 낫다. 그렇기에 우리는 먼저 갈등 자체를 인정해야 한다. 그래야 해결책이 보인다.

어떤 부부는 심각한 갈등이 있음에도 갈등을 수면 위로 떠올리려고 하지 않는다. 더 파괴적인 갈등이 조장될까 봐 두렵기 때문이다. 그래서 갈등이 없는 것처럼 서로 속이며 안 그런 척 살아간다. 그런다고 해결되는 건 아니다. 갈등을 수면 위로 올려놓고 서로 갈등을 풀어가고자 애쓰는 노력이 필요하다. 그럴 때 원만히 관계가 회복될 수 있다.

그런가 하면 갈등을 해결하고자 하는 의지가 없는 사람도 있다. 아니, 도리어 갈등을 더 깊어지게 만들려고 애쓴다. 그런데 생각해 보라. 누가 가장 큰 피해자인가? 갈등을 조장하는 바로 그 당사자이다. 갈등은 가해자와 피해자 모두에게 고통스러운 일이다. 그렇기에 갈등이 더 깊어지기 전에 해결하는 것이 올바른 믿음이다.

갈등을 쉽게 풀고 싶은가? 그렇다면 먼저 미안하다고 사과하라. 갈등의 골이 깊어지는 원인은 자존심 때문이다. 알량한 자존심만 내려놓으면 아무것도 아닌데 자존심을 내세우는가? 그것은 자기가 못났다는 사실을 방증하는 제스처일 뿐이다. 자존심을 지키려다가 더 큰 것을 잃을 수도 있다. 진짜 용기 있는 사람, 정말 멋진 사람이 되고 싶은가? 그렇다면 먼저 "미안하다"고 손 내밀라. 먼저 손 내밀고 사과한다고 해서 절대 비굴한 것도, 치사한 일도 아니다. 하나님의 사람으로서 당연히 해야 할 일이다.

상대방이 먼저 손 내미는가? 그렇다면 이것저것 재지 말고 함께 손 잡아주라. 갈등을 겪는 데는 일방적인 피해가 없다. 누구나 다 가해자이고, 누구나 다 피해자이다. 나만 억울하다는 생각 때문에 좀처럼 갈등이 풀리지 않는 것이다. 상대방이 가해자라는 생각 때문에 먼저 손 내밀지 못하는 것이다. 그러나 아무리 피해자라 생각할지라도 나 역시 가해자임을 잊지 말아야 한다.

갈등을 풀어가고 싶은가? 그렇다면 자기만 옳다고 생각하는 아집을 버려라. 나는 옳고 너는 틀렸다고 생각하는 사람은 다른 사람을 피곤하고 힘들게 한다. 100% 옳은 게 어디 있겠는가? 처지를 바꿔놓고 생각하면 다 이해할 수 있다. 상대방의 입장을 조금만 배려한다면 문제 될 게 없는 것이다. 서로 옳다고 우기기 때문에 갈등의 골이 깊어지는 것이다.

갈등을 해결하려는 사람을 보면 다양한 패턴이 있다. 먼저 '너 죽고 나 살자'는 패턴이다. 너야 어떻게 되든 말든 상관없이 나만 이익을 챙기면 된다는 식이다. 그러니 갈등이 좀처럼 해결되지 않는다. 또 다른 유형은 '나 죽고 너 살자'는 패턴이다. 갈등을 더 크게 확장하지 않기 위해 자기희생을 감수하는 사람이다. 갈등은 해결될 수 있지만 자신은 불만족스러울 수 있다. 또 다른 사람은 '너 죽고 나

죽자'는 스타일이다. 둘 다 자폭하자는 식이다. 멱살잡이하며 극단적인 형태의 상황을 유발하는 사람이다. 마지막으로 '너도 살고 나도 살자'는 스타일이다. 둘 다 사는 방법을 선택하자는 것이다. 상생과 공생의 길을 모색하자는 것이다. 모두에게 유익을 가져오는 현명한 사람이다.

어느 일간지에 한 교회의 예배드리는 광경이 실린 적이 있다. 한 무리는 본당 예배당에서 예배드리고, 일부 교인은 교회 마당에 천막을 쳐놓고 예배드리는 광경이었다. 참으로 웃지도 울지도 못할 광경이었다. 지금까지 얼마나 갈등과 아픔을 겪었으면 저렇게 할까 하는 측은한 마음이 들기도 했지만 과연 이 광경을 불신자들은 어떻게 이해할까? 또 하나님은 무어라 말씀하실까? 사진을 보는 내내 두렵기마저 했다.

복음 자체는 아름답고 영광스럽다. 교회 자체는 영광스럽고 존귀하다. 그런데 온전하지 못한 우리 모습 때문에 복음을 부끄럽게 만들고, 교회를 불명예스럽게 해서는 안 된다. 십자가의 사랑과 은총을 담고 있는 우리가 갈등을 풀지 못할 일이 어디 있을까? 유대인과 이방인을 하나로 묶은 십자가의 능력이 교회 안에서도 은혜로 나타나길 바란다. 성령의 하나 되게 하심을 힘써 지킬 수 있기를 소망한다. 우리 안에 있는 문제는 불신앙적 시선과 태도로 사는 것이다. 신앙적 시선에서 보면 아주 단순하다. 해답도 분명하다. 그러나 이것저것 계산하다 보니 복음은 사라지고 이기심만 남는 것이다.

아직도 갈등 없이 살기를 바라는가? 그럴 수는 없다. 그건 천국에서나 가능한 일이다. 우리가 영화로운 상태가 되기 전에는 불가능한 일이다. 하나님의 마음을 아는가? 하나님은 갈등을 풀어가는 우리의 믿음을 보시고 진짜 믿음을 확인하기 원하신다. 갈등을 해결해가는 과정을 통해 영적인 성장과 성화를 이루어가기를 원하신다. 그렇기에 우리는 복음과 성령의 능력으로 갈등을 해결해가는 온전한 하나님의 사람이 되어야 한다.

일이 잘 안되고 막혀도
형통일 수 있다

한국인의 마음 깊은 곳에 자리 잡은 사이즈 콤플렉스. 많은 사람이 큰 사이즈에 주눅 들어 있다. 작은 키 때문에 고민한다. 왜소한 체구 때문에 염려한다. 작은 것에 대한 열등감은 큰 것에 대한 갈망으로 나타난다. 그래서 많은 여성이 가슴을 키우기 위해 성형외과를 찾는다. 눈을 크고 예쁘게 하고, 코를 세우기 위해 성형수술을 받는다. 그러다 보니 한국이 성형 공화국이 되었는지도 모른다.

작은 사이즈에 대한 콤플렉스는 심리적인 문제를 불러일으킨다. 작은 것에 대한 불만족은 큰 것을 추구하게 한다. 대형을 찾는다. 대형교회, 대형마트 등. 그뿐만 아니라 제일만 찾는다. 제일교회, 제일 식당, 제일기업 등. 이런 사람은 자연히 일등병에 걸린다. 일등을 하지 않고서는 견디지 못한다. 자녀들에게도 일등만 하라고 다그친다. 사실 이등, 삼등, 꼴찌가 없는 일등이 어디 있는가? 그런데 일등만 찾는다. 일등병, 제일병에 감염된 부모 때문에 자녀들은 서서히 병들어가고 있다. 그러다 보니 일등하지 못한 아이들이 가끔 자살이라는 돌파구를 찾기도 한다. 우리 교회 전도사님 중에 이인자라는 이름을 가진 전도사님이 있다. 나는 가끔 웃으며 말한다.

"전도사님은 이인자 정신으로 섬겨가니 정말 복음적인 전도사님이다."

그렇다고 사이즈 콤플렉스가 꼭 작은 것에만 국한된 것은 아니다. 큰 것에 대한 콤플렉스도 있다. 어떤 이는 "큰 키와 큰 발 사이즈가 너무 싫다"고 불평한다. 작고 귀여운 스타일을 원하는데, 사이즈가 너무 커서 불편한 게 한둘이 아니라고 한다. 우리 아들은 키가 크다. 요즘은 장거리 운전을 할 때면 으레 아들이 운전대를 잡는데 키가 크다 보니 많이 불편해한다. 시야에 다 들어오지 않아서 고개를 숙여야만 한다.

교회가 부흥하는 것을 마다할 수는 없다. 성장하는 교회를 어찌 손가락질할 수 있단 말인가? 그러나 지금의 한국교회 현상은 박수를 보낼 만한 모습은 아니다. 개신교가 성장한 주된 원인 가운데 하나는 개교회주의였다. 그런데 그것이 개교회 이기주의를 낳고 말았다. 그래서 선의의 경쟁이라는 이름 아래 꼴사나운 사이즈 키우기 경쟁이 벌어지고 있다.

크다고 다 좋은 것은 아니다. 작다고 다 무시할 수 있는 것도 아니다. 작지만 소중한 것이 있다. 크지만 쓸데없는 것이 있다. 성경은 작은 것의 힘에 대해서도 많은 교훈을 주고 있다. 작은 것에 충성한 자가 큰 것으로 보상받을 수 있다.

천국을 비유하는 겨자씨나 누룩을 생각해보라. 비록 작은 것이지만 그 안의 잠재력은 대단하다. 겨자씨는 천국의 양적 성장, 외적 성장을 말해준다. 천국은 겨자씨처럼 보잘것없이 은밀하게 이 땅에서 시작되었다. 그러나 천국이 확장되는 힘을 보라. 전 세계를 덮어버리지 않았는가?

한편 누룩 비유는 천국의 질적 변화, 내적 확장을 보여주는 비유이다. 천국은 누룩처럼 변화를 일으킨다. 심령을 변화시킨다. 복음을 경험한 사람은 전적으로 변화된 삶을 산다. 새로운 피조물로 거듭난다. 새로운 가치로, 새로운 인생관을 갖게 된다.

왜 예수를 믿으면서도 큰 것만 좋다고 부추기는가? 왜 그런 가치관으로 살아야만 하는가? 작은 것의 가치를 알아야 한다. 거액의 돈을 하나님께 예물로 드리는 것도 좋다. 그러나 작은 헌금을 정성껏 드리는 것의 가치도 소중하게 여겨야 한다.

주님은 부자가 드린 헌금만 받으셨는가? 아니다. 가난한 과부가 드린 두 렙돈도 기뻐하셨다. 부당하게 벌더라도 건축헌금이나 선교

헌금을 많이 드리면 좋은가? 사람들에게 박수받을지는 모르지만 하나님으로부터는 책망을 들을 일이다. 부끄럽게 생각하는 작은 것이지만 깨끗하게 번 돈으로 드리는 정성스러운 헌금을 기뻐하신다. 얼마나 다행한 일인가? 얼마나 감사한 일인가? 우리가 섬기는 주님이 바로 이런 분이셔서.

오래전, 미국의 작은 마을에 한 교회가 있었다. 어느 주일, 주일학교에서 예배를 드리고 있었다. 헌금 시간이 되어서 모든 아이가 헌금을 드리는데 유독 한 소년만 눈을 감고 있었다. 이상하게 여긴 선생님이 그 아이를 따로 불러 왜 헌금 시간에 눈을 감고 있었는지 그 이유를 물었다. 그러자 소년은 헌금할 돈이 없어서 대신 기도만 했다고 대답했다.

"하나님! 돈이 없어서 헌금을 못 합니다. 하지만 제 마음도, 제 생명도 모두 드립니다."

선생님은 소년에게 큰 감동을 받았다. 그래서 지폐를 주면서 "잔돈으로 바꿔서 다음 주부터 헌금을 드려라"라고 말했다.

몇 주가 흘렀다. 선생님이 그 소년을 보니 또다시 눈을 감고 있는 것이 아닌가! 선생님은 화가 나서 따져 물었다.

그러자 소년은 이렇게 대답했다.

"선생님, 돈을 가지고 있으니까 사 먹고 싶은 게 너무 많아서 한꺼번에 헌금하고 또다시 기도만 하는 겁니다."

그렇다. 그 소년이야말로 최선의 헌금을 드렸던 것이다. 세월이 흘러 하나님은 그 소년을 귀하게 쓰셨다. 그가 바로 최초로 한국 복음화에 헌신한 언더우드 선교사이다.

사람이 보는 게 두려운 게 아니다. 하나님이 어떻게 보실까 두려운 것이다. 사람에게 보이는 전시적인 헌금이 아니라 하나님께 드리는 믿음의 예물이 중요하다. 양이 문제가 아니다. 믿음과 정성이 담긴 헌금이어야 한다.

성경은 형통한 삶에 관해서 자주 언급한다. 요셉은 여호와께서 범사에 그를 형통하게 하심을 그의 주인이 볼 정도였다(창 39:3). 하나님은 여호수아에게 하나님이 모세에게 주신 율법을 다 지켜 행하고 우로나 좌로나 치우치지 아니하면 어디로 가든지 형통하게 하시겠다고 약속해주셨다(수 1:7). 파란만장한 인생을 살았던 다윗은 이렇게 고백했다.

"그는 시냇가에 심은 나무가 철을 따라 열매를 맺으며 그 잎사귀가 마르지 아니함 같으니 그가 하는 모든 일이 다 형통하리로다"(시 1:3).

그렇다면 과연 형통이란 무엇인가? 만사가 막힘없이 뻥뻥 트이는 게 형통인가? 세상에 그런 삶이 어디 있는가? 그럼 일이 잘 안 풀리고 막히면 형통이 아닌가? 부자가 되고, 하는 일마다 척척 잘 풀리면 형통인가? 악한 사람이 악한 일을 하는데도 잘만 풀리면 형통인가? 악한 일을 주도하는 데도 막힘없이 잘 진행되면 복인가? 아니다. 악한 일이 잘 풀리지 않는 것이 형통이다. 주님과의 교제가 멀어진 사람이 무엇인가 막혀서 깨닫게 되는 게 형통이다. 하나님만 함께 하신다면 그 모든 삶이 형통이다. 더 이상 형통을 세상 관점에서 성공주의, 출세 지향적인 삶으로 만들지 말아야 한다.

고통의 담금질에는
영적인 의미가 담겨 있다

어떤 농부가 하나님께 이런 기도를 드렸다.

"하나님, 이번 여름에는 햇빛을 많이 주셔서 농사가 잘되게 해주세요."

하나님이 이 기도를 들으시고 정말로 그해 여름에 햇빛을 많이 주셨다. 그런데 가을에 추수해 보니 쭉정이만 가득했다. 그래서 농부는 하나님께 항의했다.

"하나님, 제가 농사가 잘되게 해달라고 기도했는데 이게 뭡니까? 농사를 다 망치지 않았습니까?"

그때 하나님 말씀이 들려왔다.

"나는 잘못이 없단다. 네가 요구하는 햇빛을 충분히 주었을 뿐이지."

그러자 농부는 큰 소리로 다시 따졌다.

"그런데 왜 농사를 망친 겁니까?"

하나님이 대답하셨다.

"너는 햇빛만 구했지 찬 서리를 구하지 않았어. 서리가 없으면 곡식은 잘 영글지 않는단다."

서리 없이는 곡식이 영글지 않고, 고난 없이는 인생이 견고해지지 않는다. 그러므로 고난과 역경을 불청객처럼 취급해서는 안 된다. 물론 아픔을 좋아할 사람은 없다. 고통과 어려움을 반길 사람도 없다. 그렇다고 고난이 닥쳐올 때 불평하고 원망한다면 이는 믿음의 관점이 아니다. 믿음을 가진 사람은 고난 앞에서 취하는 태도가 다르다.

"오히려 너희가 그리스도의 고난에 참여하는 것으로 즐거워하라. 이는 그의 영광을 나타내실 때에 너희로 즐거워하고 기뻐하게 하려 함이라"(벧전 4:13).

19세기 최고의 시인으로 불리는 롱펠로는 두 명의 아내를 병과 재난으로 잃고 난 뒤, 힘들고 외로운 인생을 살았다. 임종을 앞둔 롱펠로에게 기자가 찾아와 물었다.

"선생님은 감당하기 힘든 험한 인생을 살아오면서 어떻게 그런 아름다운 시를 쓰실 수 있었습니까?"

그러자 롱펠로는 정원의 사과나무를 가리키며 말했다.

"저 사과나무가 내 인생의 스승이었습니다. 사과나무는 해마다 새로운 가지가 자라고 꽃이 피고 열매가 열렸습니다. 나도 저 사과나무처럼 해마다 그렇게 새로운 열매를 맺겠노라고 다짐하며 살아왔습니다."

어려움 없이 일어나는 기적은 없다. 탄식의 시간 없이 나오는 감탄은 없다. 고난의 언덕을 넘은 자만이 희망의 봉우리를 차지한다. 우리에게 다가오는 고난이 어떤 형태이든 우연히, 쓸데없이 다가오는 것은 없다. 모든 고난에는 반드시 하나님의 뜻이 숨겨져 있다. 그렇기에 고난을 가장한 축복이라고 말하지 않는가!

고난의 외적인 얼굴만 봐서는 안 된다. 그러면 하나님께 불평만 하게 된다. 사람들을 향한 원망만 생긴다. 세상에 대한 거부와 저항만 일어난다. 고난의 저 깊은 곳에 숨겨진 또 다른 얼굴을 봐야 한다. 그 안에 숨어 있는 하나님의 목적을 볼 수 있어야 한다. 그러면 고난을 대하는 게 훨씬 더 평안하고 가볍게 여겨진다. 고난 속에 담긴 하나님의 계획을 보는 사람은 다윗처럼 "고난당한 것이 내게 유익이라"(시 119:71)고 고백하게 된다.

중요한 건 우리가 당하는 고난의 성격을 한번 점검해봐야 한다는 사실이다. 자기 어리석음과 실수로 어려움을 자처하는 사람이 있다. 심지어 악하고 나쁜 일을 해서 고통을 당하는 사람도 있다. 그런데 그런 고통조차 십자가를 지는 것으로 착각하는 사람이 있다. 하지만 이것은 분명 그리스도의 고난과는 아무런 상관이 없다. 받아서는 안 될 고통일 뿐이다. 정직하고 양심적으로 살려고 애쓰다가 받는 고난, 하나님 말씀대로 살기 위해 당하는 고난, 다른 사람과 공동체의 유익을 위해 받는 어려움, 그리스도의 몸인 교회 때문에 당하는 시련 등 이런 고난이 다가오는가? 그렇다면 오히려 즐거움으로 받아들이라. 하늘에서 상급이 클 것이다.

왜 자꾸 눈을 딴 곳으로 돌리는가? 자신을 신뢰하는가? 주변에 힘 있는 사람의 도움을 바라는가? 하나님은 고난의 풀무에서 주님만 의지하도록 우리의 믿음을 연단하신다.

"우리는 우리 자신이 사형 선고를 받은 줄 알았으니 이는 우리로 자기를 의지하지 말고 오직 죽은 자를 다시 살리시는 하나님만 의지하게 하심이라"(고후 1:9).

어려운 일이 닥쳐올 때 속상해서 이불을 뒤집어쓰고 힘들어하는 그리스도인이 있다. 그런 어려움을 당하게 한 장본인을 찾아 복수하려고 애쓰는 사람도 있다. 끓어오르는 복수심을 세상을 향해 불사르는 자도 있다. 사회적 반항심을 갖고 문제를 일으킨다. 그러나 사도 야고보는 고난을 겪는 그리스도인이 지향해야 할 길이 있다고 말한다.

"너희 중에 고난 당하는 자가 있느냐. 그는 기도할 것이요 즐거워하는 자가 있느냐. 그는 찬송할지니라"(약 5:13).

힘들고 어려운가? 그때가 바로 기도의 동굴로 들어갈 시간이다. 하나님은 당신과 기도의 동굴에서 교제하기 원하신다. 거기서 하나님의 깊은 마음을 경험하기 원하신다. 다시 한번 자신의 인생을 점검해보기 원하신다. 그런데 우리가 기도의 동굴로 들어갈 때 꼭 다짐해야 할 것이 있다. 모든 것을 하나님께 맡기겠다는 의지이다.

"그러므로 하나님의 뜻대로 고난을 받는 자들은 또한 선을 행하는 가운데에 그 영혼을 미쁘신 창조주께 의탁할지어다"(벧전 4:19).

내가 누구인가? 사랑받는 하나님의 자녀가 아닌가? 그렇다면 하늘 아버지를 전적으로 신뢰해야 하지 않는가! 그분이 나에게 주시는 응답이 어떤 것이든지 가장 좋은 선물이라고, 그분이 나의 형편을 가장 잘 아신다고, 내가 알지 못하는 미래까지 다 아시기에 나에게 가장 적절한 것으로 응답해주실 것이라고 믿어야 하지 않겠는가!

고난의 시간에 우리가 꼭 암송해야 할 말씀이 있다.

"하나님을 사랑하는 자 곧 그의 뜻대로 부르심을 입은 자들에게는 모든 것이 합력하여 선을 이루느니라"(롬 8:28).

고난과 역경이 닥쳐올 때 우리가 무장해야 할 게 있다. 기다림이다. 하나님이 일하실 때까지 잠잠히 기다릴 줄 알아야 한다.

어느 날, 한 무사가 검을 만드는 명인에게 재촉하며 물었다.

"언제 명검을 만들어주실 겁니까?"

그러자 명인이 무사에게 금언을 남겼다.

"명검이 그렇게 금방 만들어지는 줄 아느냐? 기다리라!"

하나님은 나를 명품으로 만들기 위해서 담금질하신다. 풀무불의 고통이 쉬운 일은 아니다. 그러나 고통의 담금질에는 의미가 있다.

"인내를 온전히 이루라. 이는 너희로 온전하고 구비하여 조금도 부족함이 없게 하려 함이라"(약 1:4).

하나님의 담금질을 통과하면 우리는 성숙한 인격으로 다듬어진다. 고난을 지긋지긋한 심술꾸러기 마귀할멈으로 생각하는가? 물론 사탄이 주는 고난도 있다. 그러나 하나님은 그것마저도 나를 다듬으시는 도구로 사용하신다. 그렇다면 우리는 고난을 하나님의 세심한 손길로 볼 수 있는 올바른 관점을 가져야 한다. 그럴 때 우리는 하나님의 사랑을 경험하게 되며, 하나님의 살아계심을 고백하게 된다.

염려 모드를
맡김 모드로 전환하라

그리스도인의 삶은 모든 일에서 모드 전환이 일어나야 한다. 불신앙의 모드가 신앙적 모드로, 성경에서 벗어난 모드가 성경적 모드로 재조정되어야 한다. 그렇지 않으면 무늬만 그리스도인일 뿐이다.

사도 야고보는 우리가 욕심에 이끌리기 때문에 죄를 짓게 되고, 죄가 자라서 죽음에 이르게 된다고 경고한다.

"욕심이 잉태한즉 죄를 낳고 죄가 장성한즉 사망을 낳느니라"(약 1:15).

죄로 오염된 우리 마음은 자꾸 욕심에 이끌리는 경향이 있다. 아무리 욕심의 노예로 전락하지 않기 위해 몸부림쳐도 여전히 욕심의 그늘에서 서성이는 자신을 발견하게 된다. 그래서 바울은 자족하기를 배워야 한다고 말한다. 가진 것에 만족하고, 있는 것에 감사하는 삶을 배워야 한다고 강조한다. 그런데 그것이 잘 안된다. 인간에게는 가진 것에 대한 식상함과 갖지 못한 것에 대한 갈증이 공존한다. 갖지 못한 것에 대한 갈증 때문에 가지려고 애쓰지만 막상 그것을 소유하고 나면 머지않아 식상해한다.

강남 아줌마 장애등급이 있단다. 외제차가 없으면 장애 4등급, 자식을 유학 보내지 않으면 장애 3등급, 애인이 없으면 장애 2등급, 애인을 사귀다가 남편에게 들켜서 얻어맞으면 진짜 장애 1등급, 이런 일이 있어서는 안 될 일이지만 현실을 반영한 얘기가 아닐까?

그렇게 사랑해서 결혼한 배우자가 아니던가? 그런데 왜 다른 사람에게 곁눈질하는 걸까? 가진 것에 대한 식상함 아닐까? 갖지 못한 것에 대한 갈증 아닐까? 모드를 전환해야 한다. 하나님이 주신 것에 만족하고 감사하도록. 자기 선택에 대해 책임지는 사랑으로. 시대적인 흐름이 아닌 하나님 말씀을 따르는 삶으로 전환해야 한다.

사탄은 우리 마음 밭에 의심과 염려의 씨를 뿌린다. 잘못된 모드이다. 염려의 잡초가 싹을 틔우기 시작하면 무섭게 자라난다. 그런데 사람의 마음을 분석해 볼 필요가 있다. 우리 마음의 85%는 과거의 추억, 한, 설움, 원망, 지식, 선입견, 경험 같은 잡동사니로 채워져 있다. 그리고 10%는 다가올 미래에 대한 기대, 두려움, 불안함으로 채워져 있다. 나머지 5%가 현재, 지금의 의식이다. 결국 95%는 현실이 아닌 셈이다. 사람들은 5%의 현실에 집중하는 것이 아니라

95%의 과거와 미래에 집착한다. 현실이 아님에도, 바꿀 수 없는 것임에도, 심지어 미래의 염려를 가불해서까지 고민하고 산다. 많은 사람이 염려라는 무덤에 질식한 채 살아간다. 그들이 선택한 염려 모드가 잘못된 것이다. 그래서 사도 베드로는 충고한다.

"너희 염려를 다 주께 맡기라. 이는 그가 너희를 돌보심이라"(벧전 5:7).

염려의 모드를 선택하기보다 맡김의 모드를 선택해야 한다. 내가 감당할 수 없는 일이라면 그것을 감당할 수 있는 존재에게 맡기면 된다. 주님은 수고하고 무거운 짐을 진 우리에게 초대장을 보내셨다. 그러나 우리는 그 초대장을 외면해버린다.

많은 고민과 염려 덩어리를 가진 우리에게는 두 개의 모드가 주어져 있다. 하나는 염려 모드이고, 다른 하나는 기도 모드이다. 바울은 자신 있게 추천한다.

"아무것도 염려하지 말고 다만 모든 일에 기도와 간구로 너희 구할 것을 감사함으로 하나님께 아뢰라"(빌 4:6).

아직도 염려 모드에 마음이 가는가? 염려 모드를 선택하는 게 무슨 소용이란 말인가? 예수님은 그런 자들을 향해 말씀하시지 않았던가?

"너희 중에 누가 염려함으로 그 키를 한 자라도 더할 수 있겠느냐"(마 6:27).

염려해서 키를 한 자나 더할 수 있다면, 목숨을 조금이라도 더 연명할 수 있다면 염려해도 좋다. 그러나 다 부질없는 일, 우리 능력 밖의 일이다. 그렇기에 우리는 주님께 맡기는 기도 모드를 선택할 수밖에 없다. 오직 한 가지 길밖에 없는데 무엇을 갈등하고 무엇을 염려하는가? 할 수 있는 한 가지 길을 선택하라.

보물을 땅에 쌓으려 애쓰는 사람들이 있다. 그런데 주님은 모드를 바꾸라고 말씀하신다. 오히려 보물을 하늘에 쌓으라고 권고하신다. 보물을 땅에 쌓으려는 사람은 자신만 생각한다. 이 땅에 축적하려고만 한다. 많이 축적해야 안정된 삶을 살 수 있다고 생각한다.

그러나 주님은 땅에 쌓으면 좀과 동록이 해하고, 도둑에게 위협을 당한다고 경고하신다.

"너희를 위하여 보물을 땅에 쌓아 두지 말라. 거기는 좀과 동록이 해하며 도둑이 구멍을 뚫고 도둑질하느니라"(마 6:19).

그렇기에 하나님은 섬기는 일에 재물을 사용하라고 말씀하신다. 거지 나사로를 외면하지 말라고 권고하신다. 자신의 배만 생각해서 축적하지 말라고 경고하신다. 그러면서 하나님이 기뻐하시는 삶의 모드를 선택하라고 말씀하신다.

"오직 선을 행함과 서로 나누어주기를 잊지 말라. 하나님은 이같은 제사를 기뻐하시느니라"(히 13:16).

교회 안에서도 차별 모드를 선택하는 경우를 종종 본다. 화려한 옷에 온갖 장신구로 치장한 사람이 교회 안에 들어왔다. 교인들은 환대한다. 좋은 자리로 안내하고 함께 식사하자고 말한다. 전도회에 참여해서 함께 교제를 나누자고 친절하게 제안한다. 그런데 남루한 옷을 입은 사람이 들어왔다. 게다가 대화를 나눠보니 병까지 들어 있다. 돌보아줄 가족도 없다고 한다. 친절했던 얼굴은 금세 찌푸려진다. 거들떠보려고도 하지 않는다. 식당에서 한쪽 구석에 쪼그려 앉아 식사하지만 누구 한 하나 말을 걸어오는 사람이 없다. 철저한 차별 사회로 전락하고 말았다.

이런 사람은 가난한 자를 택하사 믿음에 부유하게 하시는 하나님의 방법을 잊은 채 살아가는 그리스도인이다. 그들은 하나님도 택하시지 않는 차별 모드를 쉽게 선택한다. 하나님이 미워하시는 판단과 비난 모드를 아무렇지 않게 쉽게 취한다. 그래서 기독교가, 교회가 세상으로부터 손가락질을 당하는 것이다. 그렇기에 우리는 불신앙의 관점이 무엇이며, 신앙적인 관점이 무엇인지 분별하는 지혜를 터득해야 한다. 그리고 그릇된 방향으로 고정된 모드를 차단하고, 성경적 모드를 선택하는 용기를 가져야 한다.

레오나르도 다빈치가 그린 모나리자는 세계 미술사에 길이 남을 명작이다. 아름다운 미소의 전형이라던 모나리자의 미소는 알 듯 모를 듯하다. 그래서 보는 이마다 그 해석이 다양하다. 그렇다면 모나리자의 작품 속에 나타나는 엷은 미소의 정체는 과연 무엇일까? 기쁨의 미소인가, 우수에 젖은 미소인가? 아니면 허망함을 의미하는 미소인가? 지금까지 결론짓지 못해 끊임없는 논쟁거리다.

100여 년 전, 프랑스의 미술학자 쥘 미셸은 "이 웃음이 사실은 극도의 혐오감을 표시한 것"이라고 주장했다. 그런데 최근 네덜란드 암스테르담대학의 니쿠 제베 교수는 다른 의견을 내놓았다. 그는 인간의 얼굴을 보고 감정을 추정하는 컴퓨터 프로그램을 이용해서 모나리자의 미소를 분석했다. 그리고 흥미로운 연구 결과를 내놓았다.

"모나리자의 미소가 83% 정도는 기뻐하는 모습을 묘사한 것이다. 그러나 그 웃음 이면에는 9% 정도는 뭔가 징그러운 것을 보고 느끼는 거북함, 6% 정도는 초조함, 그리고 2% 정도는 분노를 의미한다."

모나리자를 감상하는 사람마다 나름대로 자기 시선으로 그림을 관찰한다. 그러다 보니 각기 다른 해석을 내놓을 수밖에 없다. 시선은 주관적이기 때문이다. 그러고는 자신이 해석한 대로 다빈치의 모나리자를 다른 사람들에게 소개한다. 그 해석이 기쁨이 될 수도, 혐오감이 될 수도, 거북한, 초조함이 될 수도 있다. 이것이 인생이다.

결국 인생은 해석이다. 어떤 해석을 하느냐에 따라 선택과 행동이 달라지고 운명이 달라진다. 그렇기에 해석은 매우 중요하다. 그런데 우리는 너무나 다양한 해석의 틈바구니에서 살고 있다. 너무 혼란스럽다. 무엇이 올바른 해석인지 헷갈릴 때가 많다. 그러므로 우리는 해석을 판단해서 취하기 전에 그 해석을 가능하게 한 우리의 시선을 점검해봐야 한다.

그런데 주의할 게 있다. 이미 우리의 시선은 관성적 시선으로 고정되어 있다는 사실을 먼저 받아들이는 것이다. 관성이란 어떤 물체가 밖의 힘을 받지 않는 한 그대로 정지된 상태로 있고자 하는 성질이다. 즉 우리의 시선은 스스로 노력해서 바꾸려고 하지 않는 한 고정관념에 사로잡혀 있다는 것이다. 이런 관성적 시선을 소통의 시선으로 새롭게 디자인하지 않으면 우리는 세상을 올바로 해석할 수 없고 아름다운 인생으로 이끌 수 없다.

바른 시선을 갖기 위해
고정관념을 탈피하라

나의 어린 시절은 먹을 것이 궁하던 시절이다. 그래서 배를 불릴 수만 있다면 닥치는 대로 먹어야 했다. 그런데 아무리 먹을 것이 궁해도 절대 먹기를 거부했던 게 있다. 바로 제사를 지내는 데 사용했던 음식이다. 나는 어린 시절부터 신앙생활을 하면서 제사음식은 우상에게 드려졌기 때문에 절대 먹어서는 안 된다고 배워왔다. 목사님이나 주일학교 선생님들은 다니엘과 세 친구 이야기를 하면서 그렇게 가르치셨다. 그러니 제사음식을 먹지 않는 것을 자랑스러워했다.

그런데 지금은 "그건 큰 문제가 아니다"는 결론을 내렸다. 사도 바울은 고린도교회 안에서 벌어진 음식에 관한 문제를 거론하면서 그렇게 가르쳤다(고전 7장). 바울에게는 우상에게 드린 제물이 큰 문제가 되지 않았다. 말씀과 기도로 거룩하여짐을 알기에 개의치 않았다. 그런데 제사음식을 먹는 것을 목격한 다른 형제가 시험에 들 수 있다면 그 제사음식을 먹지 않는 것이 현명하다고 말했다. 즉 자신의 자유가 믿음이 약한 형제들에게 걸림돌이 될 수 있다면 그 자유마저도 포기할 수 있어야 한다는 것이다.

많은 교회가 전통에 사로잡혀 있다. 그것도 성경적이지도 못한 전통에. 중세 가톨릭이 잘못된 신학 패러다임으로 가르칠 때 종교개

혁의 기치를 들고 일어선 사람들이 있다. 그들을 '개혁주의자'라고 부른다. 그런데 요즘 자칭 개혁주의자라고 말하는 사람들이 많은 부분에서 스스로 개혁을 거부하고 있다.

요즘은 강단에 대한 관점이 많이 달라졌다. 내가 어린 시절에는 근접해서는 안 될 성역으로 여겼다. 지성소에 들어가서는 안 되듯이 말이다. 그런데 요즘은 그렇게 생각하지 않는다. 십자가로 인해 지성소와 성소를 가로막던 휘장은 찢어졌다. 강단이 중요한 것은 그곳에서 하나님 말씀을 선포하기 때문이다. 하나님 말씀을 선포하는 기능을 감당하는 강단이기에 구태여 그것을 우상화할 이유가 없어졌다. 그래서 강단에 구두를 신고 올라가기도 한다. 목사와 장로만 올라가야 한다고 생각했던 곳이지만 지금은 모든 교인이 올라간다. 그곳에서 찬양팀이 율동도 한다.

바른 시선을 갖고 성경적인 관점으로 살아가기 위해서 꼭 필요한 게 있다. 바로 깨달음이다. 종교개혁은 진리의 말씀에 대한 단순한 깨달음에서 비롯되었다.

"오직 의인은 믿음으로 말미암아 살리라"(롬 1:17)는 말씀이 고행으로 하나님께 나아가려던 수도사 루터의 깨달음을 온통 뒤집어 놓았다. 지금 생각하면 누구나 다 알고 있는 아주 평범한 말씀이지만 그 당시에는 이 말씀에 대한 깨달음이 없었다.

어느 날, 정오였다. 베드로가 기도하기 위해 지붕으로 올라갔다. 배가 고파서 무엇인가 먹을 것을 구했다. 그때 하나님이 베드로에게 환상을 보여주셨다. 하늘이 열렸다. 하늘에서 큰 보자기 같은 그릇이 내려왔다.

"하늘이 열리며 한 그릇이 내려오는 것을 보니 큰 보자기 같고 네 귀를 매어 땅에 드리웠더라"(행 10:11).

그 안에는 유대인이 부정하게 여기는 음식들이 들어 있었다. 그런데 하나님이 베드로에게 말씀하셨다.

"베드로야 일어나 잡아먹어라"(행 10:13).

그 말씀을 듣는 순간 베드로는 주저 없이 대답했다.

"주여 그럴 수 없나이다. 속되고 깨끗하지 아니한 것을 내가 결코 먹지 아니하였나이다"(행 10:14).

그러자 하나님이 다시 말씀하셨다.

"또 두 번째 소리가 있으되 하나님께서 깨끗하게 하신 것을 네가 속되다 하지 말라 하더라"(행 10:15).

이쯤 되면 "알겠습니다"라고 순종해야 하지 않는가? 그러나 하나님과 베드로의 줄다리기는 세 번씩이나 반복될 정도로 팽팽했다. 결국 베드로가 순복할 수밖에 없었지만 하나님과 베드로의 시선은 분명히 달랐다. 우리도 이런 경우를 만날 수 있다. 이럴 때 우리에게 중요한 것은 자신의 경험이나 신학 지식이 아니다. 바로 하나님의 시선을 수용하고자 하는 열린 자세이다. 그리고 순복하는 태도이다.

하나님은 요나에게 앗수르의 수도 니느웨로 가서 회개하고 돌이키라고 외치라 하셨다. 그러나 요나는 싫었다. 요나의 생각에는 앗수르와 니느웨는 망해서 이 땅에서 사라져야 할 나라이기 때문이다. 그런데 앗수르에 가서 회개를 촉구하다가 그들이 돌이키면 어떻게 하겠는가? 하나님이 용서하실 것은 안 봐도 뻔한 사실이다. 그러니 하나님의 명령을 따를 수가 없었다. 그래서 하나님의 얼굴을 피해 도망쳤다. 그를 불순종하는 선지자의 아이콘으로 만든 건 바로 그가 가지고 있는 유대주의적 사고 때문이다. 그의 고정관념이 하나님의 시선을 거부하게 했다. 고정관념만 깨뜨릴 수 있었다면, 자기 신념의 벽만 넘을 수 있었다면, 자기 프레임에서 탈출만 했다면 하나님이 하시는 위대한 사역을 경험할 수 있었을 텐데. 인간의 생각을 뛰어넘는 하나님의 역사를 볼 수 있었을 텐데. 그러나 실패하고 말았다.

그렇다. 고정관념으로 꽉 찬 사람은 바른 시선을 갖기 힘들다. 새로운 삶을 경험할 수 없고, 새로운 세상을 볼 수 없다. 그는 자기 생각대로 사는 사람일 뿐이다. 물론 그 생각이 바른 생각이면 다행이다. 그러나 우리의 생각이나 프레임은 언제든지 바뀔 수 있지 않은가? 우리는 거짓 정보를 접하기 쉬운 환경에서 살고 있다. 옳은 정보라고 여겼던 것이 나중에는 잘못된 정보여서 낭패하는 경우가 허다하다. 베드로처럼 말이다. 그렇기에 우리에게는 바른 정보를 올바르게 받아들일 개방적 의식이 필요하다.

유대인이 이방인을 생각하는 것과 이방인이 유대인을 생각하는 시선이 달랐다. 그래서 베드로는 유대인의 시선으로 정결하지 않다고 여겼던 음식을 먹으려 하지 않았다. 그러나 베드로는 잘못된 정보를 갖고 있었다. 유대인이 갖고 있던 음식법이나 정결 의식이 십자가를 통해 바뀌었다는 사실은 몰랐다. 그래서 하나님과 세 번의 줄다리기를 할 때까지 자기 생각을 바꾸려고 하지 않았다. 그러나 우리가 바른 시선을 갖기 위해서는 언제나 자기 생각을 조정할 준비를 해야 한다. 자기 생각에 오류가 있을 수 있음을 인정해야 한다.

자기 생각을 조정하는 데 꼭 필요한 게 있다. 바로 소통할 용기를 갖는 것이다. 바른 시선, 성경적인 시선을 갖고 살기 위해서는 언제나 소통하고자 하는 마음이 중요하다. 성경과 소통해야 한다. 성경을 통해 언제든지 새롭게 깨달을 준비를 해야 한다. 진리의 영이신 성령과 소통하는 삶을 살아야 한다. 성령이 깨달음을 주실 때 주저 없이 소통해야 한다. 자신이 오류에 빠져 있을 수 있음을 언제나 인정하면서.

작은 것부터
하나님의 시선에 올인하라

믿음은 행동이고 실천이다. 사도 야고보는 실천하지 않는 믿음, 행동하지 않는 믿음은 이미 죽은 믿음이라고 단정했다. 믿음을 위장한 가짜 믿음이라는 뜻이다. 마음속에 아무리 좋은 뜻을 품었어도 행동하지 않으면 아무 소용없다. 생각은 행동으로 나타날 때 그 의미가 있다. 머릿속에 그린 거창한 프로젝트를 구체적으로 행동으로 옮기는 게 중요하다. 마음속에 그려진 그림을 캔버스에 옮기는 게 중요하다. 그래야 멋진 작품이 탄생할 수 있다.

그리스도인에게 중요한 건 실천적 영성이다. 요즘은 목회자 못지않게 성경을 잘 아는 성도가 많다. 이들 중에는 수십 년 동안 신앙생활 하면서 설교를 들었으니 성경 본문을 펼치는 순간 "오늘 무슨 설교를 할지 알겠다"고 할 정도인 분도 있다. 성경을 수십, 수백 독을 해서 설교를 예리하게 비평할 정도로 실력이 대단한 이도 있다. 그런데 목회자로서 바라는 게 있다. 머리로 아는 게 아니라 행동으로 실천했으면 한다. 머리에 채운 지식은 교만으로 이끈다. 가슴에 채워서 믿음으로 실천해야 한다. 예수님이 제자들에게 말씀하시지 않았던가? 말씀을 듣고 행하는 자가 되라고. 듣는 데 멈춰서는 안 된다. 들은 대로 행하는 영성이 필요하다. 성경적 시선을 갖는 것도 중요하지만 그 시선대로 행동하는 게 더욱 중요하다.

깊은 산속에 노 수도사가 살았다. 그에게는 젊은 제자가 있었다. 젊은 제자는 여러 해 동안 하루도 거르지 않고 도를 닦았다. 그런데 도무지 깨달음이 없었다. 왜 자신에게는 깨달음이 오지 않는지 제자는 답답했다. 그래서 스승에게 그 까닭을 물었다. 그러자 스승은 제자에게 "시냇가에 가서 큰 돌을 하나 들고 오라"고 했다.

잠시 후, 제자가 큰 돌을 안고 돌아왔다. 그러자 스승은 "그 돌을 다시 제자리에 가져다 놓으라"고 했다. 그리고 이번에는 "큰 돌 대신 작은 조약돌 하나를 가져오라"고 말했다.

제자는 스승의 지시대로 시냇가로 가서 작은 조약돌을 주워 왔다. 그러자 스승은 또다시 "그것을 제자리에 가져다 두라"고 했다.

얼마 후 제자는 작은 조약돌을 도로 가지고 왔다. 그걸 본 스승이 물었다.

"왜 그 돌을 도로 가지고 왔느냐?"

그러자 제자가 울먹이며 대답했다.

"도무지 제자리가 어딘지 찾을 수가 없었습니다."

스승은 웃으면서 말했다.

"세상에는 큰일보다 하기 어려운 작은 일도 있느니라. 작은 일을 늘 업신여겨 온 네 탓을 이제 알겠느냐?"

위대한 일은 작은 일에서 시작된다. 작은 성취를 맛보지 않고 큰일을 이룰 수 없다. 작은 시선에서부터 출발해야 한다. 무시되어야 할 시선은 없다. 작은 일에서부터 하나님의 시선대로 살기를 선택한다면 엄청난 일 앞에서도 주저하지 않는다.

하나님의 시선훈련은 상당한 도전이다. 자신을 포기하겠다는 의지적 결단이다. 자존심을 내려놓겠다는 생각 없이는 불가능한 일이다. 유익이냐 불이익이냐를 따져서는 안 된다. 계산하노라면 하나님의 시선을 따라 살아갈 수 없다. 오직 하나님의 시선에 순종하겠다는 의지만 있으면 된다.

교회 안에 분란이 일어날 때가 있다. 서로의 시선이 다르다. 서로 다른 주장 때문에 감정이 격해진다. 오랜 감정의 충돌 때문에 심각하게 대립한다. 게다가 이권이 개입되면 문제는 더 복잡해진다. 도저히 일어날 것 같지 않지만 교회 안에서 물리적 충돌까지 불사한다. 그러나 하나님의 시선으로 돌아가면 문제는 단순해진다. 서로의 연약함을 인정하면 된다. 불쌍히 여기는 마음으로 포용하고 안아주면 된다. 나보다 남을 더 낮게 여기면 의외로 간단히 해결된다. 일곱 번씩 일흔 번이라도 용서하라고 하신 주님의 말씀은 문제를 깨끗이 종식시킬 수 있다. 문제는 하나님의 시선을 그대로 수용하기 싫어하는 우리의 부패한 마음이다.

사실 법정으로 갈 만큼 심각한 문제는 없다. 죽일 만큼 증오할 문제도 아니다. 왜 손해 볼 수 없는가? 왜 질 수 없는가? 왜 자신을 죽여서는 안 되는가? 사랑의 법으로 율법을 완성할 수도 있지 않은가? 법정투쟁을 포기하는 건 명백한 하나님의 시선이다. 여기에 누구도 항변할 수 없다. 그러나 그렇게 순종하는 건 쉬운 일이 아니다. 하나님 말씀에 순종하기 위한 용기 있는 결단이 필요하다.

하나님의 시선을 훈련하기 위해 제안하고 싶은 게 있다. 바로 올인, 다 걸기다. 나의 시선에 다 걸 것인가, 하나님의 시선에 다 걸 것인가? 나의 주장에 목숨을 걸 것인가, 하나님의 뜻에 목숨을 걸 것인가? 목숨까지는 어렵더라도 바울처럼 나에게 유익하던 모든 것을 포기할 준비는 필요하다.

예수님은 겟세마네 동산에서 기름을 짜는 심정으로 기도하셨다.

심한 통곡으로 눈물을 흘리시면서. "아버지여, 이 고난과 죽음의 쓴 잔을 내게서 옮겨주시면 안 됩니까? 이 쓴 잔을 지나가고 싶습니다." 왜 그렇지 않겠는가? 십자가 처형의 잔인함과 저주스러움을 다 알고 계신 터이다. 피하고 싶고, 지나치고 싶을 것이다. 충분히 공감이 간다. 사실 나는 더 작은 고통, 더 작은 아픔을 두고서도 그런 마음을 가진다. 그러나 예수님은 자기 시선에서 눈을 떼었다. 하나님의 시선으로 눈을 돌렸다. 십자가의 고난과 죽음의 쓴 잔이 가져올 결과를 바라보셨다. 그래서 하나님의 시선에 올인하셨다. 하나님의 사람에게는 바로 이게 필요하다. 그러나 하나님의 시선에 올인하는 게 결코 쉬운 일은 아니다. 엄청난 고통과 손해를 감수하는 일이다.

돈을 벌기 위해서는 정말 모든 것을 걸지 않는가? 성공하기 위해서는 즐거움도, 편안함도 과감히 다 포기하지 않는가? 그런데 왜 하나님이 기뻐하시는 일을 위해서는 다 걸지 못하는 것인가? 우리는 하나님을 기쁘시게 하는 삶을 살기를 결심하지만 정작 자신이 기뻐하는 삶을 선택한다. 손해 보기 싫고, 원하는 것을 빼앗기기 싫어서이다.

이제 우리에게는 창조적 파괴가 필요하다. 파괴는 건설의 친구이다. 파괴를 두려워하는 사람은 누구도 새로운 것을 창조할 수 없다. 낡은 것을 파괴하지 않고는 새것을 창조할 수 없다. 과거의 나를 파괴하지 않고는 미래의 나를 창조할 수 없다. 깨어지지 않은 아집에서 새로운 자아가 탄생할 수 없다.

파괴는 고통과 아픔을 수반한다. 그러나 창조적인 파괴는 파괴를 위한 파괴가 아니다. 새로운 것에 대한 기대이다. 달라질 현실에 대한 희망이다. 옛것을 파괴하지 않으면 그리스도 안에서 새로운 것이 창조될 수 없다. 내가 만든 인간적 시선을 깨뜨리지 않으면 하나님이 말씀하시는 새로운 시선으로 절대 나아갈 수 없다. 자신을 먼저 깨뜨리라. 그리고 작은 일부터 시작하라.

의식적이고 지속적인
시선 집중을 훈련하라

아주 단순한 신앙 방정식이 있다.

"항복은 행복이다."

진정한 행복은 하나님께 항복하는 데서 시작된다. 항복하지 않는 그리스도인은 절대 그리스도 안에서 진정한 안식과 쉼을 맛볼 수 없다.

베드로와 친구들은 갈릴리 바닷가에서 물고기를 잡고 있었다. 밤새 그물을 던졌지만 실패했다. 마침내 동이 텄다. 반갑지 않은 태양이다. 허탈하다. 집으로 돌아갈 면목이 없다. 다음에 쓰기 위해 그물을 정리하고 있었다. 그때 예수님이 베드로와 그의 친구들에게 찾아오셨다. 그리고 말씀하신다.

"깊은 데로 가서 그물을 던져라!"

집으로 가려던 순간이었다. 경험상 깊은 곳은 물고기가 잡히지 않는 곳이다. 적어도 물고기를 잡는 데 전문가인 베드로와 친구들 시선에서는 그렇다. 그런데 목수 출신인 예수님이 "깊은 데로 가서 그물을 던져라!"고 단언하신다.

이제 결정해야 한다. 예수님의 시선을 따를 것인가, 아니면 전문가라고 장담하는 자신의 시선을 따를 것인가? 그러나 베드로는 '말씀을 의지하여' 그물을 내리기로 결단했다. 이치에 맞지 않지만, 상식으로는 이해되지 않지만, 계산해 보면 불가능할지라도, 주님이 말씀하셨기 때문에, 주님의 시선이기 때문에 해보겠다는 것이다.

그리고 예수님의 시선을 따른 게 적중했다. 그는 만선의 축복을 받았다. 친구들의 배까지 모두 채우는 행복을. 주님께 항복하면 행복한 일이 터진다. 그게 믿음이다. 상식적으로 따지지 않고 무조건 항복하는 것, 그것이 믿음이다.

그런데 우리를 괴롭히는 게 있다. 하나님의 시선이 어떤 때는 엉뚱하다는 것이다. 도저히 우리의 상식으로는 생각하기 힘들고 인간적 판단으로는 받아들이기 어렵다. 전문가의 말도 필요 없을 때가 있다. 그래서 하나님의 시선을 받아들이는 게 여간 어려운 일이 아니다. 그야말로 무모한 모험이다. 그래도 우리는 하나님의 시선에 항복하는 훈련을 해야 한다.

이스라엘 백성은 애굽에서 해방되는 기쁨과 감격을 누렸다. 애굽의 시선과 압제에서 벗어나면 모든 게 아름답고 황홀할 줄 알았다. 그러나 너무 이른 시기에 어려움이 닥쳐왔다. 그들은 홍해와 애굽 군대 사이에 갇히는 위기를 만났다. 그 순간 빨리 작전 회의를 가져야 한다. 그리고 대책을 세워야 한다. 대책이 나오지 않으면 빨리 백기 들고 항복해야 한다. 다시 애굽의 압제 아래로 들어가야 한다. 그러나 하나님은 모세의 마른 지팡이로 홍해를 가르라고 말씀하신다. 말이 되는 소린가. 어느 역사책에 이런 일이 있는가. 어느 병법서에 이런 전략이 기술되어 있는가. 터무니없이 기괴한 말씀이다. 그러나 하나님의 시선을 따라 모세가 순종할 때 홍해 사이로 고속도로가 나오고, 양쪽에 물 벽이 형성되는 기적을 볼 수 있었다. 상상도 못 할 감격과 행복이 하나님 말씀과 시선에 항복할 때 일어났다.

그러나 하나님의 시선에 항복했다고 다 잘 되는 것은 아니다. 예수님의 말씀에 의지해서 항복했던 베드로도 끊임없이 흔들렸다. 한 번 항복한다고 모든 문제가 해결되는 게 아니다. 하나님의 시선은 의식적 집중이 필요하다. 지속해서 자기 생각을 포기하고 하나님의 생각을 선택하는 습관을 길들이는 것이 필요하다.

사람은 무의식적으로 반응한다. 어떤 상황에선 반사적으로 반응하는 경향도 있다. 그때 일으키는 반사적 반응이 하나님의 관점에 의해 일어나도록 훈련해야 한다. 그러기 위해서는 평소에 하나님의 관점에 의식적으로 집중하는 삶을 살아야 한다.

어떤 사람은 "내 성질이 그런데 어떡하냐?"고 반문한다. 이런 사람은 평소에 의식적인 집중훈련을 하지 않는 사람이다. 평소에 하나님의 시선과는 상관없이, 아무런 생각 없이 살아가는 사람이다. 그러나 우리는 매사에 의식적으로 하나님의 시선에 집중해야 한다. 그렇지 않으면 무의식적으로 반응할 때 하나님의 시선에서 행동하지 못하고, 인간적인 결정을 하게 된다.

평소에 자기 성질을 포기하고 하나님의 마음, 하나님의 성품을 따라 살아가는 훈련을 해야 한다. 지속적인 훈련 없이는 어렵다. 인간 안에 있는 야성을 하나님 말씀으로 다스려야 한다. 폭력적인 기질, 잔인한 마음, 거짓된 성품을 말씀이 통제하도록 해야 한다. 하나님 말씀 밖에 내버려 둔 자아는 하나님의 시선과는 상관없이 작동하기 마련이다.

우리는 주변에서 상처로 인해 내면세계의 질서와 균형이 깨진 사람들을 자주 본다. 이런 사람은 늘 분노로 가득하다. 매사에 부정적이다. 부정적인 감정이 일어나서 관계가 어려워진다. 그런데 상처 난 마음이라고 아무렇게나 내버려 둬서는 안 된다. 상처를 하나님이 다스리게 해야 한다. 상처를 가슴에 꼭 부둥켜안고 내던지지 못하면, 상처를 수시로 끄집어내어 묵상하는 것을 즐기면 하나님이 치유하실 수 없다. 결국 자기 결박과 자해하는 일밖에 안 된다.

상처는 누구나 주고받는다. 상처 때문에 몸부림치는 사람이 있지만 알고 보면 자신도 다른 사람에게 상처를 주고 있지 않은가? 더구나 그 상처에 자신도 일조하지 않았던가? 어떤 상처도 상대방의 일방적인 잘못인 경우는 잘 없다. 곰곰이 생각해보면 나에게도 원인 제공이 있다. 그런데 뭐가 그리 억울하단 말인가? 뭐가 그리 못 참겠다는 것인가? 도대체 뭐가 그렇게 용서할 수 없다는 것인가? 하나님께 맡겨두면 얼마든지 평안을 누릴 수 있다. 자유를 누릴 수 있다.

그렇기에 우리는 성령이 부드러운 마음을 창조하시도록 자신을 내어놓아야 한다. 지쳤을 때 위로하시는 성령을 경험해야 한다. 날카로운 마음을 다스리시는 성령을 의지해야 한다. 치솟아 오르는 감정을 어루만지시도록 성령의 도우심을 간구해야 한다.

"그건 순간적으로 일어나는 게 아닌가?" 그렇다. 순간적으로 일어나기 때문에 당혹스럽고 어렵다. 그럴지라도 순간이기 때문에 무의식적으로 그냥 행동해서는 안 된다. 그건 너무나 무책임하다. 무의식의 세계가 하나님의 시선을 따를 수 있도록, 평소에 의식적으로 성령께 집중하는 훈련을 해야 한다. 이것이 곧 하나님의 시선으로 살아가는 믿음의 삶이다.

시선의 튜닝을 위해
기준선을 명확히 하라

연주자는 연주하기 전에 반드시 악기를 튜닝한다. 튜닝이란 악기의 음을 표준음에 맞게 조절하는 것이다. 튜닝이 되어 있지 않은 악기는 아무리 고가여도 소용없다. 고가의 악기보다 더 중요한 것은 바로 튜닝 잘 된 악기이다. 튜닝이 잘 되어 있지 않으면 제대로 연주할 수 없다. 더구나 다른 악기와의 협연은 상상조차 할 수 없다.

이광재 목사는 「튜닝베이직」이라는 책을 통해 영적인 튜닝을 "예수를 믿는 성도들이 세상을 살아가면서 느슨해지고 부딪히고 깨어지면서 변해버린 '영적인 줄'을 절대 변하지 않는 하나님 말씀으로 바로잡는 것이다"라고 정의한다.

아무리 좋은 연주자가 있어도 악기가 튜닝되어 있지 않다면 다른 악기와의 협연을 생각할 수 없고, 그 악기에서 내는 소리는 소음에 지나지 않는다. 사람도 그렇다. 튜닝되어 있지 않은 사람은 협연할 수 없다. 혼자서 지낼 수 있을지는 몰라도 더불어 살아갈 수는 없다. 공동체의 협연은 튜닝된 사람을 요구한다. 튜닝되어 있지 않으면 이리저리 부딪힌다. 너무 많은 불협화음을 낸다. 그로 인해 많은 사람이 고통당한다.

그러므로 하나님의 시선을 갖고 살아가기 위해서는 평소에 늘 자신의 삶을 튜닝해야 한다. 튜닝을 제대로 하기 위해서는 절대음을 정해야 한다. 그리스도인에게 절대로 변하지 않는 기준음은 바로 하나님 말씀이다. 하나님 말씀의 잣대를 갖고 우리가 가야 할 정도를 찾아내야 한다.

영적인 튜닝을 위해서는 하나님 말씀에 익숙함이 필요하다. 하나님 말씀을 통해 하나님의 시선을 찾아내야 한다. 하나님 말씀이 보여주는 증거에 따라 살아가려는 단호한 결단이 있어야 한다. 어떤 상황 속에서도 그리스도인의 행동과 삶의 기준은 바로 하나님 말씀이다. 결국 하나님 말씀에 익숙한 사람만이 하나님의 시선에 능할 수 있다. 그래서 하나님 말씀을 읽고 듣고 배우고 암송하고 묵상해야 한다.

사람들은 가끔 말한다.

"코드가 맞아야지. 코드가 맞아야 함께 살지. 도대체 함께 살 수가 없다니까."

서로 코드가 맞지 않는 사람이 함께 사는 것은 정말 힘들다. 그러나 생각해보라. 세상에 코드가 딱 맞는 사람이 몇 명이나 될까? 사람마다 코드가 다 다르다. 그런데 그들은 서로 말한다.

"나한테 맞춰!"

서로 맞추라고? 누가 누구에게? 간단한 방법이 있다. 인간적 코드가 아니라 신적 코드를 찾으면 된다. 하나님께 코드를 통일하는 것이다. 하나님께 주파수를 맞추는 것이다. 내가 기준이 되는 것이 아니라 하나님이 기준이 되도록 하는 것이다. 영적 튜닝을 위해서는 세상의 소리에 귀를 닫고 하나님의 소리에 귀를 열어야 한다. 세상에서 들려오는 잡음을 솎아내야 한다.

가룟 출신의 유다, 그는 예수님의 특별한 관심과 사랑을 누렸다. 그랬으니까 제자 공동체의 모든 재정을 담당하도록 하지 않았겠는

가. 그러나 그는 사탄이 마음 깊숙한 곳으로 들어와 예수를 팔려는 생각을 집어넣는 걸 눈치채지 못했다. 돈에 눈이 멀어 은 30, 노예 한 사람 몸값에 스승인 예수님을 팔아넘기기로 결심했다. 그리고 은 밀한 거래를 했다. 불의한 일을 공모하기 위해. 예수님은 가룟 유다 의 음흉한 속내를 다 알고 계셨다. 그래서 마지막 유월절 만찬을 나 누는 자리에서 돌이킬 기회를 주셨다. 그러나 가룟 유다는 사탄에 게, 불의한 재물에 빼앗긴 마음을 돌이키지 못했다. 그 종국은 비참 한 후회와 자살이었다. 사탄의 소리, 돈의 소리 때문에 예수님의 소 리를 듣지 못하고 말았다. 기준선이 흐트러진 것이다.

교회는 하나님의 가족이다. 그런데 오늘날 교회는 하나님의 가 족이라는 데 튜닝하지 못한다. 그러다 보니 교회 안에서 가족이라는 느낌을 받을 수가 없다. 서로가 비난하고 정죄한다. 서로 아끼거나 존중하지 않는다. 서로 짐을 지거나 돌아보지 않는다. 가족이라면 서로 이해하고 용납할 텐데, 크고 작은 허물을 덮어주려 할 텐데 말 이다.

교회는 살아계신 하나님의 교회이다. 교회의 주인은 하나님이시 다. 그런데 여기에 튜닝하지 않는다. 목사가 주인이 되려고 한다. 장 로가 주인이 되려고 한다. 여기서 헤게모니 싸움이 일어난다. 주인 이 되려고 하는 바로 그 사람들이 살아계신 하나님을 의식한다면 도 저히 그럴 수는 없다. 그들에게는 하나님에 대한 두려움이 없다. 그 러니 서로 주인이 되어 다스리려고 하는 것이다. 그러니 교회의 교회다움을 찾아볼 수 없는 것이다.

교회는 진리의 기둥과 터이다. 건축할 때 터는 매우 중요하다. 모래 위에 집을 지어보라. 폭풍이 몰려오면 한순간에 무너진다. 그래서 예수님은 반석 위에 집을 지으라고 말씀하셨다. 말씀의 반석 위에, 복음의 반석 위에, 바른 신앙고백의 반석 위에, 반석이신 예수 그리스도 위에 지으라고 하신다. 건물은 터에 의해서 가치가 결정된다.

건축할 때 기둥 역시 아주 중요하다. 기둥은 건물을 지탱해준다. 기둥이 제대로 지탱해주지 못하면 건물이 언제 무너질지 모른다. 튼튼한 건물은 반드시 기둥을 잘 세워야 한다. 그런데 교회의 기둥과 터는 무엇인가? 바울은 진리라고 말한다. 진리의 기둥, 진리의 터가 바로 교회라고 강조한다. 그래서 진리 위에 세워지지 않은 교회는 위험하다. 교회가 진리를 저버릴 때, 진리에서 벗어날 때 매우 위험하다. 그러므로 교회는 진리를 가르치고 진리를 선포해야 한다. 그리고 이단과 거짓 교훈에 대항해서 교회와 교리의 순결성을 지켜야 한다.

영적인 튜닝을 하고 싶은가? 그렇다면 '나만이 옳다'는 생각에서 벗어나야 한다. 자아는 이기적이다. 자기밖에 모른다. 남을 의식하지 않는다. 그렇기에 객관성을 유지하기 힘들다. 객관적이라고 하지만 절대 객관적일 수 없다. 주관적이라는 사실을 인정하고 시작해야 한다. 그리고 진리의 말씀 안에서 과감히 가지치기해야 한다.

또한 영적인 튜닝을 할 때 더 소중한 것과 덜 소중한 것을 분별해야 한다. 더 중요한 것과 덜 중요한 것을 구분해야 한다. 영원한 것과 일시적인 것을 가려야 한다. 하나님의 시선에서 속도와 방향을 조율할 수 있어야 한다. 오늘과 내일 사이의 미묘한 함수관계를 풀어내야 한다. 그럴 때만이 우리는 하나님의 시선으로 새롭게 디자인될 수 있으며, 하나님의 사람으로 아름다운 인생을 영위할 수 있게 된다.

배를 바다에 띄우고 큰 바다에서 무역업을 하는 사람들이 있다. 그들은 위험을 무릅쓰고 한탕 잡고 싶을 것이다. 그래서 가족을 행복하게 만들어주고 싶을 것이다. 그런데 때때로 당혹스러운 상황, 어찌할 수 없는 현실에 부딪힐 때가 있다. 바다 물결을 일으키는 광풍이 일어나기 때문이다(시 107:25). 배가 하늘로 솟구쳤다가 깊은 곳으로 내리친다. 얼마나 위험하고 급박한 상황인지 영혼이 녹아내리는 것 같다. 그들의 상태를 시인은 이렇게 묘사한다.

"그들이 이리저리 구르며 취한 자같이 비틀거리니 그들의 모든 지각이 혼돈 속에 빠지는도다"(시 107:27).

갈릴리 바다에서 한밤중에 일어난 광풍으로 인해 부산한 제자들의 모습이 생각난다. 부산하게 움직이지만 해결 방안을 찾을 수 없었다. 아니, 인간적인 해결 방안을 찾았지만 아무 소용없었다.

큰 바다에서 표류하는 이들은 어떻게 해야 할까? 그들은 고통 때문에 여호와께 부르짖었다. 그랬더니 하나님은 그들을 고통 가운데서 인도해내셨다. 광풍을 고요하게 하시고, 물결도 잔잔하게 하셨다. 하나님은 그들을 "그들이 바라는 항구로 인도"(시 107:30)하셨다. 그들은 광란하는 현실과 고통 속에서 인생에게 행하신 여호와의 인자하심을 맛보게 되었다. 놀라운 일을 행하신 하나님을 찬송하게 되었다.

민음의 사람들은 다 알고, 믿고 있다. 바다도 큰물도 하나님이 다스리고 계심을. 그곳에서도 다 보고 계시고, 다 알고 계시며, 인도하심을. 그렇기에 위험이 닥쳐왔을 때 다른 방법을 찾기 위해 부산하게 움직이지 않고 여호와께 부르짖기를 선택했다.

인생의 행로는 아무도 알 수 없고, 어느 것이 성공인지 실패인지 장담할 수도 없다. 그러나 하나님은 마스터플랜을 갖고 계신다. 인류 역사의 주관자이시니까. 그래서 믿음의 사람은 어떤 상황과 현실 속에서도 아름다운 피날레를 장식하기 위해 감사와 긍정의 눈을 갖고 살아간다. 이 감사와 긍정의 눈은 다름 아닌 하나님에 대한 깊은 신뢰에서 나온다.

고통 속에서
회복 탄력성을 끌어내라

인생은 많은 고뇌로 얼룩져 있다. 때로는 조그마한 고통이 다가온다. 그런데 어떤 때는 숨통이 끊어질 정도로 무거운 고통이 심장을 짓누른다. 가슴이 죄여 온다. 더 가면 죽을 것만 같다. 그래서 사도 바울은 고린도교회 성도들에게 자신이 당한 고통을 사형선고를 받은 것 같다고 표현했다.

"우리는 우리 자신이 사형 선고를 받은 줄 알았으니 이는 우리로 자기를 의지하지 말고 오직 죽은 자를 다시 살리시는 하나님만 의지하게 하심이라"(고후 1:9).

고통의 바다를 지나지 않고 인생을 항해할 수 있는 사람은 없다. 인생은 허우적거림이 안타까운 사망의 늪과 같다. 그런데 알고 있는가? 고통의 늪이 깊다고 해서 인생이 끝난 것은 아니다. 고통의 신음이 터져 나올 때도 막장 인생을 살아서는 안 된다. 거기에도 아름다움이 숨어 있고, 여전히 일어서야 할 이유가 감추어져 있다. 희망의 용트림은 끝나지 않았다.

새들백교회를 담임하는 릭 워렌 목사는 화려한 목회자이다. 그가 이룬 성공적인 목회를 바라보면서 대부분의 목회자가 부러워한다. 그런데 그에게도 찢어질 듯한 큰 아픔이 있었다. 그의 아들이 자살한 사건이다. 견디기 힘든 쓰디쓴 고통이었다. 아들의 죽음은 그의 마음에 어둠을 몰고 왔다. 5개월 동안이나 마음의 고통을 치러야 했다. 그러나 하나님은 그를 만져주셨다. 5개월 후, 그는 자신을 추스르고 다시 강단으로 복귀했다. 그리고 6주간 시리즈 설교를 했다. 그 주제는 "어떻게 고통의 문제를 극복할 것인가?"였다. 각각의 설교는 슬픔의 6단계인 충격, 슬픔, 분노, 순종, 성화, 봉사와 헌신에 초점을 맞췄다.

"여러분의 고통을 절대로 내버려 두지 말라"는 설교에서 그는 이렇게 말한다.

"하나님은 우리 삶 가운데 두신 뜻을 완성하시기 위해 고통도 사용하실 수 있다. 만약 내가 이 고통의 목적을 알고 있다면 이것을 견딜 수 있다. 그러나 슬프게도 대부분의 사람은 문제에서 유익을 얻지 못하고 고통을 낭비해버린다. 그들은 손실로부터 절대 배우지 않고, 고통에서 배울 수 있는 유익을 통해 성장하지 못한다. 예수 그리스도께서 고통을 통해 순종을 배우신 것처럼 그리스도를 믿는 자 역시 고통을 통해 더욱 그리스도를 닮아갈 수 있다. 고통을 하나님과 다른 이들에게 더욱 가까이 갈 기회로 삼아라. 하나님이 자신의 유일한 아들 예수 그리스도를 아끼지 않고 고통에 내어주셨는데, 무엇을 우리에게 아끼시겠는가? 사업, 스포츠, 사랑, 재정, 관계에서 승리하는 비결은 바로 회복력이다. 이것은 뒤처짐, 혹은 실패에서 다시 돌아올 수 있는 능력이다. 승리하는 사람은 실패하는 사람과 똑같은 문제를 갖고 있다. 그러나 실패자는 그대로 주저앉아 있지만 승리자는 문제에서 다시 일어난다. 사람의 이 같은 회복의 비결은 바로 관점에 있다. 가장 중요한 것은 우리 개인의 고통이 다른 이의 축복의 통로가 될 수 있다는 사실이다."

사람은 넘어지면 패배했다고 착각한다. 실수하고 실패하면 패배자라고 낙인찍으려 한다. 그러나 그렇지 않다. 실수하더라도 만회하면 된다. 넘어졌더라도 다시 일어서면 된다. 실패했을지라도 한 번 더 도전해서 상황을 역전시키면 된다. 그렇기에 우리는 자기 일이든 남의 일이든 간에 함부로 '실패자'라는 팻말을 내밀어서는 안 된다. 문제는 돌이킴이다. 회복하는 능력이다. 승리하는 인생은 회복 탄력성이 크다. 실패했다고 낙담할 필요 없다. 회복하려는 용기만 있으면 된다.

그렇다면 회복하는 힘은 어디에서 나오는가? 생각과 시선을 디자인할 줄 알아야 한다. 부정적인 생각을 버리고 긍정적인 생각으로 덧입어야 한다. 부정적인 시선의 문을 아예 차단해 버리고, 긍정적 시선의 대문을 활짝 열어젖혀야 한다.

그러나 긍정의 시선을 갖기 위해 꼭 필요한 게 있다. 하나님의 일하심에 대한 신뢰이다. 때때로 하나님이 일하시지 않는 것처럼 느껴져 괴로울 때가 있다. 침묵하시는 하나님, 나를 버린 것 같은 하나님에 대한 영적 회의가 찾아올 때가 있다. 너무 힘들어서 하나님 앞에 나아가 애절하게 기도했다. 그런데 하나님은 아무런 말씀을 하시지 않는다. 절절하게 기도하는 제목과는 전혀 엉뚱한 결과가 도출되었다. 그때야말로 너무 막막하다. 어떻게 이해해야 할지 모른다.

어린이집에 근무하면서 제자훈련을 받는 젊은 집사님이 있다. 수요일 오전에 제자훈련을 받기 때문에 직장의 근무 시간이 매우 중요했다. 그동안 오후에 출근해서 별다른 어려움이 없었다. 그런데 같이 근무하던 다른 교사가 통보도 없이 직장을 그만두는 바람에 집사님이 그 반을 맡게 되었다. 이런 상황이 오지 않기를 기도했다. 그리고 지체들에게 기도를 부탁했었다. 그런데 이게 무슨 조화란 말인가?

집사님은 웃으며 말했다.

"이렇게 되지 않게 기도를 부탁드렸는데, 이게 뭐예요!"

사실 속상한 일이다. 답답한 상황이다. 앞으로 어떻게 해야 할지 막막한 형편이다. 이런 때 당신은 다윗처럼 고백할 수 있는가?

"여호와는 나의 목자시니 내게 부족함이 없으리로다"(시 23:1).

다윗은 어려울 때나 평안할 때나 목자 되신 여호와의 신실하심을 신뢰했다. 이러한 깊은 신뢰가 있는 사람이야말로 긍정의 시선을 가질 수 있다.

야곱이 죽었을 때 그의 아들들은 큰 근심에 빠졌다. 그들은 생각했다.

'아버지께서 죽었으니 이제 우리 동생 요셉이 우리를 가만둘 리 없다. 그동안은 아버지를 생각해서 우리에게 보복하지 않았지만 이제는 상황이 다르지 않은가? 큰일 났다.'

요셉의 형제들은 생각하면 할수록 막막했다. 두려움과 공포가 밀려왔다. 불안했다. 비록 추측에 불과하고 착각에 불과하고 죄책감 때문에 스스로 몰고 온 공포심일 뿐이지만 누구든 그들의 처지가 되어 보면 그럴만한 일이 아닌가?

그런데 요셉이 이 일을 알고 어떻게 말했는지 아는가? 그는 전혀 다른 시선을 갖고 있었다.

"당신들은 나를 해하려 하였으나 하나님은 그것을 선으로 바꾸사 오늘과 같이 많은 백성의 생명을 구원하게 하시려 하셨나니 당신들은 두려워하지 마소서. 내가 당신들과 당신들의 자녀를 기르리이다 하고 그들을 간곡한 말로 위로하였더라"(창 50:20-21).

요셉은 역사를 움직이시는 하나님의 손길을 깊이 신뢰했다. 요셉이 긍정적인 시선을 가질 수 있었던 것은 악을 선으로 바꾸시는 하나님에 대한 깊은 믿음 때문이었다. 사람이 해하려 할지라도 하나님이 붙잡으시면 걱정할 것이 없다는 신뢰 때문이었다. 요셉은 인간이 써가는 역사와 하나님이 써가는 역사는 다르다는 사실을 알고 있었다. 그렇기에 모든 일을 해석하는 게 달랐다.

사도 바울은 '합력하여 선을 이루시는 하나님'에 대한 깊은 신뢰가 있었다. 그러니 어떤 상황에서도 흔들리지 않았다. 분노할 필요가 없었다. 낙심할 이유가 없었다. 그저 신실하신 주님과의 깊은 교제 속으로 들어갈 뿐이었다. 그러므로 우리는 힘들면 힘들수록, 흔들리면 흔들릴수록, 답답하면 답답할수록 내가 그 안에 거하고 그가

내 안에 거하게 해야 한다. 하나님 말씀이 내 안에 거할 때 세상은
다르게 보인다.

절대 절망 속에서도
절대 감사를 길어내라

　　　　　살다 보면 감사할 수 없는 상황이 즐비하다. 이런저런
불평이 속출한다. 사람이 원망스럽고, 환경에 대한 불평이 저절로
나올 때가 한두 번이 아니다. 그런데 아는가? 멋진 인생을 사는 사
람은 매사에 감사로 마감 처리하는 능력이 있음을. 어떻게 출발하느
냐보다 더 중요한 건 마무리를 어떻게 하느냐 하는 것이다. 화려한
출발보다 멋진 마무리가 더 소중하다. 다른 차원의 인생을 사는 사
람은 감사로 마무리하는 습관을 갖고 있다.

　홀로 아들을 키운 어머니가 있었다. 이 어머니에게는 아들이 전
부였다. 아들만 바라보며 사는 인생이었다. 외로워도 아들 때문에
웃었다. 힘들어도 아들을 보고 견뎠다. 어머니의 모든 낙이 바로 아
들에게 있었다.

　그런데 그 아들이 스물두 살 되는 해에 그만 죽고 말았다. 하늘
이 무너지는 듯했다. 살아야 할 이유를 잃어버린 순간이었다. 웬만
한 사람 같으면 까무러치고 말았을 것이다. 대성통곡하느라 장례식

장은 엉망진창이 되었을 것이다.

그런데 그 어머니는 달랐다. 그녀는 너무나 평온했다. 거짓 웃음이 아니었다. 종교적 위선도 아니었다. 그녀의 가슴에는 알 수 없는 감사의 물결이 몰려왔다. 그녀가 감사한 것은 이런 이유 때문이었다.

"외로운 나에게 22년 동안 아들과 함께 행복하게 살게 해주셔서 감사합니다. 더 좋은 천국에서 살게 하시니 감사합니다. 장례를 통해 독생자 예수님의 사랑을 더 깊이 깨닫게 하시니 감사합니다."

범인들은 감히 흉내 낼 수 없는 인생이다. 생각하는 게 다르다. 세상을 바라보는 관점이 다르다. 그렇다. 그녀에게는 인생을 감사로 마무리하는 능력이 있었다.

감옥과 수도원의 뚜렷한 차이가 있다. 감옥은 불평으로 얼룩져 있지만 수도원은 감사로 가득하다는 것이다. 그곳에 있는 사람들은 인생을 바라보는 관점이 다르다. 상황을 대하는 태도가 다르다.

배운 것이 많지 않은 어느 평범한 유대인 어머니가 있었다. 하지만 그 어머니는 자식들을 대단히 훌륭하게 키웠다. 사람들이 그 비결을 묻자 그 어머니는 이렇게 대답했다. "나는 아이들에게 딱 세 가지만을 가르쳤을 뿐입니다."

그렇다면 그녀가 가르친 세 가지는 무엇일까?

첫째, 어떤 경우든 모든 일에 감사하라. 작은 일이나 큰일에나 감사하는 인생을 살아야 한다. 심지어 어려운 일이 닥쳐도 원망이나 불평하지 말고 그저 감사해야 한다. 항상 감사해서 감사를 습관화시키며 살아야 한다.

둘째, 원망하는 사람과 놀지 말고 사귀지 말라. 원망과 불평은 주변 사람에게 영향을 주고 전염시킨다. 원망하는 사람과 사귀다 보면 자신도 원망하고 불평하는 인생으로 전락하고 만다. 백로의 고고함을 유지하기 위해서는 까마귀가 노는 곳에 가지 말아야 한다.

셋째, 감사하는 사람과 친하게 지내라. 감사하는 사람과 함께 지내다 보면 자신도 모르게 긍정적이고 감사하는 사람으로 바뀌게 된다. 감사하며 사는 사람은 자석처럼 사람들을 끄는 힘이 있다. 그러면 자연스럽게 성공도 따라온다.

사람들은 감사하는 삶을 살자고 하면 이내 조건을 따진다. 감사할 만한 일들이 있는지? 물론 감사할 이유가 있으면 좋은 일이다. 그러나 좋은 일이 있을 때야 누군들 감사하지 못할까? 그건 평범한 인생이 걷는 길이다. 평범한 인생이지만 비범하게 사는 비결이 있다. 매사를 감사로 마무리하는 것이다.

감사에는 세 종류가 있다. 첫 번째는 '만일 해주신다면'의 감사이다. 이것은 조건부 감사이다. 두 번째는 '해주셨기 때문에'의 감사이다. 이것은 당연한 일이다. 세 번째는 '그럼에도'의 감사이다. 같은 감사일지라도 감사의 차원이 다르다. '그럼에도'의 감사는 10% 정도의 사람만이 누리는 고차원적 감사이다. 교통사고가 났어도, 낙방했음에도, 실패에도 감사하는 사람이다. 이런 사람은 세상을 깜짝 놀라게 한다.

사람들은 주어진 현실을 있는 그대로 받아들이려 하지 않는다. 물론 마음에 드는 현실이라면 문제는 없겠다. 그러나 우리 앞에 다가오는 현실이라는 게 그다지 마음에 들지 않는 경우가 더 많다. 그러다 보니 사람들 얼굴이 찡그려져 있다. 그런데 헬렌 켈러는 "내 앞에 펼쳐진 것들에 대해 감사해야 한다"고 말한다. 믿음의 사람은 하나님이 주신 것이 최선의 선물이라고 고백할 수 있어야 한다.

입시를 앞둔 학생이 수업 중에 연필을 떨어뜨렸다. 그 순간 학생은 당황하며 혼자 중얼거렸다.

"아, 난 이번 시험에서 떨어지겠구나."

그때 곁에 있던 친구가 연필을 주워서 다시 떨어뜨리며 말했다.

"너는 떨어지지 않을 거야. 봐, 연필이 바닥에 딱 붙었잖아."

같은 사건을 경험하면서 어떤 사람은 부정적으로 받아들인다. 그런데 어떤 사람은 긍정적으로 생각한다. 말할 것도 없이 일상에서 감사가 훈련된 사람은 범사에 행복하다. 그러나 매사가 불만인 사람은 모든 일에 부정적이다. 그래서 불행하다. 아무리 좋은 것을 가지고 있어도 자신이 불행하다고 생각하면 그 사람은 불행하게 살 수밖에 없다. 시선만 바꾸면 얼마든지 감사할 수 있고, 행복한 인생을 살 수 있다.

심한 정신병을 앓고 있는 아내를 둔 남편이 있었다. 어느 날, 그는 친구들과 모여 이런저런 담소를 나누었다. 모인 친구 중에 농담을 잘하는 사람이 있었다. 그는 이야기 도중에 "자기 아내 자랑을 해보자"고 제안했다. 물론 정신병자 아내를 둔 친구를 놀리기 위한 제안이었다. 모든 사람이 다 그 의견에 동의했다. 그리고 농담을 섞어가면서 자기 아내를 자랑하기 시작했다.

"내 아내는 절세미인이야."

"내 아내가 우리 가정에 들어온 후부터 우리 가정이 너무 화기애애해졌어."

"내 아내는 내 마음이 녹을 정도로 나를 사랑해."

각자 차례대로 자랑을 마쳤다. 이제 정신병자 아내를 둔 남자만 남았다. 순간 모두의 시선이 그에게로 향했다. '저 친구는 과연 무슨 말로 아내를 자랑할까?' 친구들은 궁금했다. 그런데 뜻밖에 정신병에 걸린 아내를 둔 남자는 활기차게 대답했다.

"나는 감사가 넘친다네, 자네들이 아는 대로 내 아내에 대해서는 자랑할 것이 없지. 그러나 나의 큰 행복은 이런 아내로 인해 내가 기도생활을 하게 된 것이라네. 만약 내 가정에 고통이 없고 화평하기만 했다면 기도와 신앙이 지금처럼 뜨겁지 않았을 거라네. 그렇지만 나는 불행한 아내로 인해 항상 기도하게 되었으니 이 어찌 감사하지 않겠는가?"

사람들은 감사할 이유를 찾으려고 애쓰기보다 불평할 이유를 찾으려 한다. 감사할 이유가 즐비하지만 불평할 이유만 눈에 들어온다. 시선이 왜곡되었고, 삶의 태도가 잘못되었기 때문이다. 믿음의 시선으로 보면 감사하지 못할 상황은 없다. 감사하지 못하는 병든 눈을 가졌을 뿐이다. 감사의 영성을 가진 자는 절대 절망의 상황에서도 감사거리를 길어내는 깊은 영적 눈을 갖고 있다.

밑 빠진 독과 같은
욕심에서 벗어나라

한 소작농이 있었다. 땅을 빌려 농사를 지어도 지주에게 도지세를 내고 나면 입에 풀칠조차 하기 힘들었다. 어느 날, 사탄이 그에게 다가와 달콤한 제안을 했다.

"네가 하루 동안 밟은 경계 안에 있는 모든 땅을 주겠다. 하지만 해가 지기 전까지는 꼭 돌아와야 한다."

이게 웬 떡이야? 농부는 아침 일찍 일어나 해가 뜨자마자 달리기 시작했다. 조금이라도 더 많은 땅을 얻으려고 달리고 또 달렸다. 점심도 걸렀다. 할 수 있는 한 크게 원을 그려 땅을 차지하려고 했다. 그런데 너무 욕심을 부린 걸까? 해가 지는 것도 잊고 있었다. 안 되겠다 싶은 농부는 죽을힘을 다해 다시 뛰어 처음 출발했던 지점으로 무사히 돌아왔다. 그런데 너무 무리했던 것일까. 가쁜 숨을 몰아쉬다가 그만 죽고 말았다. 결국 그 농부에게 돌아간 땅은 그가 묻힌 두 평도 채 안 되는 무덤뿐이었다.

감사는 아무 마음 밭에서나 싹트지 않는다. 싹이 틀만한 밭에만 튼다. 욕심으로 가득한 마음에서는 싹틔울 수가 없다. 숨통이 막혀 결국 죽고 만다. 행복한 인생은 많은 것을 소유한 사람이 누리는 게 아니다. 소유와 상관없이 마음 상태에 달려 있다.

「노인과 바다」를 쓴 노벨 문학상 수상자 어니스트 헤밍웨이는 남다른 습관이 하나 있었다. 새해 첫날이면 자기가 가장 소중하게 여기는 소유물 중 하나를 누군가에게 선물하는 것이었다. 어떤 사람이 왜 그렇게 하는지 연유는 묻자 헤밍웨이는 이렇게 답했다.

"어떤 소유물을 내가 소유하고 있는 것인지, 아니면 그것들에게 내가 소유 당하고 있는 것인지 나 자신에게 그 사실을 알려줄 필요가 있기 때문입니다."

아무리 좋은 것을 갖고도 만족할 줄 모르는 사람이 있다. 많은 것을 누리면서도 그것을 나눌 줄 모르는 사람이다. 인정이라고는 도무지 찾아볼 수 없는 지독한 구두쇠 스크루지 영감처럼 말이다. 이런 사람은 자신이 가진 소유물의 노예에 불과하다. 그것을 누리는 주인으로서가 아니라 오히려 그것들에 의해 속박당하는 삶을 산다. 가진 것 때문에 자유와 평안을 잃는다. 더 가지려는 욕구 때문에 불만족스러운 인생을 살아간다.

어느 목사님의 간증이다. 여러 해 전, 새벽 예배 때 젊은 부부가 감사헌금을 드렸다. 그런데 그들이 드린 감사헌금의 내용이 목사님의 마음을 뭉클하게 했다. 눈물을 흘리게 했다. 이 부부는 명문대학을 졸업한, 아주 신앙심 깊은 잉꼬부부였다. 하지만 아무리 시간이

지나도 취업이 되지 않았다. 번번이 취업 문턱에서 떨어지곤 했다. 그래서 작정하고 새벽 제단을 쌓는 것이었다. 그런데도 취업은 쉽사리 되지 않았다. 이런 상황이었지만 이 부부는 신실하신 하나님을 의지하여 새벽 예배 시간에 감사헌금을 드렸다. 감사기도 제목은 이런 것이었다.

"하나님, 저희가 계획하고 기도한 대로 응답해주시지 않은 것을 감사드립니다."

이런 감사는 아무나 할 수 없다. 주님이 삶의 주인임을 고백할 수 있는 사람만이 할 수 있다. 모든 삶을 주님이 다스리고 계심을 확신하기 때문에 할 수 있다. 하나님의 인도하심에 대한 강한 확신이 있기에 드릴 수 있다. 지금 자신이 처한 현실이 어렵고, 앞으로 다가올 미래도 불확실하지만 하나님이 가장 좋은 것으로 채우실 것을 확신하는 사람만이 드릴 수 있는 감사이다.

그 후에도 한동안 이 부부는 취업이 되지 않았다. 대신 미국 유학길이 열렸다. 그리고 현재 시애틀에서 부부가 함께 공부하고 있다. 사실 이들 부부는 유학을 가고 싶었었다. 그런데 결혼한 후 생계가 우선이다 보니 결국 꿈을 접고 취업하려 했던 것이다. 그런데 하나님은 그들이 꿈을 다시 펼칠 수 있는 더 좋은 길을 예비해주셨다. 감사할 수 없는 상황에서도 하나님의 인도하심을 믿고 감사로 나아간 그 부부에게 항상 더 좋은 것으로 채워주시는 하나님을 경험할 수 있는 은혜를 내려주신 것이다.

인간의 욕심은 밑 빠진 독과 같다. 아무리 채우려 애써도 채울 수가 없다. 차라리 욕심을 비우고 하나님을 신뢰하는 믿음으로 채워야 한다. 주님이 채우시는 은혜의 삶을 맛보아야 한다. 아무리 퍼내고 퍼내도 마르지 않는 은혜의 샘물을.

호주 시드니의 어느 교도소에 갇힌 죄수가 있었다. 그의 소망은 속히 감옥을 탈출하는 것이었다. 그는 소망을 이루기 위해 계획을 짰다. 매일 교도소로 빵을 배달하기 위해 오는 트럭의 일정을 체크하기 시작했다. 그러던 어느 날, 감시가 소홀한 틈을 타 은밀히 그 차 안에 숨어들었다. 차 안은 밖을 내다볼 수 없는 밀폐된 공간이었고, 산소가 부족해 숨이 막힐 지경이었다. 하지만 그는 얼마 후에 찾아올 자유를 생각하며 견디고 또 견뎠다.

얼마나 왔을까? 이윽고 트럭이 섰다. 그는 주위를 살핀 후 잽싸게 내렸다. 그리고 소리쳤다. "아, 이제 나는 자유를 찾았다. 만세!" 그런데 어쩌랴. 배달차가 도착한 곳은 다른 교도소의 구내식당이었다. 자동차는 그 교도소에 빵을 배달하기 위해 잠시 멈춰 섰던 것이다. 결국 그가 자유를 소망하며 탈출한 곳은 또 다른 감옥이었을 뿐이었다.

이 감옥을 탈출하기 위해 애써 노력해서 다른 곳으로 옮겨보라. 또 다른 감옥이 기다리고 있을 뿐이다. 결코 만족함은 없다. 고작 옮겨 다니느라 고생만 할 뿐이다.

인간은 누구나 배부르게 먹고, 아름다운 집을 짓고 평안하고 화려하게 살고 싶다. 그런데 하나님은 이스라엘 백성이 약속의 땅 가나안에 도착했을 때 그들의 소와 양이 번성하고 은금이 증식되고 소유가 풍부해질 때 마음이 교만해질까 걱정하신다(신 8:13-14). 인간의 부패한 심성을 너무나 잘 아시기 때문이리라.

하나님은 그들을 종 되었던 애굽 땅에서 인도해내셨다. 그러나 바로 젖과 꿀이 흐르는 가나안 땅으로 인도하지 않고 40년을 광야에서 뺑뺑 돌게 하셨다. 왜? 그들을 연단하고 훈련하기 위해서다. 그래서 그들을 광대하고 위험한 광야로 이끌어가셨다. 그곳은 불뱀과 전갈이 도사리고 있다. 물이 없는 건조한 땅이다. 불평과 원망의 환경이다.

그래도 이스라엘 백성은 걱정할 것 없었다. 왜냐하면 언약 백성을 신실하게 인도하시는 목자가 계시기 때문이다. 그분은 자기 양들을 신실하게 인도하고 돌보실 것이다. 그래서 단단한 반석에서 물을 내신다. 어느 누구도 알지 못한 하늘에서 내려오는 만나를 먹여주셨다. 그래서 그들을 낮추시고 겸손하게 만들어 하나님만 의존하는 백성으로 길들이길 원하셨다. 언약 백성들은 어떤 상황과 현실 속에서도 하나님만 신뢰하고 의지하면 되었다. 왜냐하면 하나님은 마침내 그들에게 복을 주시길 원하시니까.

광야 길을 걷게 하시는 하나님은 교만한 마음을 원하지 않으신다. 이스라엘 백성이 "내 능력과 내 손의 힘으로 내가 이 재물을 얻었다"고 말하는 것을 결코 기뻐하지 않으신다. 하나님의 언약 백성은 늘 기억해야 한다.

"그가 네게 재물 얻을 능력을 주셨음이라"(신 8:18).

그런 하나님이시기 때문에 이스라엘 백성은 여호와를 잊어버리면 안 된다. 다른 신들을 따라 가면 안 된다. 그것들을 섬기고 절하는 것을 결코 기뻐하지 않으신다. 그것은 멸망의 길이다.

인생이 정박할 종착지는 창조주 하나님이다. 우리는 누구나 이 사실을 알고 있다. 그런데 왜 우리는 하나님이 주시는 은혜를 누리려고 하지 않는 것일까? 인간이기에? 아니다. 자신의 정욕을 따라 살고자 하기에 그렇다. 자신에게 없는 것을 더 탐하기 때문에 그렇다. 자신에게 있는 것에 감사하지 못하기 때문에 그렇다. 분명 인간의 욕심은 밑 빠진 독과 같다. 아무리 채우려고 애써도 채울 수 없다. 이제 더는 밑 빠진 독에 물 붓는 그런 어리석은 행동은 하지 말자. 우리 인생의 종착지인 하나님만 바라보며 하나님이 주시는 은혜를 공급받아 누리며 살자. 쓰면 쓸수록 더 채워지는 그런 은혜 말이다.

인생 최고의 행복,
블리스를 누리라

미국 브랜다이스대학의 모리 슈워츠 교수는 1994년 77세의 나이에 루게릭병에 걸렸다. 그는 자신의 병을 받아들였다.

그리고 이듬해 세상을 떠나는 순간까지 병상으로 찾아온 제자들과 대화를 나누었다.

그가 던지는 메시지는 명료했다.

"살아가는 법을 배우라. 그러면 죽는 법을 알게 된다."

"자기 몸이나 병에 지나치게 집착하지 말라."

"항상 좋은 사람일 필요는 없다. 화가 나면 화를 내라."

"자신을 사랑하는 사람이 되라."

"타인의 도움을 부끄럽게 여기지 말라."

"자신과 다른 사람을 용서하는 힘을 길르라."

"매 순간 삶의 의미를 발견하라."

한 지식인이 죽음 앞에서 깨달은 것이기에 우리네 가슴에 더 절절히 와닿는다. 그가 던진 이 말들을 마음에 새기고 살아간다면 우리가 눈감을 때 좀 더 편안하고 고요한 마음으로 죽음을 받아들일 수 있지 않을까?

인간이 느끼는 최고의 행복을 블리스(Bliss)라고 한다. 이는 더없는 기쁨, 천상의 기쁨, 지복(至福), 천복(天福) 등으로 번역된다. 그러나 이 단어를 좀 더 풀어서 설명하면 블리스는 죽음에 대한 두려움을 극복했을 때 느낄 수 있는 희열이라고 할 수 있다.

전문가들은 죽음에 대한 공포심은 죽음 이후 세계에 대한 무지함 때문이라고 말한다. 만약 죽음 이후 우리의 존재가 영원히 죽지 않고 하나님 안에 거할 수 있다는 사실을 인식한다면 두려움은 사라질 수 있다는 것이다. 죽음은 결코 사멸이 아니다. 끝이 아니고 종착지가 아니다. 새로운 시작이고 잠자는 것이고 더 좋은 곳을 향해 이사하는 것에 불과하다. 마침표가 아니라 쉼표에 불과하다. 그렇다. 그리스도 안에서 죽음을 인식하고 받아들이고 나면 블리스 같은 평온한 마음과 감사를 느낄 수 있다.

거센 파도가 없으면 바다는 썩는다. 거센 파도가 일기에 바다가 썩지 않는다. 그래서 바다 저 깊은 곳에서부터 한 번씩 휘젓는 파도가 필요하다. 우리 인생도 마찬가지다. 인생 심연 저 깊은 곳에서부터 한 번씩 뒤집어 놓는 작업이 필요하다. 그렇지 않으면 안주하려 한다. 교만으로 치닫는다. 잘난 체한다. 한 번씩 거센 폭풍으로 뒤집어지고 나서야 비로소 철이 든다. 주변 사람을 무시하지 않는다. 그들의 소중함을 안다. 더는 잘난 체하지 않는다. 넘어져 봤으니까. 실패해 봤으니까. 그때야 철이 드는 셈이다.

한국 초대 교회사에 있었던 이야기다. 경상도 어느 시골에서 있었던 일이란다. 당시는 교역자가 귀해서 조사를 보내어 전도사의 일을 하게 했다. 성경도 귀했다. 시골집에 전기가 없으니 호롱불을 켜 놓고 조사가 성경을 읽다가 시편 23편을 읽어갔다.

"여호와는 나의 목자시니 내게 부족함이 없으리로다. 그가 나를 푸른 풀밭에 누이시며 쉴 만한 물 가로 인도하시는도다"(시 23:1-2).

어두운지라 조사가 말씀을 읽을 때 그만 잘못 읽고 말았다.

"여호와께서 나의 목을 자르셔도 내게 부족함이 없습니다."

조사는 이렇게 읽고 설명했다.

"저는 죽어도 좋습니다."

그러자 교인들도 여기저기서 손을 들며 화답했다.

"나도요, 나도요."

웃을 수밖에 없는 일이지만 너무 귀한 믿음이 아니던가! 여호와께서 내 목을 자르셔도 나는 주님을 따르겠다는 게다. 왜? 천국의 소망, 부활의 소망이 그들의 심령에 가득했기 때문이다.

그리스도인에게는 마음에 든든한 보루가 있다. 피난처 되시는 여호와, 인생의 주인 되시는 주님이 바로 우리의 보루이시다. 주님의 로드 십(Lord-ship)을 인정하는 자라면 인생의 거센 파도를 두려워하지 않는다. 당당히 맞선다. 주님이 다스리시니까. 최악의 상태라야 죽음인데, 죽음도 책임지시는 주님이 계시니까. 죽음 이후의 세계도 보장되어 있으니까. 이 세상보다 더 아름답고 화려한 지복의 세계가 예비되어 있으니까. 죽음마저도 평안히 받아들일 수 있는 사람들인데 두려워할 게 무엇이 있겠는가?

스필오버 효과(Spillover Effect)라는 게 있다. 하나의 현상이 주변에 의도하지 않은 영향을 미치는 것을 말한다. 예를 들면 위성에서 지구의 어느 지점을 향해 전파를 쏘면 지구에서는 그 전파를 받아 방송으로 내보낸다. 그런데 그 전파가 흘러넘쳐서 목표 지점뿐만 아니라 다른 지역에서도 그 전파의 영향을 누리게 된다는 것이다. 또 한 예로 어떤 학생이 공부를 잘해서 훌륭한 사람이 되면 자신뿐 아니라 가족과 이웃, 나아가 사회 전체에도 이익을 주게 된다는 것이다.

신앙생활도 마찬가지다. 한 사람이 예수님을 믿고 구원받았다. 영적으로 성숙해지면서 삶에 변화가 일어났다. 그의 인품이 예수님을 닮아가면서 점점 더 하나님을 사랑하고 이웃을 섬기는 아름다운 모습으로 변했다. 한 사람의 이런 영적 변화는 스필오버 효과를 나타내 많은 사람에게 좋은 영향력을 미치게 된다.

당신의 삶이 그렇다. 인생을 감사와 긍정의 시선으로 보는 사람이 바로 그렇다. 매사에 감사로 마무리하는 사람은 주변 사람이 감사의 파도타기를 즐기도록 영향력을 미친다. 어떤 일을 할 때나 다른 사람을 바라볼 때 긍정의 눈으로 보고 해석하는 사람은 주변 사람에게도 긍정적인 영향을 주게 되는 것이다.

감사와 긍정적인 시선을 가진 사람들은 살아가는 태도가 다르다. 자신이 걸어가는 길에 대한 자긍심이 있다. 자신이 하는 일에 당당하다. 자기만족에 도취되어 사는 게 아니라 더 큰 공익을 생각하며 살아간다.

교토 북쪽에 창업한 지 1014년이 된 인절미 가게가 있다. 현재의 주인은 하세카와 지요 씨인데, 그녀는 28대째 이은 가업으로 이 일을 하고 있다. 어느 칼럼니스트가 그곳을 방문하여 그녀에게 물었다.

"날도 더운데 인절미 굽는 일을 종업원과 나누어서 하면 좀 편하지 않나요?"

그러자 그녀가 대답했다.

"어려서부터 할머니와 어머니의 등 뒤에서 떡 굽는 것을 보고 자랐어요. 땀과 눈물과 정성도 할머니와 어머니로부터 배웠지요. 나도 정성을 다해야 합니다. 그래야 앞으로 천 년을 더 갈 수 있으니까요."

칼럼니스트가 다시 물었다.

"떡 장사를 천 년이나 해왔으니 돈을 좀 벌지 않았나요?"

그녀는 망설임 없이 답했다.

"왜 안 벌었겠습니까."

그래서 한 번 더 물었다.

"그 돈을 가지고 노년을 편하게 살지 왜 이렇게 힘들게 사십니까?"

그러자 그녀가 던진 마지막 말을 보라.

"그래 봤자 떡 장사, 그래도 떡 장사입니다."

남이 알아주지는 않지만 그래도 내 길을 간다는 뜻이다.

하나님이 주신 인생길에 무책임한 사람이 있다. 하나님이 주신 인생이건만 너무 불성실하게 살아간다. 하나님 앞에서 결산하는 날이 있을 텐데 어쩌려고. 그날에 책임을 물으시는 하나님은 너무나 공의로우신 심판자이신데.

남이 뭐라고 하던 자기 길을 가면 된다. 주눅들 필요 없다. 그렇다고 교만할 필요도 없다. 주님이 우리에게 주신 길을 갈 뿐이니까.

장밋빛 낙관론에 빠질 필요는 없다. 그렇다고 부정적 비관론자가 될 필요도 없다. 어떤 상황과 현실에서도 주님과 함께 가면 된다. 주님과 동행하면서 주님께 부끄럽지 않게 살면 된다. 인간 최고의 행복, 블리스를 꿈꾸면서 말이다.